"十三五"江苏省高等学校重点教材(编号:2020-2-068)

会计学实用教程

KUAIJI XUE SHIYONG JIAOCHENG

张甫香 编著

扫码申请更多资源

南京大学出版社

图书在版编目(CIP)数据

会计学实用教程 / 张甫香编著. —南京：南京大学出版社，2021.3
 ISBN 978-7-305-21856-9

Ⅰ.①会… Ⅱ.①张… Ⅲ.①会计学－教材 Ⅳ.①F230

中国版本图书馆 CIP 数据核字(2021)第 047278 号

出版发行　南京大学出版社
社　　址　南京市汉口路 22 号　　邮　　编　210093
出 版 人　金鑫荣

书　　名　会计学实用教程
编　　著　张甫香
责任编辑　武　坦　　　　　　　编辑热线　025-83592315
照　　排　南京开卷文化传媒有限公司
印　　刷　丹阳兴华印务有限公司
开　　本　787×1092　1/16　印张 15.5　字数 397 千
版　　次　2021 年 3 月第 1 版　2021 年 3 月第 1 次印刷
ISBN 978-7-305-21856-9
定　　价　45.00 元

网　　址：http://www.njupco.com
官方微博：http://weibo.com/njupco
微信服务号：njuyuexue
销售咨询热线：(025)83594756

* 版权所有，侵权必究
* 凡购买南大版图书，如有印装质量问题，请与所购图书销售部门联系调换

编著者简介

张甫香,南京林业大学财会工作者、教学工作者,从事财会工作34年,经历高校财会全流程工作与管理,担任财务处、资产管理处副处长11年,领导清算10家校办企业,独立完成淮安校区财务管理系统建设;从事教学工作19年,承担过《会计学原理》《成本会计》《旅游会计》《管理会计》《税法》《中级财务会计》《资产评估》等课程教学任务;南京林业大学第一个正高级会计师,发表专业学术论文30余篇。

内容简介

本教材浓缩了三门会计学教材的内容：基础会计学、成本会计学、管理会计学。基础会计学，主要介绍由 11 个号码串连而成的精髓，涉及会计概念、对象、职能、目标、前提、要素、等式、程序、科目、分录、凭证、账户、账簿、报表、方法、业务等内容；成本会计学，主要介绍支出费用成本辨别、归集、分配、计算、结转 5 个方面技术方法；管理会计学，主要介绍成本习性、本量利、预测 3 类分析方法，短期经营、长期投资 2 类决策方法，以及全面预算、标准成本 2 类控制方法和绩效考核 1 类评价方法。

本教材注重理论联系实际，抓住核心内容，重点突出表述，能让读者快速理解抓住每门课程的精髓。

本教材适合会计专业、财务管理专业、审计专业、金融专业、经济管理专业的本专科生、高职生、成教生的教学需求，也适合财会人员在职培训以及各类经济管理实务读者自学和参考。有助于学生快速理解掌握会计基础、成本计算、成本管控精髓，有助于初级会计资格考试，有助于就业、择业、创业前的知识储备；有助于经理层快速理解掌控公司的财务状况、经营状况、经营成果、负债状况、偿债能力、成本水平、成本管控等指标数据，利于企业运营管理。

前　言

因为我们生活在经济社会,所以我们每一个人都是经济人,经济人就应当了解并熟悉掌握一些会计的相关知识。

《基础会计学》《成本会计学》《管理会计学》是会计学专业的必修课程,但每本教材洋洋洒洒二十几万字,页码多在200页以上。非会计学专业学生或经济管理类读者,想要快速掌握会计方面的基本知识,必须耐心阅读这些砖块状专门教材。编者试图将每门教材的精髓抽取出来,汇编浓缩成一本通识读本,目的是最大限度地降低理解掌握会计专业知识所需要花费的金钱、时间、精力等"成本"。

本教材基础会计部分简明扼要介绍了会计精髓号码1124-6279-237,涉及会计工作原理、程序、方法、相关术语、实务内容;成本会计部分列表式地介绍了5个工作程序;管理会计部分介绍了涉及成本分析、经营投资决策、成本控制方面的共8类方法。

本教材特点如下:

(1) 精准提炼。本教材用11位数字、5个词组、8种方法囊括会计学科必修课程精髓内容,易学易懂易记,容易实现过目不忘。

(2) 体例新颖。本教材在学习内容方面与同类教材的表述一致。但在编排体例方面,结构独特新颖,以数字、词组、种类串连各部分内容,以★☆■√(1)①层级呈现内容。结构简洁,层级清晰,重点突出。

(3) 通俗易懂。本教材结合应用型本科人才培养的特点,注重用例题讲解问题解决方法,案例来自实际生活,提高了教材的可读性。

(4) 操作性强。本教材内容体现了当前普通高等教育课程教学的新知识、新方法,附有若干思考题和练习题,便于学生综合素质的形成;利于学生科学思维方式和创新能力的培养,也利于读者快速理解和上手。

本书参考与借鉴的内容大部分已经在书后的参考文献中列出,难免有所遗漏,对所有这些文献的相关作者表示衷心感谢。由于编者学识与水平有限,书中难免存在纰漏及不当之处,敬请广大专家和读者批评指正。

编著者

2021 年 1 月

目 录

第一部分　基础会计精髓号码

第一章	导　论	1
第二章	1个会计目标	1
第三章	1个会计对象	3
第四章	2项会计职能	5
第五章	4个会计假设	7
第六章	6类会计要素	10
第七章	2个会计等式	14
第八章	7种会计方法	17
第九章	9种会计业务	49
第十章	2类会计凭证	69
第十一章	3类会计账簿	76
第十二章	7套会计工具	86

基础会计学练习题 91
基础会计学练习题参考答案 93

第二部分　成本会计5个词组

第一章	导　论	102
第二章	辨别费用	104
第三章	归集费用	105
第四章	分配费用	110
第五章	成本计算法:品种法	117
第六章	结转费用	122
第七章	成本计算法:分批法	123
第八章	成本计算法:分步法	126

成本会计学练习题 133
成本会计学练习题参考答案 136

第三部分　管理会计 8 大类方法

第一章	导论	139
第二章	三类分析方法之一:成本习性分析	139
第三章	三类分析方法之二:本量利分析	149
第四章	三类分析方法之三:预测分析	156
第五章	两类决策方法之一:短期经营决策	165
第六章	两类决策方法之二:长期投资决策	179
第七章	两类控制方法之一:全面预算	190
第八章	两类控制方法之二:标准成本	200
第九章	一类评价方法:绩效考核	207

管理会计学练习题 ………………………………………………… 215

管理会计学练习题参考答案 ……………………………………… 217

会计学应用案例 ………………………………………………… 220

附录一 ……………………………………………………………… 227

附录二 ……………………………………………………………… 229

附录三 ……………………………………………………………… 231

参考文献 ………………………………………………………… 239

第一部分　基础会计精髓号码

第一章　导　论

基础会计学是会计入门课程，也是经济管理者的通识课程；是基于组织目标，利用系统的、专门的方法对组织的血液即资金，进行确认、分类、计量、记录、报告，向管理者、投资者、国家职能部门、利益相关者呈现组织资金占用状况、使用情况、经营成果的一门实用专业课程。

基础会计学介绍了会计人员为具体组织建账、算账、报账、记账、对账、调账、结账、查账、用账、管账的过程、方法；在每章结束时，通过一问一答形式介绍了与本章内容关联牵涉的若干会计学知识；有些章节末还通过思考题提示读者初步理解本章内容；基础会计学课程结尾，配备了几道巩固已学知识、加深理解会计工作内容的练习题。

本教材将基础会计学的精髓内容浓缩为11位串连号码，共用11章来介绍。第一章导论；第二章1个会计目标；第三章1个会计对象；第四章2项会计职能；第五章4个会计假设；第六章6类会计要素；第七章2个会计等式；第八章7种会计方法；第九章9种会计业务；第十章2类会计凭证；第十一章3类会计账簿；第十二章7套会计工具。简单地说，基于会计目标及会计假设，先对会计业务所涉及的会计对象进行会计要素识别、分类、确认、计量，后遵循会计等式原理，运用会计科目，在会计凭证上编制会计分录，以反映资金运动的方向和增减数额，再根据会计凭证反映的会计信息登记会计账户，最后依据会计账户的集合即会计账簿编制会计报告。

第二章　1个会计目标

识记：会计是以货币为主要计量单位，以会计凭证为主要依据，运用专门的技术方法和程序，对企业和行政、事业单位的经济活动进行全面、综合、连续、系统的核算与监督，以向会计信息使用者提供经济信息和反映受托责任履行情况为主要目的的一种经济管理活动。

本教材未特别说明时，均以企业会计为对象进行介绍。

在企业，会计主要反映企业的财务状况、经营成果和现金流量，并对企业经营活动和财务收支进行核算与监督。

通俗地说，会计就是对特定对象每一项经济活动所引起的可以认定的资金变化数额，进行收集、识别、确认、分类、计量，通过运用专门符号及预先命名的专用术语加金额组合方式，予以来龙去脉反映和监督，并及时记录、汇总、核对、报告，向会计信息使用者提供固定格式价值信息的一种经济管理活动。

会计目标是指会计所要达到的目的。会计主要是"生产"和提供会计信息。企业编制的财务报告(也称财务会计报告),是会计"生产"的产品,承担了会计信息载体和功能。因此,也称为财务报告目标。

《企业会计准则——基本准则(2006)》对财务报告目标进行了明确定位,规定企业应当编制财务会计报告。财务会计报告的目标是向财务会计报告使用者提供与企业财务状况、经营成果、现金流量等有关的会计信息,反映企业管理层受托责任履行情况,有助于财务报告使用者做出经济决策。

根据基本准则,可以得出,会计有两个目标:决策有用观和受托责任观。

(1) 决策有用观是指向财务报告使用者提供决策有用的信息。会计信息使用者使用会计信息的主要目的如表2-1所示。

表2-1 会计信息使用者使用会计信息的主要目的

序号	会计信息使用者	使用会计信息主要目的
1	企业的投资者	做出是否投资的决策
2	企业的债权人	评价企业偿债能力
3	供应商及客户	判断是否持续经营
4	企业管理者	不断改善经营管理
5	政府部门(如税务部门、环保部门)	制定宏观经济政策实现宏观管理(税务部门了解是否依法纳税、环保部门判断企业环保投入情况)
6	社会公众(如职工、注册会计师、证券分析师、竞争者、求职者等)	了解他们关心的问题

(2) 受托责任观是指反映企业管理层受托责任履行情况。现代企业制度下,企业所有权和经营权相分离,企业管理层受托经营管理企业及各项资产,负有受托责任,即企业管理层所经营管理的企业各项资产基本上为投资者投入的资本或者向债权人借入的资金所形成的,企业管理层有责任妥善保管并合理、有效运用这些资产。企业主要通过编制资产负债表、利润表、现金流量表等会计报表和编写会计报表附注及分析说明,以财务会计报告的方式提供各种会计信息,反映企业管理层受托责任履行情况。

关涉问答

▶ **会计的本质是什么?**

答:会计是一种商业语言,是经营人生、经营各类组织的基础。

会计的本质是管理,是一种管理活动。

会计是伴随着生产的发展和人们管理的需要不断发展和完善的。经济越发展,会计越重要。

▶ **为什么我们需要会计?**

答:因为会计向外提供的经济信息是国家基础设施之一。

阿尔弗雷德·D.钱德勒(2000年)在其所著的《信息改变了美国》一书中说:信息以前是今后仍然是国家基础设施中一个几乎看不见的组成部分——它之所以看不见,是因为它非常普遍,几乎无所不在。

财政部财政科学研究所金融中心马洪范博士在其《国库制度历史演进及其现代化》一文中写下:在我看来,一切行为,都会留下相应的信息;一切需求,也都有赖于充分的信息才能变成现实。无论过去,还是现在,信息都是一个国家的重要基础设施之一。它是分割权力的基础,也是行使权力的前提;它是利益的具体反映,也是利益兑现的重要工具;它是制度的依托,也是制度控制的桥梁。可以说,信息不是可有可无,而是紧密联系着政治、经济与社会的不可或缺的基础性要素。从某种意义上讲,人类的发展史,就是一部信息处理变革史。

由此及彼,从经济对人类进步的作用看,会计信息就是国家基础设施之一。

会计信息在教科书中被认定最终表现为通用的会计报表和其他的会计报告。从会计信息的性质看,主要是反映企业整体情况,并着重历史信息。从会计信息的用途看,主要是利用信息了解企业财务状况和经营成果。企业会计信息的目的性、指向性很强,并居于较高层次,关乎国家税收的贡献度。因此各行各业都需要会计。

本章思考题

李同学毕业后准备自主创业,研发并生产3D打印产品。按照要求,设立公司时需要投入一定数量的资金,并将其存入指定的银行,然后到工商局进行注册。公司成立后应建立会计机构,配备会计人员,按照会计准则的规定对公司的经营活动进行核算,定期向会计信息使用者提供财务报表。

请思考:什么是会计?会计人员的工作对象是什么?公司获取的所有票据只要对方签上名字就是正式发票了吗?什么是会计信息?什么是会计信息使用者?什么是资本?什么是经营成果?什么是会计核算?什么是财务报表?

第三章　1个会计对象

识记:会计的对象是经济活动中的资金运动,即会计核算和监督的具体内容。

会计的服务对象是各类经济组织,包括营利组织和非营利组织。

营利组织是直接从事物质产品的生产和销售的企业,其目标是如何实现利润最大化。简单理解,企业是通过出售制造、流转、服务的商品,完税后再循环出售制造、流转、服务的商品以获取更多利润的组织。企业缴纳的税金构成国家预算资金,也是国家财政资金的主要来源。国家财政资金通过财政拨款形式拨付给非营利组织使用。

非营利组织是非物质生产部门,不直接从事物质产品的生产和销售,主要指行政事业单位、军事单位、社团组织、慈善机构等。其目标是如何把预算资金用在刀刃上以完成国家赋予的工作任务。简单理解,非营利组织就是将财政拨款等预算资金合法、合规、合理地用在为国家、为人民、为社会提供的服务商品上,以实现国家稳定、人民幸福、社会发展的目标。非营利组织预算资金的最主要组成部分是财政拨款。

关涉问答

▶ **何谓资金?**

答:资金就是用于发展国民经济的物资或货币。

涉"资"词语及关系:资源＞资本(包括生产资料、货币、知识)≥资财(包括资金和物资)＞资金(包括物资或货币)＝资产(资金)。

▶ **资金运动的种类有哪些?**

答:资金运动按其特点分为工业企业资金运动、商业流通企业资金运动和行政事业单位资金运动。

(1) 工业企业资金运动包括资金投入、资金使用(资金循环与周转)、资金退出三个阶段,涵盖供应、生产、销售三个过程。

工业企业资金的投入包括债权人投入和所有者投入。资金的使用包括:供应阶段将货币资金转化为储备资金(用货币购进材料存储仓库备用)、固定资金(用货币购买机器设备等资产作为生产工具);生产阶段将储备资金、固定资金转化为生产资金(将材料形态的储备资金从仓库领出转入生产车间,经生产工人加工,变为某种产品的实体,此过程追加工人工资、机器设备磨损、车间水电、房屋折旧、车间维修等费用,一起构成产品的生产成本,直接服务于生产过程的货币、物资、人力耗用皆称生产资金)、成品资金(将生产车间完工的产品转入成品仓库变成库存商品,该商品占用的资金称为成品资金);销售阶段将成品资金转化为货币资金(将库存商品销售出去,换回货币资金)。资金的退出包括偿还借款、上缴税金、向所有者分配利润等经济活动。

(2) 商业流通企业资金运动包括资金投入、资金使用(资金循环与周转)和资金退出三个阶段,涵盖商品购进和销售两个过程。

商业流通企业资金的投入包括债权人投入和所有者投入。资金的使用包括商品购进阶段将货币资金转化为商品资金(用货币资金购入商品)、固定资金(用货币购买机器设备等固定资产作为助销工具);销售阶段将商品资金转化为货币资金(出售商品换回货币资金)。资金的退出包括偿还借款、上缴税金、向所有者分配利润等经济活动。

(3) 行政事业单位资金运动包括资金取得、资金使用两个阶段,其运动特点是直线式的一次运动。

行政事业单位资金的取得,全部或大部分来自国家财政拨款。资金的使用表现为货币资金直接转化为各种开支费用。

▶ **商品的种类有哪些?**

答:商品可粗分为有形商品和无形商品两大类。商品细分大致应包括货物(含农林牧渔业类产品、矿产品等)、工程、劳务、服务(知识、技术、方案等)、作品(艺术、文本等)、配方、符号（股票基金等金融产品）、货币、标准、数据。

▶ **企业赚钱的活动有哪些?**

答：企业赚钱的活动概括起来，包含经营活动、投资活动、筹资活动三个方面。

（1）经营活动是指企业投资活动和筹资活动以外的所有交易和事项。对于工商企业，经营活动包括销售商品、提供劳务、经营性租赁、购买商品、接受劳务、广告宣传、推销产品、缴纳税费等。

（2）投资活动是指企业长期资产购建和不包括在现金等价物范围内的投资及其处置活动，如仪器设备等固定资产购置、股票债券基金等虚拟资本购买。

（3）筹资活动是指导致企业资本及债务规模和构成发生变化的活动，包括吸收投资、发行股票、分配利润、支付债权人的本金和利息以及融资租入资产所支付的现金（支付的利息和股利、收到的利息和股利，在会计实务中存在一定的差异，有作为投资活动的现金流量，也有作为筹资活动的现金流量）。

本章思考题

李同学在学生会的帮助下，与3位摄影爱好者共同组建校园摄影公司，旨在为校园学生各类聚会摄影。假设该公司当年收到大一的三个班一次性预付大二、大三、大四3年的摄影费2 700元，当年为大四的两个班同学毕业聚会摄影收费2 000元。

请思考：当年年末该公司收到多少现金？当年年末该公司实现多少收入？获得收入的原因是什么？

第四章 2项会计职能

识记：会计职能是指会计在经济管理过程中所具有的功能或能够发挥的作用。一般认为，会计具有核算与监督两个基本职能，还具有预测经济前景、参与经济决策、评价经营业绩等拓展职能。

★ 第一项职能：会计核算职能

会计核算职能，是会计首要职能，也是全部会计管理工作的基础，贯穿经济活动全过程，也称为反映职能。

它是指会计通过货币价值尺度为主要计量单位，对特定主体的经济活动，连续、系统、全面、及时地进行确认、计量、记录、报告，为有关各方提供会计信息的功能。它包括票据及票据所载信息真伪识别、审核、确认、计量、归类、计算、分配、记录、汇总、分析、报告等内容。通常所说的报账、算账、记账、编制报表等会计工作，即是会计核算职能的表现形式。

会计核算职能具有三个基本特点。

第一，会计主要利用货币量度，辅以实物量度、劳动量度，综合反映各单位经济活动的过程和结果。

第二，会计核算具有完整性、连续性、系统性。完整性是指对所有能够用货币计量的经济活动，都无一遗漏地确认、计量、记录、报告。连续性是指对经济活动中每一个具体事项，必须按其发生的时间顺序，自始至终不间断地确认、计量、记录、报告。系统性是指采取一套专门的方法，对各种经济活动进行相互联系的记录和科学正确的分类，最终提供系统化的数据资料。

第三，会计主要核算已经发生或已经完成的经济活动。

★第二项职能：会计监督职能

会计监督职能，也称控制职能，是指依据国家颁布的法令、法规、客观经济规律及经营管理方面的要求，对特定主体经济活动的真实性、合法性、合理性进行审查、分析。主要内容包括监督经济业务的真实性，监督财务开支的合法性，监督公共财产的完整性。

会计监督职能的特点有三个。

第一，会计监督主要利用核算职能所提供的各种价值指标进行货币监督。

第二，会计监督不仅体现在过去的经济业务上，还体现在业务发生之中和尚未发生之前，包括事前、事中和事后监督。

第三，会计监督的依据是国家的法令、法规、会计准则制度及单位管理规定要求。

会计核算和会计监督两项职能关系十分密切，两者是相辅相成、辩证统一的关系。核算职能是监督职能的条件和基础；监督职能是核算职能的保证和继续。实际工作中，核算借助于监督，监督寓于核算之中，二者相互依存，相互渗透。

关涉问答

▶ **会计核算的主要内容有哪些？**

答：我国《会计法》规定，会计核算主要内容包括七大项：① 款项和有价证券的收付；② 财物的收发、增减和使用；③ 债权债务的发生和结算；④ 资本、基金的增减；⑤ 收入、支出、费用、成本的计算；⑥ 财务成果的计算和处理；⑦ 需要办理会计手续、进行会计核算的其他事项。

▶ **何谓价值尺度？**

答：价值尺度是指货币表现其他一切商品是否具有价值和衡量其价值量大小的职能。它是货币最基本、最重要的职能。

在财务会计确认、计量、记录和报告时，选择货币作为计量尺度进行计量是由货币本身属性决定的。货币本身是一种万用商品，也具有价值。货币把一切商品的价值表现为同名的量，异化为外在价格。价格是商品价值的货币表现。货币具有价值尺度、流通手段、贮藏手段和支付手段等特点。其他计量单位如重量、长度、体积等，只能从一个侧面反映企业的生产经营情况，无法在量上进行汇总比较，不便于会计计量和经营管理。只有货币能够度量商品的价值。

本章思考题

会计专业大一的张同学利用暑假到一家新成立的小型工业企业实习。实习的第一天,企业的副总经理报销费用,提供的凭证中,有为推销产品发生的火车票、出租车票、住宿费发票、餐费发票等,有为签订采购合同发生的飞机票、出租车票、住宿费发票等,有为办理企业设立手续发生的注册费发票等。

请思考:面对用途不同、形式各异的凭证,张同学应该如何对其分类?

第五章 4个会计假设

识记:会计假设是对会计核算所处时间、空间环境等所做的合理设定,是会计确认、计量、记录和报告的前提,又称会计基本前提。包括会计主体、持续经营、会计分期、货币计量四个会计假设。

★ 第一个假设:会计主体

会计主体,是指会计工作服务的特定对象。它界定了会计确认、计量、记录和报告的空间范围。会计主体既可以是一个企业,也可以是若干个企业组织起来的集团公司;既可以是法人,也可以是不具备法人资格的实体,只要是经济上相对独立的组织(如车间)都可以作为会计主体。

会计主体不同于法律主体。一般来说,法律主体通常是一个会计主体,但会计主体不一定是法律主体。如车间可以成为会计主体,但不能成为法律主体。

★ 第二个假设:持续经营

持续经营,是指在可预见的将来,会计主体经营活动会继续进行下去,不会停业,也不会大规模削减业务,或终止经营或破产清算。如此设定,建账核算才有意义。持续经营为资产按历史成本计价、费用定期摊销、负债按期偿还等提供了理论依据。

★ 第三个假设:会计分期

会计分期,是指将会计主体持续不断的生产经营活动人为地划分为一个个间距相等、首尾相接的会计期间。会计分期的目的,是将持续经营的生产经营活动划分为连续、相等的期间,据以计算每一个会计期间的收入、费用和盈亏,确定该会计期间期初、期末的资产、负债、所有者权益的数量,并据以结算账目和编制会计报表,从而及时地向生产经营决策者、投资者、债权人等反映会计主体财务状况、经营成果、现金流量等信息。

会计期间分为中期和年度。中期是指短于一个完整的会计年度的报告期,包括半年度、季度、月度。年度会计报表就是从公历1月1日到12月31日为止的数据。

会计分期假设产生了本期与非本期的概念,由此又产生了权责发生制和收付实现制两种会计基础，进而出现了应收、应付、预收、预付、折旧、摊销等会计处理方法。

★ 第四个假设：货币计量

货币计量，是指会计主体在财务会计确认、计量、记录和报告时，以货币作为计量尺度来反映会计主体的生产经营活动。包含两层含义：一是会计主体在会计核算中要以货币为统一、主要的计量单位，并确定以记账本位币（我国会计主体的记账本位币是人民币）来记录和反映会计主体生产经营过程和经营成果；二是假定币值稳定，确保不同时点上资产价值具有可比性，不同期间收入和费用可进行配比、计算、确定经营成果。

★ 四个假设的关系

会计四个基本假设相互依存、相互补充。会计主体确立会计核算空间范围；持续经营与会计分期确立会计核算时间长度；货币计量为会计核算提供必要手段。没有会计主体，就不会有持续经营；没有持续经营，就不会有会计分期；没有货币计量，就不会有现代会计。

关涉问答

▶ 会计基础的内涵是什么？

答：会计基础，是指会计确认、计量、记录和报告的基础，是确认一定会计期间的收入和费用，从而确定损益的标准。会计基础包括权责发生制和收付实现制。

(1) 权责发生制，又称"应收应付制"，是以取得收取款项的权利或支付款项的义务为标志来确定本期收入和费用的会计核算基础。也就是说，权责发生制会计下，收入只有真正实现时才进行确认，而与何时收到现金关系不大；费用只有在实际发生或应当负担时才进行确认和记录，而与何时支付现金无关。

权责发生制，是复式记账体系建立的基础，它使会计期间收入和费用更好地配比，通常也会使财务报表更准确地反映公司财务状况和经营成果。如企业收到一笔预订货款，但产品尚未交付、发票也未开具，该款不能确认为收入；又如企业预付了下年度订报费，但尚未收到报刊，该款不能确认为付款年度费用。《企业会计准则——基本准则（2006）》明确规定，企业在会计确认、计量和报告中应当以权责发生制为基础。

(2) 收付实现制，又称"实收实付制"，是以现金的实际收付为标志来确定本期收入和支出的会计核算基础。也就是说，收付实现制会计下，当收到现金时确认收入，当支付现金时确认费用。

收付实现制，只能提供现金收付信息，常见于那些不要求完整的复式记账记录的组织，可能包括小型的非公司工商业组织和一些非营利组织采用此种核算基础。如个体工商户收到一笔预订货款，尽管产品尚未交付、发票也未开具，但仍将该款确认为收入；又如高校预付了下年度订报费，尽管尚未收到报刊，但仍将该款确认为付款年度费用。

我国行政事业单位曾实行的预算会计制度即建立在收付实现制基础上。2019年1月1日起，行政事业单位全面实行统一的新会计制度，在同一会计核算系统中实现财务会计和预算会计双重功能，通过资产、负债、净资产、收入、费用5个要素进行财务会计核算，通过预算收入、预算支出和预算结余3个要素进行预算会计核算。财务会计采用权责发生制、预算会计采用收付实现制。

▶ **会计信息质量的要求有哪些？**

答：会计信息质量要求，是对企业财务会计报告所提供的会计信息的基本要求，是为了保证会计信息对投资者等信息使用者决策有用应具备的基本特征。《企业会计准则——基本准则(2006)》规定，会计信息质量要求包括可靠性、相关性、可理解性、可比性、实质重于形式、重要性、谨慎性和及时性等。

会计信息质量要求一览表

信息特征	内　涵	注意事项
可靠性	要求企业以实际发生的交易或者事项为依据进行确认、计量、记录和报告，如实反映符合确认和计量要求的各项会计要素及其他相关信息，保证会计信息真实可靠、内容完整	(1)以实际发生的交易或者事项为依据进行确认、计量、记录和报告； (2)在符合重要性和成本效益原则前提下，保证会计信息的完整性
相关性	要求企业提供的会计信息应当与财务报告使用者的经济决策需要有关，有助于财务报告使用者对企业过去和现在的情况做出评价，对未来的情况做出预测	
可理解性	要求企业提供的会计信息应当清晰明了，便于财务报告使用者理解和使用	
可比性	要求企业提供的会计信息应当相互可比，保证同一企业不同时期可比、不同企业相同会计期间可比	无论是纵向比较，还是横向比较，只要会计处理符合准则规定，就具有可比性
实质重于形式	要求企业应当按照交易或者事项的经济实质进行会计确认、计量、记录和报告，不应仅以交易或者事项的法律形式为依据	如融资租入固定资产，视同自有资产计提折旧
重要性	要求企业提供的会计信息应当反映与企业财务状况、经营成果和现金流量有关的所有重要交易或者事项	
谨慎性	要求企业对交易或者事项进行会计确认、计量、记录和报告时应当保持应有的谨慎，不应高估资产或者收益，不应低估负债或者费用	如允许对可能发生减值的资产计提减值准备，但不允许企业设置秘密准备
及时性	要求企业对于已经发生的交易或者事项，应当及时进行确认、计量、记录和报告，不得提前或者延后	满足及时性会计信息质量要求，可能会影响会计信息的可靠性

本章思考题

2018年12月20日，某企业销售商品取得价款100万元，为实现此项销售发生60万元的费用。假设此项销售符合收入确认的条件，但款项于次年的1月10日收到。有同学认为该项收入的确认有两种方法：一是作为本年的收入确认，其依据是该项经营活动是本年完成的;二是作为下年的收入确认,其依据是款项在次年收到。

请思考:你赞成该同学说法吗?为什么?

第六章 6类会计要素

识记:会计要素,又称会计对象要素,是指对会计对象按经济性质所做的基本分类,也是指按照交易或事项的经济特征所做的基本分类,是会计核算和监督的具体对象和内容。分为反映企业财务状况的会计要素和反映企业经营成果的会计要素。包含资产、负债、所有者权益、收入、费用、利润六大类,前三项是财务状况会计要素,构成资产负债表的基本组件,也称为静态会计要素;后三项是经营成果会计要素,构成利润表的基本组件,也称为动态会计要素。其中资产是最基本的会计要素。

划分会计要素的作用:

其一,划分会计要素,是对会计对象进行科学分类;这是会计反映职能的具体表现。

其二,划分会计要素,是设置会计科目和会计账户的依据。

其三,会计要素构筑了会计报表的基本框架。

★ 第一类要素:资产

资产,是企业过去的交易或事项形成的、由企业拥有或控制的、可以带来未来经济利益流入的资源。如存货、设备、应收款项等资源。

"过去的交易",如实现的商品买卖;"过去的事项",如收到捐赠资产、用材料加工产品、建造行为等。"未来经济利益"是指资产预期直接或间接导致现金和现金等价物流入企业。

资产,按流动性分为流动资产和非流动资产。

① 流动资产,通常包括库存现金、银行存款、债券、股票、基金、商业汇票、库存商品、在产品、在途物资、原材料、委托加工物资、包装物及低值易耗品等。

② 非流动资产,主要包括固定资产、在建工程、工程物资、债权投资、股权投资、投资性房地产、无形资产等。

★ 第二类要素:负债

负债,是企业过去的交易或事项形成的、未来会以转移资产或提供服务的方式导致可能的经济利益流出企业的一种现时义务。例如,售后质保、缴纳养老金、环境负债等义务。

"转移资产或提供服务",是指大多数负债包含一项在未来转让资产的义务。提供服务的义务也是一项负债。例如,收到你的学费后,你的学校将有义务为你提供教育。

"可能的"表明商业充满不确定性,会计承认这种不确定性。

"现时义务"包括法定义务和推定义务。

法定义务,是具有法律约束力的合同或法律法规规定的义务。例如,购买材料未付款形成应付账款、向银行借入款项形成借款、应交纳的税款等,均属于法定义务。

推定义务,是企业习惯做法、公开承诺或公布的政策引起的道德、社会及暗含的责任即应履行的义务。适用"实质重于形式"原则。

负债,按其流动性分为流动负债和非流动负债。

① 流动负债,主要包括短期借款、商业汇票、应付账款、预收账款、应付职工薪酬、应交税费等。

② 非流动负债,主要包括长期借款、应付债券、长期应付款(如分期付款购入固定资产)等。

★ 第三类要素:所有者权益

所有者权益,是企业资产扣除负债后由所有者享有的剩余权益,也是剩余索取权,又称净资产。在企业,所有者权益也称为股东权益。

所有者权益,包括实收资本(或股本)、资本公积、盈余公积、未分配利润等内容。前两项是所有者投入的资本,其中,实收资本(或股本)是企业的注册资本或股本的金额。资本公积是投入资本超过注册资本或股本部分的金额,即资本溢价或股本溢价。后两项是企业的留存收益,是企业从历年实现的净利润中提取或形成的留存于企业的内部积累。

★ 第四类要素:收入

收入,是由交付、生产产品,提供服务,或者其他企业主要运营活动带来的企业资产的流入和增加,或者负债的偿还,或两者兼有。如主营业务收入、其他业务收入、营业外收入、投资收益等。

收入确认即确定什么时候一项资产的流入或增加。不包括为第三方或客户代收的款项,如增值税、代收利息以及其他代收的款项等。

★ 第五类要素:费用

费用,是由交付、生产产品,提供服务,或者其他企业主要运营活动带来的企业资产的流出或"耗用",或者负债的增加,或两者兼而有之。

费用易于对象化的部分是制造成本,包括生产成本和制造费用;费用不易于对象化的部分是期间成本或称期间费用,主要指销售费用、管理费用、财务费用。还有一些会导致所有者权益减少的费用,如税金及附加、资产减值损失、所得税费用等。

费用确认或称为费用配比,是指如何计量相应的资产流出和其他耗用。

★ 第六类要素:利润

利润,是指企业一定会计期间内的经营成果,通常是收入减去费用、利得减去损失后的差额,如本年利润。

本年利润,是通过收入和费用配比法计算出来的。

利润,不等同于成功运营一个企业所产生的现金,也不等同于现金流。

凡是流入的资源需要偿还的都不是收入,更不是利润,如贷款、借款。正常情况下,流入的资源被认定为收入的,都是需要付出代价的,即以一定的成本换回一定的收入。

利得,是由企业次要的或偶然的交易,以及除收入和所有者投资外其他所有影响企业权益的交易和事件(如政府补助、接受捐赠、出售闲置设备等交易和事件)造成的权益(净资产)增加。

损失,是由企业次要的或偶然的交易,以及除费用和所有者的分配外其他所有影响企业权益的交易和事件(如对外捐赠、自然灾害等事件)造成的权益(净资产)减少。

一般来说,利得和损失与收入和费用不同,它们之间不存在配比关系,利得和损失是非日常活动所形成的,而收入和费用是日常活动所形成的。

关涉问答

▶ **何谓会计循环?**

答:会计循环,是指会计确认、会计计量、会计记录与会计报告四个环节。

(1) 会计确认,是指对某一经济交易或事项能否、何时及如何进入会计信息系统的分析估计、辨别判断、确定金额的过程,包括经济交易或事项涉及会计要素的明确,原始凭证真实性、合法性、合理性、完整性的审核及对审核结果的处理过程。

某一经济交易或事项一旦被确认,会计就要将所有的估计和判断同时以文字加数字组合的形式呈现在记账凭证上,此环节不仅对资金的运动进行了详细与具体的描述与量化,也对数据进行了分类、汇总和加工。实务中俗称为报账。

会计确认的基本标准:一是符合性,即经济交易或事项必须符合某个会计要素的定义;二是可计量性,即确认的经济交易或事项能够以货币进行计量;三是相关性,即确认的经济交易或事项必须与会计报表使用者的决策有关;四是可靠性,即确认的经济交易或事项纳入会计系统的信息是真实、可靠、可核实的。

会计确认时间,是指对某项经济活动何时加以确认和记录。包括初始确认和再确认两个步骤。初始确认是对某一项目或某项经济业务进行会计记录,如记作资产或负债、收入或费用等;再确认则是在初始确认基础上,对各项数据进行筛选、浓缩,最终列示在会计报表中。

(2) 会计计量,即为了将符合确认条件的会计要素,主要以货币数量登记入账并列报于财务会计报表的过程。

计量,包括计量单位和计量属性。会计计量的"量化"是一种货币量化的过程,对应予以记录的经济事项的计量有两种:一是实物计量;二是货币计量。会计主要以货币为尺度进行计量,以便于综合。货币计量一般以元、千元、万元等作为计量单位。计量属性是指所计量的某一要素的特性,如煤炭的体积、楼房的面积、矿石的重量等。在会计实务中,计量属性通常指资产、负债等要素可以定量化的方面,是金额确定的基础。《企业会计准则——基本准则(2006)》规定五种会计计量,即历史成本、重置成本、可变现净值、现值和公允价值。

在进行会计确认时,一个重要的标准就是要能够用货币进行计量,某些经济业务形成账簿记录后,还需要再次计量,只有经过会计计量过程,输出的数据才能最终列入会计报表。因此,会计确认与会计计量总是不可分割地联系在一起,会计确认过程伴随会计计量过程,会计计量贯穿会计核算的始终。

(3) 会计记录,是指对经过初次确认计量的经济交易或事项,采用复式记账原理,在会计信息系统中,即在预先设置的账簿中以文字加数字组合的形式,加以登记的过程。

会计记录,是会计的基本程序之一,是会计核算的一个重要环节,通过记录可以把有关数据进行分类、汇总和加工,形成系统、连续、完整、综合的会计核算数据资料。通过会计再确认程序,将这些数据资料编入企业的财务报表,生成有助于使用者做出决策的会计信息。

会计记录，主要运用的会计方法是设置账户、复式记账、填制和审核凭证、登记账簿、成本计算、财产清查等。

会计记录可以分为序时记录和分类记录，或手工记录和电子计算机记录等。

（4）会计报告，是以会计账簿记录为主要依据，采用表格和文字的形式，将一段时期产生的会计数据，如实地提供给会计信息使用者的过程。

会计报告，不是把记录在账簿中的数据重新罗列一次，而是对账簿数据的再加工，即再确认过程，哪些数据应当进入会计报告以及如何进入会计报告要在此环节完成。

编制会计报告，包括编制报告前对账、编制总账账户试算平衡表、调整会计分录并记账、结清虚账户、编制结账后试算平衡表等工作以及与个人道德相关联的编制财务报表、撰写财务分析说明等内容。会计报告主要传递会计主体的财务状况、经营成果和现金流量的信息，因此，又称财务会计报告或财务报告。

会计的四个环节，是会计的核算方法。会计确认和计量的结果通过会计记录反映，并融合于会计记录的各个具体方法之中，会计记录是对会计对象进行记录的手段。填制和审核会计凭证是"生产"会计信息的起点，登记账簿是"生产"的会计信息的归宿，编制会计报告是"生产"出的会计产品。

▶ 现金等价物包括哪些？

答：现金等价物包括投资日起三个月到期或清偿的国库券、商业本票、银行承兑汇票、货币市场基金、可转让定期存单等。

▶ 汇票、本票、支票、发票有何区别？

答：它们都是建立在信用基础上的待结算一定金额的单据凭证。

（1）汇票是出票人签发，委托付款人见票即付或者在指定日期无条件支付确定的金额给收款人或者持票人的票据。汇票出票人和付款人不限于银行。汇票一般按承兑人分为商业承兑汇票和银行承兑汇票，前者由银行以外的付款人承兑，后者由银行承兑。汇票主要是企业间支付结算，在同城和异地皆可使用，汇票的本质是延期付款。银行汇票承付期为1个月，商业汇票承付期为6个月内。

（2）本票是申请人（付款人）将款项存入银行后，由银行（出票人）给其签发，承诺自己在见票时"无条件"支付确定的金额给收款人或者持票人的票据。通俗地说，本票上载明的金额，银行已从申请人账户上扣下了，有了资金保障，所以是"无条件"支付。本票出票人限于银行。本票只用于同城范围的商品交易和劳务供应以及其他款项的结算。本票付款期为1个月，逾期兑付银行不予受理。

（3）支票是单位或个人自己开具，委托银行或其他法定金融机构见票即在其账户里支付票据载明金额。支票分为转账支票和现金支票。转账支票只能在同城办理转账结算货款、劳务，但可背书转让流通；现金支票只能在同城支取现金。支票承付期为10天（从签发支票的当日起，到期日遇法定节假日顺延）。

汇票、本票、支票具有相同的汇兑（汇兑是汇款人委托银行将其款项支付给收款人的结算方式）功能，解决了结算地之间现金支付在空间、时间上的障碍。三种票据（除现金支票外）皆可背书转让流通。商业汇票信用度低，支票信用度较高，银行汇票、本票信用度高。

（4）发票是商店或其他收款部门从税务机关领购后开出的一种收款单据。发票对企业来讲，是用于收到款项或销售实现时，给付款方开具的收款凭证，也是向税务部门纳税的依据之一。对个人来讲,是他购买商品的证据。

本章思考题

A先生创办了一家个人独资公司,公司创办一年后,面临一个棘手的问题:工商局、税务局的人员指出A先生创办的公司没有遵守会计准则的要求建立公司的内部会计制度,记账的随意性很大;财政局的人员提出该公司的会计人员不具备从业资格。A先生觉得非常委屈,认为公司是自己的,所有权与经营权没有分离,不一定非要按照会计准则去做,会计人员也不一定要有资格认证。

请思考:你认为A先生的说法是否有道理?

第七章 2个会计等式

识记:会计等式也称为会计恒等式,是根据会计要素之间的相互依存关系建立的数学表达方式。它是复式记账、试算平衡和编制财务报表的理论依据。

两个会计等式:

第一个等式:资产=负债+所有者权益
第二个等式:收入-费用=利润

两个等式中资产、负债、所有者权益以及收入、费用、利润是会计对象的六大要素,是根据会计对象的经济性质所做的分类,它们之间存在以上依存关系,分别用于反映企业财务状况,确定企业经营成果。

★ 两个等式建立的原理

☑ 企业经营必须取得和拥有一定数量的经济资源。企业拥有或控制的能以货币计量的各种经济资源即为资产。资产的表现形式或占用形态,具体有货币资金、存货、厂房、机器设备等有形资产和无形资产。

☑ 企业取得和拥有的资产通常不会无偿让渡出去,都有其相应的权益要求,谁提供了资产谁就对资产拥有索取权。这种索取权在会计上称为权益。即权益,是资产提供者的索取权。

☑ 企业资产和权益,实质上是同一事物的两个不同方面,如同物体与其影子的关系。资产表明资金的占用数值,权益表明资金的来源数值。资金的占用和来源具有数额上的恒等关系。有一定数额的资产,必有相应数额的权益;反之,有一定数额的权益,必有相应数额的资产。

据此,可以建立等式:资产=权益。

☑ 企业取得和拥有的资产来源有两个方面:其一,来自投资者的投资;其二,来自债权人的借款。前者形成所有者权益;后者形成债权人权益,即企业的负债。前者不需要偿还,后者需要偿还。

上式由此可演变为第一个等式:资产=负债+所有者权益。

此等式是复式记账、计算平衡、设置会计科目和账户、编制资产负债表的理论基础和依据,反映会计主体某一时点上财务状况指标数值和资金权属关系,是静态的会计等式。等式左边反映会计主体在资产负债表日的资金占用或投资指标数值;等式右边反映会计主体在资产负债表日融资和筹资指标数值。

☑收入,是企业日常活动中形成的,会导致所有者权益的增加、与所有者投入资本无关的经济利益的总流入。收入是企业对已提供商品或服务且顾客已付款或承诺付款的交易活动所形成的数额大小确认。

☑费用,是企业日常活动中形成的,会导致所有者权益的减少、与向所有者分配利润无关的经济利益的总流出。费用是企业对已耗费资产或应承担的负债(如工人工资)所形成的数额大小确认。

☑利润,是企业的最大追求,而利润的获得是需要付出代价的。代价就是我们常说的事项成本。成本换回的收入与成本相减,其差就是利润。收入就是利润的增项,成本就是利润的减项。利润是收入带来的,是收入的一部分。因此可以说:没有收入就没有利润。

据此,可建立第二个等式:收入-费用=利润。这里的费用涵盖人们常说的成本。

此等式是编制利润表的依据,是动态的会计等式,反映一定时期内企业的经营成果指标数值,是时期指标数值公式。三者关系是:利润与收入成正比,利润与费用成反比,当收入大于费用时就产生利润,收入小于费用时就产生亏损,亏损就是利润为负。

收入与费用配比,有两种方式:一是收入与生产成本配比,即收入与其对象化的费用配比,对象化费用包括某种产品的直接材料、直接人工、制造费用等,此种成本与相应收入有直接的因果关系;二是收入与非生产成本配比,即收入与期间费用配比。期间费用包括销售费用、管理费用、财务费用三项内容。企业生产经营所产生的期间费用不与任何具体产品或劳务有直接的因果关系,但具有一定的关联性,会计制度规定统一由该期全部商品的收入共同承担抵扣责任。

★ 综合会计等式

基于上面两个等式,将其合并,则变成:

$$资产+利润=负债+所有者权益+(收入-费用)$$

移项后得:资产+利润+费用=负债+所有者权益+收入。

此式是动静结合的会计等式,又称为综合会计等式。

正常情况下,收入是通过资产呈现,即资产作为利润的映射对象,在确认收入增加时也确认了资产等额增加(若用货物抵债务或用货物换取货物,也同样表明资产等额增加),亦即利润包含在资产中。因此,综合会计等式中的"利润"包含在"资产"中,资产+利润,可理解为"变动中的资产",数值上等于"期初资产+利润",据此可将综合会计等式表示为:

$$"变动中的资产"+费用=负债+所有者权益+收入$$

此等式是期末结账前会计报表——资产负债表的呈现内容。

【例 7-1】 某企业 3 月份仅出售一批商品,货款(暂不考虑税金等其他因素)20 万元全部收到,并存入开户银行账户里。该批产品成本(即商品成本)为 12 万元。假如 3 月初企业资产为 100 万元(含商品成本 12 万元),负债为 20 万元,所有者权益为 80 万元。那么,该笔业务发生后将引起综合会计等式怎样的变化呢?

解:月度中间,即收到货款后,综合等式为:

资产 120 万元＝负债 20 万元＋所有者权益 80 万元＋收入 20 万元

这里的 120 万元资产就是"变动中的资产"。

月末,收入与其对应的成本(费用)配比,即按第二个等式"收入－费用＝利润"计算该批商品利润。将数值代入公式,得:200 000－120 000＝80 000(元)。

此结果说明,收入 20 万元扣减先期花费在该产品上的支出 12 万元(即成本)后,应得利润 8 万元,这 8 万元就包含在收到的银行存款 20 万元中。由于成本 12 万元包含在资产中,随着实物转移到购买方,实体已不存在,只是账面上还保留着该笔记录,月末要将该笔记录冲掉,相应扣减等额的收入,所以月末结账后,综合等式就变为:资产 108 万元＝负债 20 万元＋所有者权益 88 万元。

由上可看出,动态等式并入静态等式并非将三个要素数值同时直接加上去,而是只加上收入实现时涉及的两个要素,即收入及其对应的资产(包含利润)。另一个成本(费用)要素已在等式的左边反映,并处于月末等待冲销状态。尽管并入两个要素没有破坏等式平衡关系,但改变了综合等式中各要素内部比例关系。

☑ 等式左边,反映一定时期后资金占用存在形态,反映资金运用及其产生的利润结果数值,它们以企业的银行存款、库存现金、有价证券等货币资金形式存在,或以实物资产、应收款项等形式存在,或以专利等无形资产存在,或以在建工程形式存在,或以费用形式存在。简单地概括,就是资金占用有七种形态:款、账、物、票据证券、无形资产、在建工程、费用。

☑ 等式右边,反映资金的来源渠道,即企业的资金除直接从债权人和投资者取得外,还通过收入的实现取得。简单地讲,资金来源有三个途径:债、本、利。分别包括借款、借据、欠账、预收款项、应付款项、应交税费等债务;股本、资本等原始投资额或追加投资额;滚存盈余、滚存利润以及含利润的各项收入。

期末结账,收入与费用对抵,利润要按规定进行分配。未分配部分的映射对象即实体部分包含在相应的资产中,未分配部分的对应权益如同利润的影子收纳到所有者权益里。最终,综合会计等式又恢复到时点状态下的静态会计等式:资产＝负债＋所有者权益。

❓ 关涉问答

▶ **支出、费用、成本三者之间关系是怎样的?**

答:简单理解,款项的付出就是支出;为某事项花费的资金就是费用;生产一种产品所需的全部费用就是成本。费用可分为成本类费用、损益类费用。

总的来看:支出＞费用＞成本。三者关系见下表。

支出、费用、成本三者关系表

序号	支出划分	支出是否认定为费用	费用是否构成产品成本
1	资本性支出,如固定资产购置、无形资产购买、长期股权投资等	除长期股权投资支出外的资本性支出,可以通过按期逐月计提累计折旧、累计摊销,认定耗损费用	除生产车间计提的折旧费用、摊销费用形成制造费用外,其余部门计提的折旧费用、摊销费用都构成期间费用
2	收益性支出主要内容:生产性支出(即消耗性支出)	认定为生产费用,包括料(已消耗的原材料)、工(应付职工薪酬)、费(制造费用)	生产费用是为生产产品发生的直接支出,包括废品损失、停工损失,全部构成产品成本
	收益性支出次要内容:非生产性支出(即销售支出、管理支出、筹资支出)	认定为期间费用,包括销售费用、管理费用、财务费用	不构成产品生产成本。全部构成期间费用,是利润的直接抵扣项
3	税费支出,如缴纳消费税、城市维护建设税、教育费附加、所得税费用	大部分税费支出认定为费用,包括税金及附加、所得税费用等	不构成产品成本。是利润抵扣项,抵扣后形成净利润
4	营业外支出,如对外捐赠、不可抗力引起的损失、处置固定资产的损失	因与生产经营管理无关,不能认定为费用	不构成产品成本。与营业外收入相抵,形成营业外利润,构成利润总额
5	利润分配支出,如分配现金股利	直接支出,不能认定为费用。未支付前先认定为负债	不构成产品成本。是净利润流出企业,支付后直接冲减负债
6	退还撤资支出	直接支出,不能认定为费用。未支付前已认定为实收资本	不构成产品成本。支付后直接冲减实收资本
7	偿债支出,如偿还借款、货款、利息或支付薪酬、税费、现金股利等	直接支出,不能认定为费用。与资本性、收益性、税费、利润分配等支出存在相互印证关系	不构成产品成本。是货币资金流出企业,支付后直接冲减负债
8	盈余公积支出,如用盈余公积发放现金股利或职工福利费	直接支出,不能认定为费用。未支付前先认定为负债	不构成产品成本。是企业留存收益减少,支付后直接冲减负债

第八章 7种会计方法

识记:会计7种方法包括设置会计科目及账户、复式记账、填制和审核凭证、登记账簿、成本计算、财产清查、编制财务报告。

★ 第一种方法:设置会计科目及账户

设置会计科目及账户,就是建账。企业在年度开始时,会计人员均应根据单位核算内容需要设置会计科目,在会计账簿中开设相应的账户,这一过程叫建账过程。通过设置账簿,全面、系统、连续地记录经济业务内容,从而获取所需要的核算指标。

☆ 会计科目

会计科目,是对会计要素的具体内容按照经济管理的要求进行具体分类核算和监督的项目,是进行会计核算和提供会计信息的基本单元。

会计科目可以按其反映的经济内容(即所属会计要素)、所提供信息的详细程度及其统驭关系分类。

■ 会计科目按反映的经济内容即按会计要素分类

会计科目按反映的经济内容即按会计要素可分为资产类科目、负债类科目、所有者权益类科目、收入类科目、费用类科目、利润类科目。

实务中为了计算利润成果,将不计入损益的费用类科目单列为成本类科目,将计入损益的费用类科目与收入类科目合并称为损益类科目,将利润类科目并入所有者权益类科目。归并后会计科目划分为资产类、负债类、所有者权益类、成本类、损益类五大类。

按会计准则对会计科目的划分,除五大类科目外,还单独设置既有资产性质又有负债性质的"共同类"科目,但此类科目一般企业很少使用。

☑ 资产类科目,是用以核算和监督各项资产增减变动的会计科目。例如,反映货币资产的"库存现金""银行存款"等科目;反映结算资产的"应收账款""应收票据"等科目;反映存货资产的"原材料""库存商品"等科目;反映固定资产的"固定资产""累计折旧"等科目。

☑ 负债类科目,是用以核算和监督各种流动负债和非流动负债增减变动的会计科目。例如,反映流动负债的"短期借款""应付账款""应付职工薪酬""应交税费"等科目;反映非流动负债的"长期借款""长期应付款"等科目。

☑ 共同类科目,是既有资产性质又有负债性质的科目。如"清算资金往来""货币兑换""套期工具""被套期项目"等科目。

☑ 所有者权益类科目,是用以核算和监督各种所有者权益要素增减变动的会计科目。如"实收资本""资本公积""盈余公积""本年利润""利润分配"等科目。

☑ 成本类科目,是用以核算和监督产品生产过程中发生的构成产品成本的各种直接费用和间接费用的会计科目。如"生产成本""制造费用"等科目。

☑ 损益类科目,是用以核算和监督生产经营过程的收益和费用,计算确定利润或亏损的会计科目。如"主营业务收入""其他业务收入""主营业务成本""其他业务成本""税金及附加""管理费用""销售费用""财务费用"等科目。

一般企业按经济业务内容分类常用的会计科目,如表 8-1 所示。

表 8-1 一般企业常用的会计科目表

编 号	会计科目名称	编 号	会计科目名称
	一、资产类	1123	预付账款
1001	库存现金	1131	应收股利
1002	银行存款	1132	应收利息
1012	其他货币资金	1221	其他应收款
1121	应收票据	1231	坏账准备
1122	应收账款	1401	材料采购

续 表

编 号	会计科目名称	编 号	会计科目名称
1402	在途物资		三、所有者权益类
1403	原材料	4001	实收资本（股本）
1404	材料成本差异	4002	资本公积
1405	库存商品	4101	盈余公积
1411	周转材料	4103	本年利润
1511	长期股权投资	4104	利润分配
1531	长期应收款		四、成本类
1601	固定资产	5001	生产成本
1602	累计折旧	5101	制造费用
1604	在建工程	5201	劳务成本
1606	固定资产清理	5301	研发支出
1701	无形资产		五、损益类
1702	累计摊销	6001	主营业务收入
1801	长期待摊费用	6051	其他业务收入
1901	待处理财产损溢	6111	投资收益
	二、负债类	6301	营业外收入
2001	短期借款	6401	主营业务成本
2201	应付票据	6402	其他业务成本
2202	应付账款	6403	税金及附加
2203	预收账款	6601	销售费用
2211	应付职工薪酬	6602	管理费用
2221	应交税费	6603	财务费用
2231	应付利息	6701	资产减值损失
2232	应付股利	6711	营业外支出
2241	其他应付款	6801	所得税费用
2501	长期借款	6901	以前年度损益调整
2701	长期应付款		

■ 会计科目按提供会计信息的详细程度及其统驭关系分类

会计科目按提供会计信息的详细程度及其统驭关系分为总分类科目和明细分类科目。

☑ 总分类科目，又称一级科目，是对会计对象的具体内容所做的总括分类。

☑ 明细分类科目又称明细科目，是对某一总分类科目的核算内容所做的详细分类。

当总分类科目下设置的明细科目过多时,可在总分类科目与明细科目之间增设二级科目,也称子目。例如,在"原材料"总分类科目下,可按材料类别设置二级科目:"原料及主要材料""辅助材料""燃料"等。

一般地讲,会计科目按提供指标详细程度可分为三级,一级科目(总分类科目)、二级科目(子目)、三级科目(明细科目,也称细目)。现以"原材料""生产成本"两个科目为例,说明三级会计科目的具体设置,如表8-2所示。

表8-2 会计科目按提供指标详细程度的分类

总分类科目(一级科目)	明细分类账	
	二级科目(子目)	三级科目(细目)
原材料	原料及主要材料	钢管、角铁
	辅助材料	润滑油、防锈剂
	燃料	柴油、汽油
生产成本	第一车间	A产品、B产品
	第二车间	C产品、D产品

会计科目,依据《企业会计准则》中确认和计量的规定制定,涵盖企业的交易或事项。企业在不违反会计准则确认、计量和报告规定的前提下,可以根据单位实际情况,本着合法、相关、实用的原则,自行增设、分拆、合并会计科目。企业不存在的交易或事项,可以不设置相关会计科目。对于明细科目,可以比照《企业会计准则——应用指南》中"会计科目和主要账务处理"的规定自行设置。会计科目编号供企业填制会计凭证、登记会计账簿、查阅会计账目,采用会计软件系统参考,企业可结合实际情况自行确定会计科目的编号。

☆ 会计账户

会计账户,是根据会计科目设置的,具有一定格式和结构,用来分类核算会计要素增减变动情况及其结果的载体。

由于会计科目不能连续、系统、全面地反映会计要素增减变动情况及结果,不能提供各项核算指标数据资料,而会计账户具备上述功能。因此,在设置会计科目的同时,应根据会计科目开设相应的会计账户,以便对交易或事项进行系统、连续的记录,向有关各方提供有用的会计信息。

实务中,与会计科目相对应,开设资产类账户、负债类账户、所有者权益类账户、成本类账户、损益类账户五大类会计账户。

每个账户一般都包含以下内容:① 账户名称,即会计科目。② 日期,即登记账户的时间。③ 凭证号数,即账户记录的来源和依据。通过凭证号数可以查到相应的会计凭证。④ 摘要,即简要说明经济业务的内容。⑤ 金额栏,包含增加额、减少额、余额,这是账户中的主要内容,是将实际发生的交易或事项转换为会计语言的标志。通过金额栏可以再现过去的交易或事项。

每个账户都相应地分为左右两方,即一方记增加,另一方记减少。至于账户左右两方的名称,用哪一方登记增加,哪一方登记减少,取决于所记录的经济业务和账户的性质。但是,不论采用哪种记账方法以及账户属于何种性质,其增加额和减少额都应按相反的方向进行记录。如果左方记录增加额,则右方应记录减少额;反之,如果左方记录减少额,则右方应记录增加额。

每个账户一般有四个金额要素,即期初余额、本期增加发生额、本期减少发生额和期末余额。账户如有期初余额,首先应当在记录增加额的一方登记,会计事项发生后,要将增减内容记录在相应的栏内。一定期间记录到账户增加方的数额合计,称为增加发生额;一定期间记录到账户减少方的数额合计,称为减少发生额。正常情况下,账户四个数额之间的关系如下:

账户期末余额＝账户期初余额＋本期增加发生额－本期减少发生额

账户本期的期末余额转入下期,即为下期的期初余额。每个账户的本期发生额,反映的是该类经济内容在本期内变动的情况,而期末余额则反映变动的结果。

★ 第二种方法:复式记账

☆ 复式记账的概念

复式记账,是对每笔经济业务所引起的会计要素的增减变动,均通过两个或两个以上相互联系的账户,采用专门的记账符号,做出金额相等登记的一种专门方法。

☆ 复式记账的作用

复式记账,可以通过账户的对应关系了解经济业务的实际内容,也便于检查账户记录是否正确。同时,采用复式记账法,登记各项经济业务,能够全面、系统地反映各项经济业务之间的联系,反映经济活动的全貌。

复式记账法下,如用库存现金购买原材料,假设不考虑增值税因素,此业务不仅要在"库存现金"账户里记录一笔减少额,同时还要在"原材料"账户中记录一笔增加额,两个账户同时记录一笔经济业务,金额相等,联系直观,账户记录的正确性容易得到检查验证。

☆ 复式记账的分类

复式记账法,包括借贷记账法、增减记账法、收付记账法。各种复式记账法基本原理相同,不同之处主要表现在记账符号、记账规则和试算平衡公式上。1993年7月1日前,三种复式记账法,在我国企事业单位中并存,给企业间横向经济联系及国际经济交往带来诸多不便。此后,企业会计记账采用《企业会计准则》规定的借贷记账法。2006年财政部颁布的《企业会计准则——基本准则》再次规定"企业应当采用借贷记账法记账"。因此,本教材主要介绍的复式记账法为"借贷记账法"。

■借贷记账法的概念

借贷记账法,是以"借""贷"二字作为记账符号,以"资产＝负债＋所有者权益"的会计等式为理论依据,以"有借必有贷,借贷必相等"为记账规则,记录会计要素增减变动情况的科学复式记账法。

■"借""贷"二字的内涵

"借""贷"二字已抽象化为一种符号,"贷"表示资金运动的"起点"(出发点),即资金从哪里来("来龙"),"借"表示资金运动的"驻点"(暂停点),即资金到哪里去("去脉"),"来龙去脉"都用资金表示。

■借贷记账法的账户结构

借贷记账法下：

资产类与成本类账户，借方记增加，贷方记减少，余额一般在借方。

负债类与所有者权益类账户，借方记减少，贷方记增加，余额一般在贷方。

损益类账户中收入类账户，借方登记减少额，贷方登记增加额，本期收入净额在期末转入"本年利润"账户，用以计算当期损益，结转后无余额。

损益类账户中费用类账户，借方登记增加额，贷方登记减少额，本期费用净额在期末转入"本年利润"账户，用以计算当期损益，结转后无余额。

☑资产类与成本类账户结构，用"T"形账户表示，如图 8-1 所示。其余额计算公式为：

期末借方余额＝期初借方余额＋本期借方发生额－本期贷方发生额

借方	资产类与成本类账户名称		贷方
期初余额	×××		
本期增加额	×××	本期减少额	×××
	×××		×××
本期借方发生额合计	×××	本期贷方发生额合计	×××
期末余额	×××		

图 8-1 资产类与成本类账户结构

☑负债类与所有者权益类账户结构，用"T"形账户表示，如图 8-2 所示。其余额计算公式为：

期末贷方余额＝期初贷方余额＋本期贷方发生额－本期借方发生额

借方	负债类与所有者权益类账户名称		贷方
		期初余额	×××
本期减少额	×××	本期增加额	×××
	×××		×××
本期借方发生额合计	×××	本期贷方发生额合计	×××
		期末余额	×××

图 8-2 负债类与所有者权益类账户结构

☑收入类账户结构，用"T"形账户表示，如图 8-3 所示。

借方	收入类账户名称		贷方
本期减少额	×××	本期增加额	×××
本期转出额	×××		×××
本期借方发生额合计	×××	本期贷方发生额合计	×××

图 8-3 收入类账户结构

☑ 费用类账户结构，用"T"形账户表示，如图 8-4 所示。

借方		费用类账户名称	贷方	
本期增加额	×××		本期减少额	×××
	×××		本期转出额	×××
本期借方发生额合计	×××		本期贷方发生额合计	×××

图 8-4　费用类账户结构

☑ 所有账户借贷方向记账内容，用"T"形账户表示，如图 8-5 所示。

借	账户名称	贷
资产的增加		资产的减少
费用成本的增加（开支）		费用成本的减少（转出）
负债的减少（欠款减少）		负债的增加（欠款增加）
所有者权益的减少		所有者权益的增加
收入成果的减少（分配）		收入成果的增加（获得）

图 8-5　所有账户借贷方向记账内容

借贷记账法下，账簿上借贷余三栏式账户结构样式及反映内容，如表 8-3 所示。其中，"借或贷"栏表示余额方向，即余额是借方余额还是贷方余额，如果余额为 0，则在此栏写上"平"字。

表 8-3　×××账户

年		凭证号数	摘要	借方											贷方											借或贷	余额										
月	日			亿	千万	百万	十万	万	千	百	十	元	角	分	亿	千万	百万	十万	万	千	百	十	元	角	分		亿	千万	百万	十万	万	千	百	十	元	角	分

为了便于掌握和使用不同的会计科目，明白借方、贷方含义，理解期末余额方向，计算账户期末余额，现用表 8-4 概括各类科目（账户）的结构及余额求解公式。

表 8-4　账户期末余额求解公式表

账户类别	借方含义	贷方含义	正常情况下期末余额方向	期末余额计算
资产类 成本类	增加额	减少额	在借方	期末借方余额＝期初借方余额＋本期借方发生额－本期贷方发生额

续 表

账户类别	借方含义	贷方含义	正常情况下期末余额方向	期末余额计算
负债类	减少额	增加额	在贷方	期末贷方余额＝期初贷方余额＋本期贷方发生额－本期借方发生额
所有者权益类	减少额	增加额	在贷方	期末贷方余额＝期初贷方余额＋本期贷方发生额－本期借方发生额
费用类	增加额	减少额	期末本类账户结转后无余额	期末将本期费用从其账户贷方转出,记入"本年利润"科目借方
收入类	减少额	增加额	期末本类账户结转后无余额	期末将本期收入从其账户借方转出,记入"本年利润"科目贷方
利润类	减少额	增加额	期末"本年利润"账户余额累积至年末,余额借贷方向不固定	期末收入、费用转入"本年利润"相抵,若有贷方余额则按月或按季计提预缴所得税,税后余额滚至年末。年末从其账户借方转出,记入"利润分配——未分配利润"账户贷方。分配后留存未分配的利润。(具体内容见第九章末关涉问答"期末虚账户是如何结转的")

■ 借贷记账法的记账规则

借贷记账法的记账规则,是"有借必有贷,借贷必相等"。它是由复式记账原理和借贷记账法的账户结构所决定的。会计主体发生的每笔经济业务,均采用"借""贷"记账符号,标记账户登记方向,同时在两个或两个以上相互联系的账户,做出金额相等登记。

【例 8-1】 东方有限公司收到远洋实业有限公司投入资本 800 000 元,款项已存入银行。

该项经济业务发生后,东方有限公司银行存款增加 800 000 元,所有者对东方有限公司的投资同时增加 800 000 元,涉及资产类中"银行存款"账户和所有者权益类中"实收资本"账户。资产的增加用"借"表示,所有者权益的增加用"贷"表示,因此应在"银行存款"账户借方记入 800 000 元,在"实收资本"账户贷方记入 800 000 元。该项经济业务在"T"形账户中的登记,如图 8-6 所示。

```
    借方   实收资本   贷方          借方   银行存款   贷方
              期初余额200 000       期初余额500 000
              (1) 800 000  ←————→  (1) 800 000
```

图 8-6 收到投资者投入的资本金

【例 8-2】 东方有限公司以银行存款 20 000 元,偿还到期的短期借款。

该项经济业务发生后,东方有限公司的银行存款减少 20 000 元,短期借款同时减少 20 000 元,涉及资产类中"银行存款"账户和负债类中"短期借款"账户。资产的减少用"贷"表示,负债的减少用"借"表示,因此应在"短期借款"账户的借方记入 20 000 元,在"银行存款"账户的贷方记入 20 000 元。该项经济业务在"T"形账户中的登记,如图 8-7 所示。

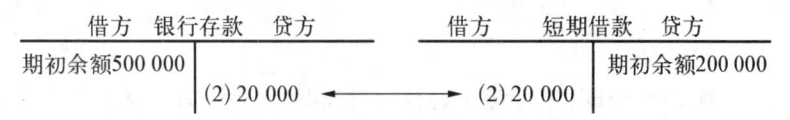

```
    借方   银行存款   贷方           借方   短期借款   贷方
    期初余额500 000                                期初余额200 000
               (2) 20 000  ←——→  (2) 20 000
```

图 8-7 以银行存款偿还到期的短期借款

【例 8-3】 东方有限公司从银行提取现金 10 000 元。

该项经济业务发生后,东方有限公司的银行存款减少 10 000 元,库存现金同时增加 10 000 元,涉及资产类中"银行存款"和"库存现金"两个账户。资产的增加用"借"表示,资产的减少用"贷"表示,因此应在"库存现金"账户的借方记入 10 000 元,在"银行存款"账户的贷方记入 10 000 元。该项经济业务在"T"形账户中的登记,如图 8-8 所示。

```
    借方   银行存款   贷方           借方   库存现金   贷方
    期初余额500 000                 期初余额1 000
               (3) 10 000  ←——→  (3) 10 000
```

图 8-8 从银行提取现金

【例 8-4】 东方有限公司购入原材料一批,价款 40 000 元,其中 30 000 元用银行存款支付,10 000 元尚未支付,假定不考虑增值税因素。

该项经济业务发生后,东方有限公司的原材料增加 40 000 元,银行存款减少 30 000 元,应付账款增加 10 000 元,涉及资产类中"原材料""银行存款"两个账户和负债类中"应付账款"账户。资产的增加用"借"表示,资产的减少用"贷"表示,负债的增加用"贷"表示。因此应在"原材料"账户的借方记入 40 000 元,在"银行存款"账户的贷方记入 30 000 元,在"应付账款"账户的贷方记入 10 000 元。该项经济业务在"T"形账户中的登记,如图 8-9 所示。

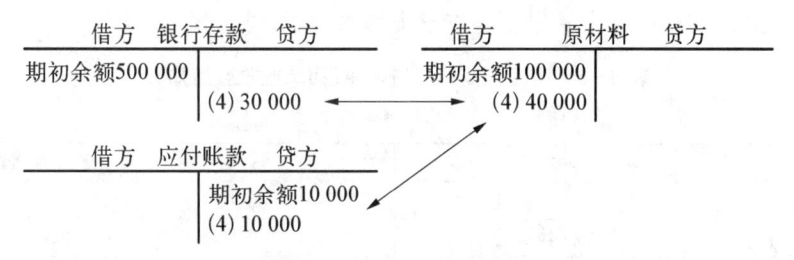

```
    借方   银行存款   贷方           借方   原材料   贷方
    期初余额500 000                 期初余额100 000
               (4) 30 000            (4) 40 000

    借方   应付账款   贷方
               期初余额10 000
               (4) 10 000
```

图 8-9 购买原材料,部分价款用银行存款支付,部分价款尚欠

☑ 会计科目的对应关系是指在借贷记账法下,按照借贷记账法的记账规则进行账务处理时,在两个或两个以上有关科目之间形成的应借、应贷相互对照关系。存在对照关系的会计科目(账户),称为会计科目(账户)的对应关系。

通过会计科目的对应关系,可以了解经济业务的内容和资金运动的来龙去脉,还可以发现和检查经济业务的发生和账务处理是否合理合法。

☑会计分录的编制。

(1) 会计分录的概念。

会计分录,是指为了保证账户记录及其对应关系的正确性,对发生的每笔经济业务事项,不直接根据原始凭证记入有关账户,而是先标明其应借、应贷账户及其金额的一种记录,简称分录。

(2) 会计分录的要素。

会计分录由三个要素构成:借贷符号、会计科目和金额。会计分录反映的全部内容都体现在所编制的记账凭证上。

(3) 会计分录的作用。

会计分录的作用在于简单明了地指明每笔经济业务应借、应贷的账户名称和金额,并作为登记账簿的依据。

(4) 会计分录的编制。

分录的编制是会计实务中一项至关重要的工作,它处于会计循环整个过程中的初始阶段,分录编制正确与否,直接影响到会计报告的真实性和正确性。编制会计分录有六个步骤:

第一步,分析载明经济业务事项的原始凭证所涉及的会计要素,是资产(费用、成本),还是权益(收入)。

第二步,分析确定涉及的会计账户。

第三步,分析确定哪些账户是增加,哪些账户是减少。

第四步,确定记账方向,应记在哪个(或哪些)账户的借方,哪个(或哪些)账户的贷方。

第五步,确定应借、应贷账户的记账金额,并确保借方、贷方金额合计相等。

第六步,按照以下要求,写出完整会计分录。即先"借"后"贷","借"在上,"贷"在下,每一个会计科目占用一行,贷方记账符号、账户、金额相对借方退后一格填写。

【例 8-5】 按[例 8-1]资料,东方有限公司收到远洋实业有限公司投入资本 800 000 元,款项已存入银行。

该项经济业务实务中做账票据是双方投资协议、银行进账回单(见表 8-5)。

表 8-5 中国工商银行进账单(回单或收款通知)

进账日期 ××××年×月×日　　　　　　　　　　　　　　　第 2541 号

收款人	全称	东方有限公司	付款人	全称	远洋实业有限公司
	账号	2345111		账号	5678001
	开户银行	工行锁金支行		开户银行	工行福民支行

人民币(大写)捌拾万元整		千	百	十	万	千	百	十	元	角	分
	¥			8	0	0	0	0	0	0	0

票据种类	转账支票	
票据张数	1	收款人开户银行盖章
上述款项已收妥		
单位主管　　　会计　　　复核　　　记账		

第一步,分析涉及的会计要素,收到的款项是企业的资产,投入的资本是所有者的权益。
第二步,确定涉及的会计账户,款项记入"银行存款"账户,资本记入"实收资本"账户。
第三步,确定哪些账户是增加,哪些账户是减少。确定"银行存款"是增加,"实收资本"也是增加。
第四步,确定记账方向,"银行存款"增加应在借方记录,"实收资本"增加应在贷方记录。
第五步,确定记账金额,借、贷两个方向都增加 800 000 元。
第六步,写出完整的会计分录:

借:银行存款　　　　　　　　　　　　　　　　　　　　　　　800 000
　　贷:实收资本——远洋实业有限公司　　　　　　　　　　　　800 000

☑ 会计分录的分类。

按照经济业务所涉及账户的多少,会计分录分为简单分录和复合分录。

简单分录是指只涉及一个借方和一个贷方,即一借一贷会计分录;复合分录是指涉及两个以上(不含两个)对应账户所组成的会计分录,包括一借多贷,或多借一贷,或多借多贷的会计分录。

复合会计分录,实际上是由若干简单会计分录复合而成的,但为了保持账户对应关系的清晰,一般不应把不同经济业务合并在一起,编制多借多贷的会计分录。一笔复合会计分录可以分解为若干简单的会计分录,而若干笔彼此相关的简单会计分录又可复合为一笔复合会计分录。复合或分解的目的是便于会计工作,更好地反映经济业务发生引起资金运动的来龙去脉。

【例 8-6】 东方有限公司编制某月工资结算汇总表,其中产品生产工人工资 50 000 元,销售部门人员工资 30 000 元,厂部管理人员工资 20 000 元。

该项经济业务实务中做账票据是考勤记录表、工时记录表、工资计发汇总表等。

第一步,分析涉及的会计要素。职工工资是企业的人工费用,尚未发放的工资是企业的负债。

第二步,确定涉及的会计账户。费用由产品生产人员、产品销售人员、企业管理人员产生,应分别通过"生产成本""销售费用""管理费用"三个账户记录,尚未发放的工资应通过"应付职工薪酬"账户记录。

第三步,确定哪些账户是增加,哪些账户是减少。"生产成本""销售费用""管理费用"账户都增加,"应付职工薪酬"也增加。

第四步,确定记账方向。三个费用账户增加应在借方反映,负债增加应在贷方反映。

第五步,确定记账金额。借方三个费用账户合计增加 100 000 元,贷方增加 100 000 元。

第六步,写出完整的会计分录:

借:生产成本　　　　　　　　　　　　　　　　　　　　　　　50 000
　　销售费用　　　　　　　　　　　　　　　　　　　　　　　30 000
　　管理费用　　　　　　　　　　　　　　　　　　　　　　　20 000
　　贷:应付职工薪酬——工资　　　　　　　　　　　　　　　100 000

【例 8-7】 东方有限公司通过网银发放职工工资 100 000 元,已全部发放到位。

该项经济业务实务中做账票据是某月工资发放签名表、网银支付回单若干张。

第一步,分析涉及的会计要素。实际发放职工工资动用了企业的资产,已发放的工资是原先已确认的企业负债。

第二步,确定涉及的会计账户。动用的资产账户是"银行存款",已发放的工资早已通过"应付职工薪酬"账户记账。

第三步,确定哪些账户是增加,哪些账户是减少。"银行存款"账户是减少,"应付职工薪酬"账户也是减少。

第四步,确定记账方向。"银行存款"账户减少应在贷方反映,"应付职工薪酬"账户减少应在借方反映。

第五步,确定记账金额。借、贷两个方向都减少100 000元。

第六步,写出完整的会计分录:

借:应付职工薪酬——工资　　　　　　　　　　　　　　100 000
　　贷:银行存款　　　　　　　　　　　　　　　　　　　　　100 000

☑ 借贷记账法下的试算平衡。

试算平衡,是指根据借贷记账法的记账规则和资产与权益(负债和所有者权益)的恒等关系,通过对所有账户的发生额和余额的汇总计算与比较,来检查账户记录是否正确的一种方法。

试算平衡的方法是通过编制试算平衡表进行的。试算平衡表有两种:

一种是依据借贷记账法的记账规则,即"有借必有贷,借贷必相等"的规则编制发生额试算平衡表。

另一种是依据财务状况等式,即"资产=负债+所有者权益"恒等式编制余额试算平衡表。

(1)发生额试算平衡,是指全部账户本期借方发生额合计与全部账户本期贷方发生额合计保持平衡,即

全部账户本期借方发生额合计=全部账户本期贷方发生额合计

(2)余额试算平衡,是指全部账户借方期末(初)余额合计与全部账户贷方期末(初)余额合计保持平衡,即

全部账户借方期末(初)余额合计=全部账户贷方期末(初)余额合计

试算平衡表,通常是在期末结出各账户的本期发生额合计和期末余额后编制的,试算平衡表中一般应设置"期初余额""本期发生额""期末余额"三大栏目,其下再分设"借方""贷方"两栏。各大栏中的借方合计与贷方合计应该平衡相等,否则,存在记账错误。

试算平衡表编制种类分为两种:

一种是将本期发生额和期末余额分别列表进行试算平衡,如表8-6和表8-7所示。

表8-6　总分类账户本期发生额试算平衡表

年　　月　　　　　　　　　　　　　　　　　　单位:元

会计科目	借方发生额	贷方发生额
本期合计		

表8-7 总分类账户余额试算平衡表

　　　年　　月　　　　　　　　　　　　　　　　　　　　　　　单位:元

会计科目	借方余额	贷方余额
本期合计		

另一种是将本期发生额和期末余额合并在一张表上进行试算平衡,如表8-8所示。

表8-8 总分类账户本期发生额、余额试算平衡表

　　　年　　月　　　　　　　　　　　　　　　　　　　　　　　单位:元

会计科目	期初余额		本期发生额		期末余额	
	借方	贷方	借方	贷方	借方	贷方
本期合计						

试算平衡只是通过借贷金额是否平衡来检查账户记录是否正确的一种方法。如果借贷双方发生额或余额相等,表明账户记录基本正确,但有些错误并不影响借贷双方的平衡。因此,试算不平衡,表示记账一定有错误;但试算平衡时,不能表明记账一定正确。

不影响借贷双方平衡关系的错误通常有:① 漏记某项经济业务,使本期借贷双方的发生额等额减少,借贷仍然平衡;② 重记某项经济业务,使本期借贷双方的发生额等额虚增,借贷仍然平衡;③ 某项经济业务记录的应借、应贷科目正确,但借贷双方金额同时多记或少记,且金额一致,借贷仍然平衡;④ 某项经济业务记错有关账户,借贷仍然平衡;⑤ 某项经济业务在账户记录中,同时颠倒了记账方向,借贷仍然平衡;⑥ 某账户借方或贷方发生额中,偶然发生多记和少记并相互抵消,借贷仍然平衡。

由于账户记录可能存在上述不能由试算平衡表发现的错误,所以,实务中通常通过增设会计凭证复核岗、安排专人分别登记总账与明细账,以保证账户记录的正确性。

★ 第三种方法:填制和审核会计凭证

填制和审核会计凭证,是为会计记录提供完整、真实的原始资料,保证账簿记录正确、完整的重要方法之一,也是会计核算工作的起点。会计凭证是记录经济业务和明确经济责任的书面证明,是登记账簿的依据。

会计凭证分为原始凭证和记账凭证。会计主体办理任何经济业务,必须由执行或完成该项经济业务的有关人员填制或取得原始凭证,并签名或盖章。所有原始凭证都要经过会计部门和其他有关部门的审核。只有审核后认为合法和正确无误的原始凭证,才能作为填制记账凭证和登记账簿的依据。所以,填制和审核凭证是保证会计资料真实、正确的有效手段。

涉及会计凭证的填制、审核、传递与保管等具体内容,详见《第十章　2类会计凭证》。

★ 第四种方法:登记账簿

登记账簿,简称记账,是根据填制和审核无误的记账凭证,在账簿上进行全面、连续、系

统记录的方法。账簿是用来记录经济业务发生的簿籍。登记账簿即以记账凭证为依据,在按照规定的会计科目开设的账户中,将记账凭证中所反映的经济业务分别记入有关账户。登记账簿的目的,是对会计凭证中分散记录的经济业务内容进行进一步的分类、汇总,使之系统化,能够提供全面的、综合的会计信息指标,并作为编制财务报表的重要依据。因此,登记账簿是会计核算的主要方法。

涉及会计账簿的设置、启用、登记、对账、错账更正、结账等具体内容,详见《第十一章　3类会计账簿》。

★ 第五种方法:成本计算

成本计算,是将经营活动中发生的各种费用,按照各种不同的成本计算对象进行归集、分配,分别计算各成本计算对象的总成本和单位成本的一种专门方法。

成本计算,主要目的是考核经济活动过程中物化劳动和活劳动的耗费情况,确定其价值的补偿额度,正确进行资产计价和企业盈亏点的计算。

成本计算,主要涉及外购材料、外购燃料、外购动力、职工薪酬、折旧费用、利息费用、税金、其他费用等费用要素。计算对象主要是产品总成本、在产品、完工产成品及完工产品单位成本。同时,涉及销售费用、管理费用、财务费用的归集、分配、计算等具体内容,详见本教材第二部分成本会计相关部分。

★ 第六种方法:财产清查

财产清查,是通过对实物盘点、往来款项的核对来检查财产和资金实有数额与账面数是否相符的一种会计核算方法。

☆ 账实不符的原因

(1) 在财产物资收发时,由于计量和检验不准确而造成的品种、规格、数量、质量上的差错。

(2) 收、发财产物资过程中,发生错收、错付或在凭证、账簿中出现漏记、重记、错记。

(3) 在财产物资保管中发生自然损耗或升溢。

(4) 因管理不善或工作人员失误造成的财产物资损坏、变质或缺少。

(5) 发生自然灾害或意外损失。

(6) 不法分子贪污盗窃、营私舞弊造成的财产损失。

(7) 结账日账单未达或拒付等原因导致企业与其他单位之间结算款项不符。

上述造成账实不符的原因,少数是受自然因素影响造成的,不能完全避免,而大部分是人为因素造成的,是可以避免的。这就要求运用财产清查这一会计核算方法,一方面对清查所发现的账实不符,应当及时查明原因,书面请示,并按批复意见及时做出账务处理,调整账簿记录,使账存数与实存数保持一致,正确地反映企业各项财产物资的真实情况;另一方面,针对财产清查中所发现的物资积压或毁损以及往来账款中坏账等问题,应当及时查明原因和责任,积极清理并加强管理。因此,财产清查是保证会计核算资料真实、正确的一种手段。

☆ 财产清查的种类

财产清查按照清查的范围,分为全面清查和局部清查;按照清查的时间,分为定期清查和不定期清查;按照清查的执行系统,分为内部清查和外部清查。

■按照清查范围分类

☑ 全面清查，是指对本单位全部财产进行盘点和核对。全面清查的内容多、范围广，一般来说，存在以下情况需进行全面清查：

（1）年终决算前。
（2）单位撤销、分立、合并或改变隶属关系前。
（3）中外合资、国内合资前。
（4）股份制改造前。
（5）开展全面的资产评估、清产核资前。
（6）单位主要负责人调离工作前等。

☑ 局部清查，是指根据需要只对部分财产物资进行的盘点与核对。一般在下列情况下进行：

（1）对流动性较大的物资，如原材料、产成品、在产品等，除在年终决算前进行全面盘点外，年内应根据需要轮流盘点或重点抽查。
（2）对各种贵重物资，每月都要对其清查盘点。
（3）对于库存现金，每日终了，应由出纳人员清点核对。
（4）对于银行存款和银行借款，每月至少应与银行核对一次。
（5）对于各种往来款项，每年至少应同有关单位核对一至两次。

以上列举的内容，均为正常情况下所进行。如果因为遭受自然灾害（如火灾、水灾、地震等）、发生盗窃事件，以及更换实物保管人员时，应对有关财产物资或资金进行局部清查和盘点。

■按照清查时间分类

☑ 定期清查，是指按照预先计划安排的时间，对财产物资、货币资金和往来结算款项等进行的盘点和核对。一般在年末、季末、月末结账前进行。其中，年终决算前进行全面清查，季末和月末进行局部清查。

☑ 不定期清查，是指事前不规定清查日期，而是根据特殊需要临时进行的盘点和核对。一般在下列各种情况下进行：

（1）更换财产物资和现金保管人员时，要对其所保管的财产物资或库存现金进行清查，以分清经济责任，便于办理交接手续。
（2）发生自然灾害或意外损失时，要对受损失的财产物资进行清查，以查明损失情况。
（3）上级主管部门和财政、审计、税务、银行等有关部门，对本单位进行会计检查时，应根据检查的要求和范围进行清查，以验证会计资料的可靠性。
（4）开展临时性清产核资时，对本单位的财产物资进行清查，以摸清家底。

不定期清查可以是全面清查，也可以是局部清查，应根据实际需要而决定。

■按照清查执行系统分类

☑ 内部清查，是指由本单位内部自行组织清查工作小组进行的财产清查。大多数财产清查都是内部清查。

☑ 外部清查，是指由上级主管部门、审计机关、司法部门、注册会计师等，根据国家有关规定或情况需要对本单位进行的财产清查。一般来讲，进行外部清查时应有本单位相关人员参加。

☆ 财产清查的程序

财产清查既是会计核算的一种专门方法，又是财产物资管理的一项重要制度。企业必须有计划、有组织地进行财产清查。

财产清查的一般程序：

第一步，建立财产清查组织，应组织包括单位负责人、会计人员、财产保管人员等组成的清查小组，具体负责清查工作。

第二步，组织清查人员学习有关政策规定，掌握有关法律、法规和相关业务知识，以提高财产清查工作的质量。

第三步，确定清查对象、范围，明确清查任务。

第四步，制定清查方案，具体安排清查内容、时间、步骤、方法，以及必要的清查前准备，包括计量器具、清查登记表单、标签等。

第五步，清查时本着先清查数量、核对有关账簿记录等，后认定质量的原则进行。清查的同时，填制盘存表单。

第六步，根据盘存表单，填制实物、往来账项清查结果报告表。

☆ 财产清查的方法

财产清查主要包括货币资金清查、实物资产清查和往来款项清查三项内容。

■ 货币资金的清查

货币资金清查包括库存现金清查和银行存款清查。

☑ 库存现金的清查，是采用实地盘点法确定库存现金的实存数，然后与库存现金日记账的账面余额相核对，确定账实是否相符。库存现金清查一般由主管会计或财务负责人和出纳人员共同清点出各种纸币的张数和硬币的个数，并填制库存现金盘点报告表。

对库存现金进行盘点时，出纳人员必须在场，有关业务必须在库存现金日记账中全部登记完毕。盘点时，一方面要注意账实是否相符，另一方面还要检查现金管理制度的遵守情况，如库存现金有无超过其限额、有无白条抵库、有无挪用舞弊等情况。盘点结束后，应填制"库存现金盘点报告表"，该表是反映库存现金实存数的原始凭证，也是查明账实不符原因和调整账簿记录的依据。其格式如表8-9所示。

表8-9 库存现金盘点报告表

单位名称： 年 月 日

实存金额	账存金额	对比结果		备 注
		盘盈	盘亏	

盘点人签章： 出纳员签章：

☑ 银行存款的清查，是采用与开户银行核对账目的方法进行的，即将本单位银行存款日记账的账簿记录与开户银行转来的对账单逐笔进行核对，查明银行存款的实有数额。银行存款的清查一般在月末进行。核对前，应先将截至清查日止的所有涉及银行存款的收、付业务都登记入账，并检查银行存款日记账的正确性和完整性，若发现错账、漏账，应及时查清更正,然后与银行存款对账单逐笔核对。若二者余额相符,通常说明没有错误;如果二者余额不相符,则可能是企业或银行一方或双方记账过程有错误或者存在未达账项。

所谓未达账项,是指企业与银行之间,一方收到凭证并已入账,另一方未收到凭证因而未能入账的账项。未达账项有四种情况:

第一种,银行已收款记账,企业未收款未记账的款项,即银行已收而企业未收,如企业委托银行代收的款项,银行已经办妥收款手续并且入账,但企业尚未收到银行收款通知而没有入账。

第二种,银行已付款记账,企业未付款未记账的款项,即银行已付而企业未付,如水电费通过委托付款方式结算,银行见票即付,但企业尚未收到银行付款通知而没有入账。

第三种,企业已收款记账,银行未收款未记账的款项,即企业已收而银行未收,如企业已将收到的购货单位开出的转账支票送存银行并且入账,但银行尚未办妥转账收款手续而没有入账。

第四种,企业已付款记账,银行未付款未记账的款项,即企业已付而银行未付,如企业开出的转账支票已经入账,但收款单位尚未到银行办理转账手续或银行尚未办妥转账付款手续而没有入账。

出现第一、第四种情形时,会使企业银行存款日记账的账面余额小于银行对账单的余额;出现第二、第三种情形时,会使企业银行存款日记账的账面余额大于银行对账单的余额。

每个单位每个月都有可能出现上述四种情形,都会引起银行对账单与企业银行存款日记账月末余额不一致。企业可以通过编制"银行存款余额调节表",反映不一致的内容,确定企业银行存款实有数。

银行存款的清查按以下步骤进行:

第一步,根据经济业务、结算凭证的种类、号码和金额等资料,以银行存款日记账的记录顺序为准,逐笔在银行对账单上查找对应的金额,一般日记账日期与对账单日期大多错位2~7天,如查找到金额,则用铅笔在金额后打上记号"√";如未查找到金额,则在日记账上用铅笔做出"○"标记,如此对账,账簿相对整洁。

第二步,找出未达账项,即银行存款日记账上用"○"的标记和银行对账单中没有打"√"的款项。

第三步,将日记账和对账单的月末余额及找出的未达账项填入"银行存款余额调节表",并计算出调整后的余额。

银行存款余额调节表的编制,是以企业银行存款日记账余额和银行对账单余额为基础,各自分别加上对方已收款入账而己方尚未入账的数额,减去对方已付款入账而己方尚未入账的数额。其计算公式如下:

企业银行存款日记账余额+银行已收企业未收款-银行已付企业未付款=银行对账单存款余额+企业已收银行未收款-企业已付银行未付款

【例8-8】 某企业2×19年12月31日银行存款日记账的余额为164 049元,银行转来对账单的余额为180 917元。经逐笔核对,发现以下未达账项:① 企业委托银行代收某公司购货款2 000元,银行已收妥并登记入账,但企业未收到收款通知,尚未记账。② 银行代企业支付电话费100元,银行已登记减少企业银行存款,但企业未收到银行付款通知,尚未记账。③ 企业送存销售收入转账支票4 000元,并已登记银行存款增加,但银行尚未记账。

④ 企业签发支付劳务费转账支票18 968元,并已登记银行存款减少,但持票单位尚未到银行办理转账,银行尚未记账。

编制银行存款余额调节表如表8-10所示。

表8-10 银行存款余额调节表

账号:　　　　　　　　　　　2×19年12月31日　　　　　　　　　　　单位:元

项 目	金 额	项 目	金 额
企业银行存款日记账余额	164 049	银行对账单余额	180 917
加:银行已收、企业未收	2 000	加:企业已收、银行未收	4 000
减:银行已付、企业未付	100	减:企业已付、银行未付	18 968
调节后的存款余额	165 949	调节后的存款余额	165 949

需要注意的是,"银行存款余额调节表"只是为了核对账目,检查账簿记录的正确性,不可以作为调整银行存款账面余额、更改账簿记录的原始凭证,只能作为银企间对账的工具使用,经主管会计签章后存档留作备查。若此表调节后,银行与企业之间余额仍不相等,说明账实不符,肯定有一方记账错误,应进一步查明原因,并予以及时更正。

■ 实物资产的清查

实物资产主要包括固定资产、存货等。实物资产的清查就是对实物资产数量和质量进行的清查。通常采用以下两种清查方法:

☑ 实地盘点法。通过点数、过磅、量尺等方法来确定实物资产的实有数量。实地盘点法适用范围较广,在多数财产物资清查中都可以采用。

☑ 技术推算法。利用一定的技术方法对财产物资的实存数进行推算,故又称估推法。采用这种方法,对于财产物资不是逐一清点计数,而是通过量方、计尺等技术推算财产物资的结存数量。技术推算法只适用于成堆量大而价值不高、逐一清点的工作量和难度较大的财产物资的清查。例如,露天堆放的煤炭、沙石等。

对于实物的质量,应根据不同实物的性质或特征,采用物理或化学方法,来检查实物的质量。

在实物清查过程中,实物保管人员和盘点人员必须同时在场。对于盘点结果,应如实登记盘存单,并由盘点人和实物保管人签字或盖章,以明确经济责任。盘存单既是记录盘点结果的书面证明,也是反映财产物资实存数的原始凭证。盘存单一般一式三份,一份由盘点人留存备查;一份由实物保管人保存;一份交财会部门与账面记录核对。盘存单的一般格式,如表8-11所示。

表8-11 盘存单

单位名称:　　　　　　　　盘点时间:　　　　　　　　盘存单编号:
财产类别:　　　　　　　　存放地点:

编 号	名 称	计量单位	数 量	单 价	金 额	备 注

盘点人:　　　　　　　　　　　　　　　　　　　　　　　　保管人:

为了查明实存数与账存数是否一致，确定盘盈或盘亏情况，应根据盘存单和有关账簿记录，编制"实存账存对比表"。实存账存对比表是用以调整账簿记录的重要原始凭证，也是分析产生差异的原因、明确经济责任的依据。实存账存对比表的一般格式，如表8-12所示。

表8-12 实存账存对比表

单位名称： 　　　　　　　　　年 月 日

编号	类别与名称	计量单位	单价	实存		账存		对比结果				备注
								盘盈		盘亏		
				数量	金额	数量	金额	数量	金额	数量	金额	

主管负责人： 　　　　　　　　复核： 　　　　　　　　制表：

■ 往来款项的清查

往来款项主要包括应收、应付款项和预收、预付款项等。往来款项的清查一般采用发函询证的方法进行核对。清查单位应在其各种往来款项记录准确的基础上，按每一个经济往来单位填制一式三联"往来款项对账单"，一联为存根，一联为核对联，一联为回单联。其中核对联和回单联寄送对方单位核对账目，对方单位核对后，在回单联上注明账目核对情况，并加盖财务专用章寄回本单位。本单位根据不相符情况做进一步核对，查明原因。

往来款项清查以后，根据清查结果编制"往来款项清查表"，填列各项债权、债务的余额。对于有争执的款项以及无法收回的款项，应在清查表上详细列明情况，并及时采取措施，避免或减少坏账损失。往来款项清查表的格式，如表8-13所示。

表8-13 往来款项清查表

会计科目： 　　　　　　　　　年 月 日 　　　　　　　　　单位：元

明细账户名称	账面结余金额	清查结果		核对不符单位及原因分析						备注
		核对相符金额	核对不符金额	业务发生日期	单位名称	争执款项	未达款项	无法收回或偿还款项	其他	

☆ 财产清查结果的处理

对于财产清查中发现的问题，如财产物资的盘盈、盘亏、毁损或其他各种损失，应核实情况，调查分析产生的原因，做相关的账务处理。

■ 财产清查结果的处理步骤

对财产清查中发现的各种差异，分批准前和批准后两个步骤进行处理。

第一步，根据"清查结果报告表""盘点报告表"等，填制记账凭证，记入有关账簿，使账簿记录与实际盘存数相符，同时根据管理权限，将处理建议报股东大会或董事会，或经理（厂长)会议或类似机构批准。

第二步,根据股东大会或董事会,或经理(厂长)会议或类似机构批准的处理意见,编制记账凭证并记入有关账簿。

■ 财产清查结果的处理方法

为核算和监督企业在财产清查中出现的各种财产盘盈、盘亏、毁损及其处理情况,应设置"待处理财产损溢"账户。其借方用于登记发生的盘亏、毁损数以及经批准转销的财产盘盈数;贷方用来登记发生的盘盈数及经批准转销的财产盘亏和毁损数。该账户下设"待处理流动资产损溢"和"待处理非流动资产损溢"两个明细科目。"待处理财产损溢"账户结构,如图8-10所示。

借方	待处理财产损溢	贷方
发生额: (1) 发生的待处理财产盘亏、毁损数 (2) 转销已批准处理的财产盘盈数		发生额: (1) 发生的待处理财产盘盈数 (2) 转销已批准处理的财产盘亏和毁损数
余额:尚待批准处理的财产盘亏、毁损数大于尚待批准处理的财产盘盈数的差额		余额:尚待批准处理的财产盘盈数大于尚待批准处理的财产盘亏、毁损数的差额

图8-10 待处理财产损溢账户结构

☑ 盘盈结果的账务处理。

(1) 库存现金盘盈的账务处理。

发现库存现金盘盈后,应及时查明原因。发现时,编制现金入账凭证,调整现金账簿记录,借记"库存现金"账户,贷记"待处理财产损溢"账户。待查明原因后,属于应支付给有关人员或单位的,应借记"待处理财产损溢"账户,贷记"其他应付款"账户;属于无法查明原因的,报经批准后,应借记"待处理财产损溢"账户,贷记"营业外收入"账户。

【例8-9】 现金清查中,发现库存现金较账面余额多出67元。

借:库存现金 67
　　贷:待处理财产损溢——待处理流动资产损溢 67

【例8-10】 经反复核查,上述现金长款原因不明,经批准转作营业外收入处理。

借:待处理财产损溢——待处理流动资产损溢 67
　　贷:营业外收入——现金长款 67

(2) 存货盘盈的账务处理。

发现存货盘盈后,应及时查明原因。发现时,编制存货入账凭证,调整存货账簿记录,借记有关存货类账户,贷记"待处理财产损溢"账户。报经批准后,借记"待处理财产损溢"账户,贷记有关账户(如"管理费用"等)。

【例8-11】 某企业在财产清查中,发现盘盈甲材料500元,经查实,系计量差错所致。在报批前,应根据"实存账存对比表"所确定的甲种材料盘盈数额,做如下会计分录:

借:原材料——甲材料 500
　　贷:待处理财产损溢——待处理流动资产损溢 500

经批准后,应做如下会计分录:

借:待处理财产损溢——待处理流动资产损溢　　　　　　　　　　　500
　　贷:管理费用　　　　　　　　　　　　　　　　　　　　　　　　　　500

(3) 固定资产盘盈的账务处理。

实行新准则后,固定资产盘盈的会计核算发生了变化。旧准则对固定资产的盘盈在批准转销前通常是计入"待处理财产损溢——待处理非流动资产损溢"科目,批准转销后则从该科目转入"营业外收入"科目。按新准则规定,固定资产盘盈应作为前期差错记入"以前年度损益调整"科目。固定资产盘盈不再计入当期损益,而是作为以前期间的会计差错,并根据相关规定进行更正。

企业在财产清查中盘盈固定资产,第一步,应确定盘盈固定资产的原值、累计折旧和固定资产净值。根据确定的固定资产原值、累计折旧,借记"固定资产",贷记"累计折旧",将两者的差额贷记"以前年度损益调整"(该科目是损益类科目,计入此科目贷方视同往年少计利润,不但要补交所得税,还要补提盈余公积);第二步,计算应交纳的所得税费用,借记"以前年度损益调整"科目,贷记"应交税费——应交所得税";第三步,结转以前年度损益调整,借记"以前年度损益调整",贷记"利润分配——未分配利润";第四步,补提盈余公积,借记"利润分配——未分配利润"科目,贷记"盈余公积"。

【例8-12】　某企业在固定资产清查中,发现未入账的设备一台,按同类固定资产市场价格,重置完全价值8 000元,估计折旧额5 200元。该企业应编制如下会计分录:

(1) 确认为前期差错,将净值计入"以前年度损益调整"科目。

借:固定资产——××设备　　　　　　　　　　　　　　　　　　8 000
　　贷:累计折旧　　　　　　　　　　　　　　　　　　　　　　　　5 200
　　　　以前年度损益调整　　　　　　　　　　　　　　　　　　　　2 800

(2) 补交所得税。

借:以前年度损益调整　　　　　　　　　　　　　700(＝2 800×25％)
　　贷:应交税费——应交所得税　　　　　　　　　　　　　　　　　　700

(3) 结转以前年度损益调整。

借:以前年度损益调整　　　　　　　　　　　　2 100(＝2 800－700)
　　贷:利润分配——未分配利润　　　　　　　　　　　　　　　　　2 100

(4) 补提盈余公积。

借:利润分配——未分配利润　　　　　　　　　210(＝2 100×10％)
　　贷:盈余公积——法定盈余公积　　　　　　　　　　　　　　　　　210

☑盘亏结果的账务处理。

(1) 库存现金盘亏的账务处理。

发现现金盘亏后,应及时查明原因。发现时,编制现金入账凭证,调整库存现金账簿记录,借记"待处理财产损溢"账户,贷记"库存现金"账户。待查明原因后,属于应向有关人员或单位收回的,应借记"其他应收款"账户,贷记"待处理财产损溢"账户;属于无法查明原因的,报经批准后,应借记"管理费用",贷记"待处理财产损溢"账户。

【例8-13】　库存现金清查中,发现库存现金较账面余额短缺90元。

借:待处理财产损溢——待处理流动资产损溢　　　　　　　　　　　90

贷:库存现金　　　　　　　　　　　　　　　　　　　　　　　　　　　90

【例 8-14】 经查,上述现金短缺属于出纳员的责任,应由该出纳员赔偿。
　　借:其他应收款——××出纳员　　　　　　　　　　　　　　　　　90
　　　贷:待处理财产损溢——待处理流动资产损溢　　　　　　　　　　90

【例 8-15】 收到上述出纳员赔款 90 元。
　　借:库存现金　　　　　　　　　　　　　　　　　　　　　　　　　90
　　　贷:其他应收款——××出纳员　　　　　　　　　　　　　　　　90

【例 8-16】 仍沿用[例 8-13],经查,该部分现金短缺属于无法查明的其他原因,经批准作为管理费用处理。
　　借:管理费用——现金短款　　　　　　　　　　　　　　　　　　　90
　　　贷:待处理财产损溢——待处理流动资产损溢　　　　　　　　　　90

(2) 存货盘亏的账务处理。

财产清查中发现的存货盘亏和毁损,在报批前应先借记"待处理财产损溢",贷记存货类账户,使账实相符。报经批准后,应视不同情况,分别进行处理:① 属于定额内的自然损耗,按规定计入管理费用。② 属于超定额损耗,能确定过失人的,应由过失人赔偿;属保险责任范围的,应向保险公司索赔;扣除过失人或保险公司的赔偿后的余额转作管理费用。③ 属于自然灾害等非常损失所造成的存货毁损,在扣除保险公司的赔款和存货残值后,计入营业外支出。

【例 8-17】 某企业在财产清查中发现 A 种产成品盘亏 1 000 元,其中,属于定额损耗的为 200 元,属于保管人员失职的损失为 100 元,应责成过失人赔偿,其余超定额损耗经批准转作管理费用。

在报批前,应根据"实存账存对比表"调整账簿记录,做如下会计分录:
　　借:待处理财产损溢——待处理流动资产损溢　　　　　　　　　1 000
　　　贷:库存商品——A 产品　　　　　　　　　　　　　　　　　　1 000
经批准处理后,应做如下会计分录:
　　借:管理费用　　　　　　　　　　　　　　　　　　　　　　　　900
　　　其他应收款——××保管员　　　　　　　　　　　　　　　　100
　　　贷:待处理财产损溢——待处理流动资产损溢　　　　　　　　1 000

【例 8-18】 某企业财产清查中发现在产品因火灾损失价值 5 000 元,收回残料价值 100 元,已入库,保险公司已经核实同意赔偿总价值的 80%。

在报批前,根据"实存账存对比表"做如下会计分录:
　　借:待处理财产损溢——待处理流动资产损溢　　　　　　　　　5 000
　　　贷:生产成本——××在产品　　　　　　　　　　　　　　　5 000
经批准后,做如下会计分录:
　　借:其他应收款——××保险公司　　　　　4 000(=5 000×80%)
　　　原材料——残料　　　　　　　　　　　　　　　　　　　　　100
　　　营业外支出——不可抗力引起的损失　　　　　　　　　　　　900

贷:待处理财产损溢——待处理流动资产损溢　　　　　　　　　5 000

（3）固定资产盘亏的账务处理。

　　企业盘亏的固定资产应先通过"待处理财产损溢"科目核算,报经批准转销时,再转入"营业外支出"科目。企业发生固定资产盘亏时,按盘亏固定资产的账面净值,借记"待处理财产损溢"科目,按已提折旧额,借记"累计折旧"科目（如果已提固定资产减值准备的,还应按已提的减值准备,借记"固定资产减值准备"科目）,按固定资产的账面原值,贷记"固定资产"科目。盘亏的固定资产报经批准转销时,借记"营业外支出——固定资产盘亏"科目,贷记"待处理财产损溢"科目。

【例8-19】 某企业财产清查时盘亏设备一台,其账面原值为50 000元,已提折旧17 000元（未提减值准备）。该企业进行账务处理时,应编制如下会计分录:

（1）盘亏固定资产时。

　　借:待处理财产损溢——待处理非流动资产损溢　　　　　　33 000
　　　　累计折旧　　　　　　　　　　　　　　　　　　　　　17 000
　　　　贷:固定资产——××设备　　　　　　　　　　　　　　50 000

（2）报经批准转销时。

　　借:营业外支出——固定资产盘亏　　　　　　　　　　　　33 000
　　　　贷:待处理财产损溢——待处理非流动资产损溢　　　　　33 000

★ 第七种方法:编制财务报告

☆ 财务报告的概念

　　财务报告,又称财务会计报告,是指企业定期编制的综合反映企业某一特定日期的财务状况和某一会计期间的经营成果、现金流量等会计信息的文件。财务报告是对日常核算的总结,是在账簿记录的基础上对会计核算资料的进一步加工和整理。财务报告包括财务报表和其他应当在财务报告中披露的相关信息和资料。财务报告的目标即会计目标。

☆ 财务报表的组成

　　财务报表,是对企业财务状况、经营成果和现金流量的结构性表述。一套完整的财务报表至少应当包括资产负债表、利润表、现金流量表、所有者权益（或股东权益）变动表以及附注。

■ **资产负债表**

　　资产负债表,是反映企业在某一特定日期的财务状况的会计报表。资产负债表主要是为会计信息使用者提供有关财务状况方面的信息。所谓财务状况,是指企业某一特定日期的资产总额及其构成、负债总额及其构成、所有者权益总额及其构成。

　　通过资产负债表,可以了解企业的财务状况、偿债能力、筹资能力;分析企业资产、负债、所有者权益构成的合理性,财务状况的优劣;评价企业财务状况的安全性等。

■ **利润表**

　　利润表,是反映企业在一定会计期间的经营成果的会计报表。利润表主要是为会计信息使用者提供有关企业经营成果方面的信息。所谓经营成果,是指企业在某一段时间内的利润（亏损）总额及其形成过程。

通过利润表，可以了解企业的利润构成情况、盈利能力；分析企业利润形成的合理性；评价企业经营业绩的优劣等。

■ 现金流量表

现金流量表，是反映企业在一定会计期间的现金和现金等价物流入和流出情况的会计报表。现金流量表主要是为会计信息使用者提供企业现金和现金等价物净增加额及其构成的信息。

通过现金流量表，可以了解企业销售、利润的质量，持续产生现金流量的能力，以及利润与现金之间的关系等。

■ 所有者权益变动表

所有者权益变动表，是反映构成所有者权益各组成部分当期增减变动情况的会计报表。

通过所有者权益变动表，既可以为财务报表使用者提供所有者权益总量增减变动的信息，也能为其提供所有者权益增减变动的结构性信息，特别是能够让财务报表使用者理解所有者权益增减变动的根源。

■ 附注

附注是财务报表不可或缺的组成部分，是对在资产负债表、利润表、现金流量表和所有者权益变动表等报表中列示项目的文字描述或明细资料的补充，以及对未能在这些报表中列示项目的说明等。

附注主要起到两方面的作用：一是附注的披露，是对资产负债表、利润表、现金流量表和所有者权益变动表列示项目含义的补充说明，以帮助财务报表使用者更准确地把握其含义。例如，通过阅读附注中披露的固定资产折旧政策的说明，使用者可以掌握报告企业与其他企业在固定资产折旧政策上的异同，以便进行更准确的比较。二是附注提供了对资产负债表、利润表、现金流量表和所有者权益变动表中未列示项目的详细或明细说明。例如，通过阅读附注中披露的存货增减变动情况，财务报表使用者可以了解资产负债表中未单列的存货分类信息。

其披露的内容有：

(1) 企业的基本情况。包括：① 企业注册地、组织形式和总部地址。② 企业的业务性质和主要经营活动。③ 母公司以及集团最终母公司的名称。④ 财务报告的批准报出者和财务报告的批准报出日。⑤ 营业期限有限的企业，还应当披露有关营业期限的信息。

(2) 财务报表的编制基础。财务报表的编制基础是指财务报表是在持续经营基础上还是在非持续经营基础上编制的。企业一般是在持续经营基础上编制财务报表，清算、破产属于非持续经营基础。

(3) 遵循会计准则的声明。企业应当声明编制的财务报表符合企业会计准则的要求，真实、完整地反映了企业的财务状况、经营成果和现金流量等有关信息，以此明确企业编制财务报表所依据的制度基础。

(4) 重要会计政策的说明。包括财务报表项目的计量基础和会计政策的确定依据。

(5) 重要会计估计的说明。包括下一会计期间内可能导致资产、负债账面价值发生重大调整的会计估计的确定依据等。

(6) 会计政策和会计估计变更以及差错更正的说明。

(7) 对已在资产负债表、利润表、现金流量表和所有者权益变动表中列示的重要项目的进一步说明。

（8）或有事项和承诺事项、资产负债表日后非调整事项、关联方关系及交易等需要说明的事项。

（9）有助于财务报表使用者评价企业管理资本的目标、政策及程序的信息。

☆ **财务报表的编制**

本章重点介绍资产负债表、利润表、现金流量表编制的有关内容。

■ 资产负债表的编制

☑ 资产负债表的格式。

资产负债表是根据"资产＝负债＋所有者权益"这一平衡等式，依照一定的分类标准和一定的次序，将某一特定日期的资产、负债、所有者权益的具体项目予以适当的排列编制而成。

资产负债表一般由表头、表体两部分组成。表头部分应列明报表名称、编制单位名称、资产负债表日、报表编号和计量单位；表体部分是资产负债表的主体，列示了用以说明企业财务状况的各个项目。资产负债表的表体格式一般有两种：报告式资产负债表和账户式资产负债表。报告式资产负债表是上下结构，上半部分列示资产各项目，下半部分列示负债和所有者权益各项目。账户式资产负债表是左右结构，左边列示资产各项目，反映全部资产的分布及存在状态；右边列示负债和所有者权益各项目，反映全部负债和所有者权益的内容及构成情况。两种格式，资产各项目的合计一定等于负债和所有者权益各项目的合计。

我国企业的资产负债表采用账户式结构，分左右两边列表反映时点指标数值。左边按资产流动性大小排列，流动性大的资产排在前面，流动小的资产排在后面。右边按上部分负债、下部分所有者权益的顺序排列，负债排列顺序按清偿时间的先后顺序排列，所有者权益排列顺序固定不变。格式如表 8-14 所示。

表 8-14 资产负债表(简表)　　　　　　　　　　　　　　会企 01 表

编制单位：××企业　　　　××年 12 月 31 日　　　　　　单位：元

资　产	年初余额	期末余额	负债及所有者权益	年初余额	期末余额
流动资产：			流动负债：		
货币资金			短期借款		
交易性金融资产			应付票据		
应收票据			应付账款		
应收账款			预收款项		
预付款项			应付职工薪酬		
应收利息			应交税费		
应收股利			应付利息		
其他应收款			应付股利		

续　表

资　产	年初余额	期末余额	负债及所有者权益	年初余额	期末余额
存货			其他应付款		
一年内到期非流动资产			一年内到期非流动负债		
其他流动资产			其他流动负债		
流动资产合计			流动负债合计		
非流动资产：			非流动负债：		
可供出售金融资产			长期借款		
持有至到期投资			长期应付款		
长期应收款			递延所得税负债		
长期股权投资			其他非流动负债		
固定资产			非流动负债合计		
在建工程			负债合计		
固定资产清理			所有者权益：		
无形资产			实收资本(或股本)		
长期待摊费用			资本公积		
递延所得税资产			盈余公积		
其他非流动资产			未分配利润		
非流动资产合计			所有者权益合计		
资产总计			负债及所有者权益总计		

☑资产负债表的填列方法。

"年初余额"栏内各项数字，应根据上年末(12月31日)资产负债表的"期末余额"栏内数字填列。如果本年度资产负债表各项目的名称和内容与上年相比发生变动，应对上年年末资产负债表各项目的名称和数字按本年度的规定进行调整，按调整后的数字填入本表的"年初余额"栏内。

"期末余额"栏内各项数字，应根据会计账簿记录填列。其中大多数报表项目可以直接根据账户余额填列，少数报表项目则要根据账户余额进行分析、计算后才能填列，因为资产负债表是按项目属性选用会计科目填列的，报表项目与会计科目的关系并非完全是固定的一对一关系。具体填列方法有以下几种：

(1) 根据总账的余额直接填列。

具体项目主要有"应收票据""应收利息""应收股利""长期待摊费用""短期借款""应付票据""应付职工薪酬""应交税费""应付利息""应付股利""其他应付款""实收资本""资本公积""盈余公积"等。一般情况下，资产类项目直接根据其总账科目的借方余额填列，负债类项目直接根据其总账科目的贷方余额填列。

（2）根据总账的余额计算填列。

具体项目主要有"货币资金""存货""固定资产""未分配利润"等。

① "货币资金"项目，应根据"库存现金""银行存款""其他货币资金"等账户的期末余额合计数填列；

② "存货"项目，应根据"原材料""库存商品""委托加工物资""周转材料""生产成本""发出商品""材料采购""在途物资""材料成本差异"等总账科目期末余额的分析汇总数，再减去"存货跌价准备"科目余额后的净额填列；

③ "固定资产"项目，反映固定资产的净值，应根据"固定资产"账户减去"累计折旧""固定资产减值准备"科目余额后的净额填列；

④ "未分配利润"项目，反映企业尚未分配的利润，应根据"本年利润"账户和"利润分配"账户的余额分析计算填列。"本年利润"和"未分配利润"的余额均在贷方的，用二者余额之和填列；余额均在借方的，将二者余额之和在本项目内以"－"号填列；二者余额一个在借方一个在贷方的，用二者余额互相抵减的差额填列，是借差则在本项目内以"－"号填列；年度终了，该项目可以只根据"利润分配"账户的期末余额填列，余额在贷方的直接填列，余额在借方的在本项目内以"－"号填列。

（3）根据明细账户的余额计算填列。

资产负债表中，凡是有对应项目的，账户记录出现相反方向余额时，应在对应项目中反映。具体项目有"应收账款""预付款项""应付账款""预收款项"等。

① "应收账款"项目，应根据"应收账款"及"预收账款"账户所属的明细账的期末借方余额合计数减去"坏账准备"账户中有关应收账款计提的坏账准备期末余额后的金额填列。

② "预付款项"项目，应根据"预付账款"和"应付账款"账户所属明细分类账户的期末借方余额合计填列。

③ "应付账款"项目，应根据"应付账款"和"预付账款"账户所属明细分类账户的期末贷方余额合计填列。

④ "预收款项"项目，应根据"预收账款"和"应收账款"账户所属明细分类账户的期末贷方余额合计填列。

【例8-20】 某企业2018年12月31日结账后，预付账款总分类账户的借方余额为12 000元；应付账款总分类账户的贷方余额为25 000元。其中预付账款明细账户中有借方余额的合计为45 000元，有贷方余额的合计为33 000元；应付账款明细账户中有借方余额的合计为900元，有贷方余额的合计为25 900元。则资产负债表中"预付款项"项目期末数应为45 900元（＝45 000＋900），"应付账款"项目期末数应为58 900元（＝33 000＋25 900）。

需要注意的是，资产负债表中，资产项目的金额大多是根据资产类账户的期末借方余额填列，如果没有对应项目，账户记录出现贷方余额时，则以"－"号表示；负债项目的金额大多是根据负债类账户的期末贷方余额填列，如果没有对应项目，账户记录出现借方余额，则应以"－"号表示，如"应付职工薪酬""应交税费"等项目。"未分配利润"项目，如果"本年利润"期末贷方余额抵减"利润分配"期末借方余额后出现负数，则为未弥补完亏损，也以"－"号表示。

（4）根据总账余额和明细账余额计算填列。

根据有关总账及其明细账的期末余额分析计算填列的项目有一年内到期的长期股权投

资、长期应收款、长期待摊费用、一年内到期的长期借款、应付债券、长期应付款等。

① 资产类的"长期待摊费用"项目，应根据"长期待摊费用"账户期末余额减去该账户期末余额中将于一年内摊销的费用的差额填列。该账户期末余额中将于一年内摊销的费用，应填列在"一年内到期的非流动资产"项目中。

② 负债类的"长期借款"，应根据"长期借款"账户期末余额减去该账户期末余额中将于一年内到期偿还的负债的差额填列。该账户期末余额中将于一年内到期偿还的负债，应填列在"一年内到期的非流动负债"项目中。

【例 8-21】某企业 2015 年 12 月 31 日结账后"长期借款"贷方余额为 1 000 000 元。共有到期一次还本付息的长期借款两笔，一笔是从浦发银行借入 300 000 元，期限是 2014 年 4 月 1 日至 2017 年 3 月 31 日；一笔是从兴业银行借入 700 000 元，借款期限是 2012 年 8 月 1 日至 2016 年 7 月 31 日。则年末在资产负债表"长期借款"项目中应填列 300 000 元，在"一年内到期的非流动负债"项目中应填列 700 000 元。

■ 利润表的编制

☑ 利润表的格式。

利润表是根据"收入－费用＝利润"的会计平衡公式设计的，并采用上下加减的报告式结构。

利润表的结构有单步式和多步式两种。单步式利润表是将当期所有的收入加总在一起，所有的费用加总在一起，然后将两者相减得出当期净损益。我国企业的利润表采用多步式格式，即通过对当期的收入、费用、支出项目按性质加以归类，按利润形成的主要环节列示一些中间性利润指标，分步计算当期净损益，以便财务报表使用者理解企业经营成果的不同来源。

利润表一般由表头、表体两部分组成。表头应列明报表名称、编制单位名称、计算当期损益的会计期间、报表编号和货币单位。其中"会计期间"一般为公历月、季、半年和年，企业应按期编制利润表。表体为利润表的主体，列示了形成经营成果的各个项目和计算过程。我国一般企业利润表的格式，如表 8-15 所示。

"本期金额"和"上期金额"两栏分为四个层次，各层次关系如下：

第一层次，营业收入。计算公式为：

$$营业收入＝主营业务收入＋其他业务收入$$

第二层次，营业利润。计算公式为：

$$营业利润＝营业收入－营业成本（主营业务成本＋其他业务成本）－税金及附加－销售费用－管理费用－财务费用－资产减值损失＋投资收益＋公允价值变动收益＋资产处置收益$$

第三层次，利润总额。计算公式为：

$$利润总额＝营业利润＋营业外收入－营业外支出$$

第四层次，净利润。计算公式为：

$$净利润＝利润总额－所得税费用$$

表 8-15 利润表

会企 02 表

编制单位：××企业　　　　　　　××年12月　　　　　　　　　　单位：元

项　目	本期金额	上期金额
一、营业收入		
减：营业成本		
税金及附加		
销售费用		
管理费用		
财务费用		
资产减值损失		
加：投资收益（损失以"－"填列）		
公允价值变动收益（损失以"－"号填列）		
资产处置收益（损失以"－"号）		
二、营业利润（亏损以"－"填列）		
加：营业外收入		
减：营业外支出		
三、利润总额（亏损以"－"填列）		
减：所得税费用		
四、净利润（亏损以"－"填列）		

☑ 利润表的填列。

(1)"上期金额"栏的填列方法。

"上期金额"栏内各项数字，应根据上年该期利润表"本期金额"栏内所列数字填列。如果上年该期利润表规定的各个项目的名称和内容同本期不相一致，应对上年该期利润表项目的名称和数字按本期的规定进行调整，填入本期的"上期金额"栏内。

(2)"本期金额"栏的填列方法。

"本期金额"栏一般应根据期末结转前各损益类账户本期发生额分析计算填列。

"营业收入"项目，应根据"主营业务收入"账户借贷发生额的差额，加上"其他业务收入"账户的借贷发生额的差额之和填列。

"营业成本"项目，应根据"主营业务成本"账户借贷发生额的差额，加上"其他业务成本"账户的借贷发生额的差额之和填列。

"税金及附加"项目，反映企业经营业务应负担的消费税、城市维护建设税、教育费附加、资源税、土地增值税、房产税、车船税、城镇土地使用税、印花税等相关税费。本项目应根据"税金及附加"科目的发生额分析填列。

【例 8-22】 甲公司 2018 年度"税金及附加"科目的发生额如下:城市维护建设税合计 50 万元,教育费附加合计 30 万元,房产税合计 400 万元,城镇土地使用税合计 20 万元,则甲公司 2018 年度利润表中"税金及附加"项目"本期金额"栏的列报金额＝50＋30＋400＋20＝500(万元)。

"销售费用""管理费用""财务费用""资产减值损失""营业外支出""所得税费用"等项目,皆根据费用类或支出类对应账户期末结转前借方发生额减去贷方发生额后的差额填列,一般差额为正数,若差额为负数即以"－"号填列,在贷方。

"投资收益""公允价值变动收益""资产处置收益""营业外收入"等项目,皆根据收入类对应账户期末结转前贷方发生额减去借方发生额后的差额填列,一般差额为正数,若差额为负数即以"－"号填列,在借方。其中"公允价值变动收益""资产处置收益"项目对应的科目是"公允价值变动损益""资产处置损益"。

【例 8-23】 截至 2018 年 12 月 31 日,某企业"主营业务收入"账户贷方发生额为 5 500 000 元,"主营业务成本"账户借方发生额为 3 200 000 元,"其他业务收入"账户贷方发生额为 200 000 元,"其他业务成本"账户借方发生额为 60 000 元,"税金及附加"账户借方发生额为 120 000 元,"销售费用"账户借方发生额为 82 000 元,"管理费用"账户借方发生额为 70 000 元,"财务费用"账户借方发生额为 13 000 元,"资产减值损失"账户借方发生额 5 000 元,"投资收益"账户贷方发生额为 150 000 元(无借方发生额),"营业外收入"账户贷方发生额为 60 000 元,"营业外支出"账户借方发生额为 50 000 元,"所得税费用"账户借方发生额为 577 500 元。

该企业 2018 年度利润表中的营业收入、营业利润、利润总额、净利润的计算过程如下:

营业收入＝5 500 000＋200 000＝5 700 000(元)

营业成本＝3 200 000＋60 000＝3 260 000(元)

营业利润＝5 700 000－3 260 000－120 000－82 000－70 000－13 000－5 000＋150 000
　　　　＝2 300 000(元)

利润总额＝2 300 000＋60 000－50 000＝2 310 000(元)

净利润＝2 310 000－577 500＝1 732 500(元)

■现金流量表的编制

☑现金流量表的格式。

现金流量表由表头、正表及附注三部分组成。正表采用报告式的结构,分类反映经营活动产生的现金流量、投资活动产生的现金流量、筹资活动产生的现金流量,最后汇总反映企业现金及现金等价物净增加额。在有外币现金流量及境外子公司的现金流量折算为人民币的企业,正表中还增设"汇率变动对现金及现金等价物的影响"项目。正表格式,如表 8-16 所示。

附注包括三部分内容:① 将净利润调节为经营活动的现金流量;② 不涉及现金收支的投资和筹资活动;③ 现金及现金等价物净增加情况。

表 8-16　现金流量表

会企 03 表

编制单位：××企业　　　　　××年×月　　　　　　　　　单位：元

项　目	本期金额	上期金额
一、经营活动产生的现金流量		
销售商品、提供劳务收到的现金		
收到的税费返还		
收到其他与经营活动有关的现金		
经营活动现金流入小计		
购买商品、接受劳务支付的现金		
支付给职工以及为职工支付的现金		
支付的各种税费		
支付其他与经营活动有关的现金		
经营活动现金流出小计		
经营活动产生的现金流量净额		
二、投资活动产生的现金流量		
投资收到的现金		
投资支付的现金		
投资活动产生的现金流量净额		
三、筹资活动产生的现金流量		
筹资收到的现金		
筹资支付的现金		
筹资活动产生的现金流量净额		
四、汇率变动对现金及现金等价物的影响		
五、现金及现金等价物净增加额		
六、期末现金及现金等价物余额		

☑ 现金流量表的填列。

现金流量表的编制基础是"现金"，即提供企业在会计年度内现金（包括现金等价物）的流入和流出的信息。其列报方法有直接法和间接法。

（1）直接法，是通过现金收入和现金支出的主要类别反映来自企业经营活动的现金流量的列报方法。采用直接法编制经营活动的现金流量时，一般以利润表中的营业收入作为起算点，调整与经营活动有关的项目的增减变动，然后计算出经营活动的现金流量。

（2）间接法，是以净利润作为起算点，调整不涉及现金的收入、费用、营业外收入等有关项目，剔除投资活动、筹资活动对现金流量的影响，以此计算出经营活动产生的现金流量。

我国企业会计准则规定，企业应当采用直接法编报现金流量表，同时要求在附注中披露将净利润调节为经营活动现金流量的信息。

在具体编制现金流量表时,可以采用工作底稿法或"T"形账户法,也可以根据货币资金核算账户的每一笔记录分析填列。

关涉问答

▶ **如何理解会计对象、会计要素、会计科目、会计账户、会计账簿之间的关系?**

答:彼此之间的关系可从概念上看出:会计对象是资金运动。会计要素是对资金运动的6大分类。会计科目是会计要素具体内容规定的项目名称。

会计账户是根据会计科目设置的,并按照会计科目命名,是会计要素具体内容的记载器,外部贴上会计科目标签,即记载器名称,内部储存会计科目逐条反映的经济内容,有一定格式和结构,能够系统地提供各种动态指标和状况指标。会计账户,如同个人在银行开设的储蓄户头即个人账户,会计科目如同个人储户姓名,个人账户里按时间先后如实地记录个人自开户以来所有的进账收款、出账开支交易时间、事项及金额等内容。会计科目与账户的称谓及核算内容完全一致,依据相同的原始凭证记账,记账期间相同,记账方向相同,记账金额相等。在实际工作中,会计科目与其账户常被作为同义语来理解,互相通用,不做区分。主要区别是:会计科目通常由国家统一规定,是各单位设置账户、处理账务所必须遵循的依据,而账户则由各会计主体自行设置,是会计核算的一个重要工具;会计科目只表明某项经济内容,而账户不仅表明相同的经济内容,还具有一定的结构格式,并通过账户的结构反映某项经济内容的增减变动情况。

会计账簿是记录经济业务内容、具有一定格式又相互联系的账页,可以由一个会计账户构成,也可以按会计要素类别所涉及会计账户汇聚在一起或以活页形式或卡片形式拼装在一起。会计账户是相互独立的,账户记录就是账簿的内容。

本章思考题

1. 张同学领到实习费并将其存入银行。他拿到存折后,发现银行将其存入银行的钱记录在"贷"栏内。

请思考:"贷"是什么意思?为什么银行将张同学存入的钱记录在"贷"栏内?

2. A先生在2018年6月份成立的甲股份有限公司中担任财务总监。在2019年1月份召开的董事会上提交了资产负债表和利润表,董事会对A先生的工作非常不满意,批评的内容是:年底在编制财务报表前没有进行财产清查;会计报表的截止日期为12月25日;没有报表附注;没有编制现金流量表;利润表中的"净利润"项目与资产负债表中的"未分配利润"项目不相符。对此A先生不服气。

请思考:你认为董事会的批评是否正确,为什么?

3. A企业为从事商品生产和销售的工业企业,与其长期客户B企业经常发生商品交易,并定期结算销售款。A企业负责该项交易的会计人员为了准确地核算与B企业的往来情况,设置了"应收账款——B企业"和"预收账款——B企业"两个账户。年末,这两个账户的余额分别为:"应收账款——B企业"账户借方余额12万元,"预收账款——B企业"账户贷方余额12万元。该会计人员对应收账款的余额进行清查,并督促业务人员及时与B企业结算应收款12万元。业务人员认为会计人员提供的数据不准确,因而与其发生争执。

请思考:你认为应向B企业收取的款项是多少,为什么?该会计人员的问题出在什么地方?

第九章 9种会计业务

识记:会计业务不外乎9种基本类型。它是基于经济业务涉及静态(时点指标)等式的会计要素所做的基本划分。

9种基本类型的会计业务是:

第一种,资产与所有者权益等额同增,等式保持平衡;

第二种,资产与负债等额同增,等式保持平衡;

第三种,资产与所有者权益等额同减,等式保持平衡;

第四种,资产与负债等额同减,等式保持平衡;

第五种,资产项目内部等额一增一减,等式保持平衡;

第六种,负债项目内部等额一增一减,等式保持平衡;

第七种,所有者权益项目内部等额一增一减,等式保持平衡;

第八种,负债与所有者权益等额一增一减,等式保持平衡;

第九种,负债与所有者权益等额一减一增,等式保持平衡。

以上第一至第四种业务,资金总额发生了变化,其中第一、第二种业务是资产与权益同增,第三、第四种业务是资产与权益同减;第五至第九种业务,资金总额不发生变化,其中第五种业务是资产内部变动,第六至第九种业务是权益内部变动。

9种经济业务资金运动对会计等式的影响可用表9-1呈现。

表9-1 9种经济业务对会计等式的影响表

2类情形	4类变动	9种业务	资产=负债+所有者权益		
			资产	负债	所有者权益
资产总额发生变动	资产与权益同增	1	增		增
		2	增	增	
	资产与权益同减	3	减		减
		4	减	减	

续 表

2类情形	4类变动	9种业务	资产=负债+所有者权益		
			资产	负债	所有者权益
资产总额保持不变	资产内部变动	5	一增一减		
	权益内部变动	6		一增一减	
		7			一增一减
		8		增	减
		9		减	增

★ 只涉及静态会计等式的9种经济业务类型

假如丰收公司2017年发生以下经济业务。

【例9-1】 收到幸福公司的投资款300 000元,并已办妥增加注册资本手续。对应第一种业务。

实务中做账的票据是投资协议书、银行存款进账单(回单或收款通知)、验资报告等。

该项经济业务一方面使资产中的"银行存款"增加300 000元;另一方面使所有者权益中"实收资本(或股本)"增加300 000元。属于等式左边资产与右边所有者权益项目同增,同增金额相等,等式保持平衡。其会计分录如下:

  借:银行存款   300 000
    贷:实收资本(或股本)   300 000

【例9-2】 从银行借入短期借款50 000元,款项存入单位银行账户。对应第二种业务。

实务中做账的票据是借款协议、银行存款进账单(回单或收款通知)等。

该项经济业务一方面使资产中的"银行存款"增加50 000元;另一方面使负债中"短期借款"增加50 000元。属于等式左边资产与右边负债项目同增,同增金额相等,等式保持平衡。其会计分录如下:

  借:银行存款   50 000
    贷:短期借款   50 000

【例9-3】 薪火公司因特殊原因退出对本公司投资,退还其资本金100 000元,以银行存款支付,且注册资本变更手续已办妥。对应第三种业务。

实务中做账的票据是银行转账支票存根、退出协议书、注册资本变更手续等。

该项经济业务一方面使资产中的"银行存款"减少100 000元;另一方面使所有者权益中"实收资本(或股本)"减少100 000元。属于等式左边资产与右边所有者权益项目同减,同减金额相等,等式保持平衡。其会计分录如下:

  借:实收资本(或股本)   100 000
    贷:银行存款   100 000

【例9-4】 以银行存款偿还前欠长江公司机器账款56 500元。对应第四种业务。

实务中做账的票据是银行转账支票存根、资金支付内部审批流程单等。

该项经济业务一方面使资产中的"银行存款"减少 56 500 元；另一方面使负债中"应付账款——长江公司"减少 56 500 元。属于等式左边资产与右边负债项目同减，同减金额相等，等式保持平衡。其会计分录如下：

  借：应付账款——长江公司   56 500
    贷：银行存款   56 500

【例 9-5】 从银行提取现金 20 000 元。对应第五种业务。

实务中做账的票据是现金支票存根。

该项经济业务一方面使资产中的"银行存款"减少 20 000 元；另一方面使资产中"库存现金"增加 20 000 元。属于等式左边资产内部项目一增一减，增减金额相等，等式保持平衡。其会计分录如下：

  借：库存现金   20 000
    贷：银行存款   20 000

【例 9-6】 从银行取得半年期短期借款 100 000 元，年利率 6%，利息按季结算。该借款直接用于偿还前欠大有公司的货款。对应第六种业务。

实务中做账的票据是银行借款协议书、银行进账单（回单或收账通知）、银行转账支票存根、资金支付内部审批流程单等。

该项经济业务一方面使负债中的"短期借款"增加 100 000 元；另一方面又使负债中"应付账款——大有公司"减少 100 000 元。属于等式右边负债内部项目一增一减，增减金额相等，负债总额不变，等式保持平衡。其会计分录如下：

  借：应付账款——大有公司   100 000
    贷：短期借款   100 000

【例 9-7】 公司股东会研究决定将资本公积 200 000 元转作资本金，并办妥注册资本变更手续。对应第七种业务。

实务中做账的票据是中介机构验资报告、注册资本变更登记核准表、股东会决议等。

该项经济业务一方面使所有者权益中的"资本公积"减少 200 000 元；另一方面又使所有者权益中的"实收资本（或股本）"增加 200 000 元。属于等式右边所有者权益内部项目一增一减，增减金额相等，等式保持平衡。其会计分录如下：

  借：资本公积   200 000
    贷：实收资本（或股本）   200 000

【例 9-8】 长征公司因急需资金，要求抽出对本公司的部分投资款 500 000 元，经股东会研究决定同意对方请求。但因公司银行存款账户资金不足，财务部门决定给对方先行开具一张期限为 6 个月的商业承兑汇票。对应第八种业务。

实务中做账的票据是长征公司请求抽资函、股东会决议、商业承兑汇票复印件、资金支付内部审批流程单等。

该项经济业务一方面使负债中的"应付票据——长征公司"增加 500 000 元；另一方面又使所有者权益中"实收资本（或股本）"减少 500 000 元。属于等式右边负债与所有者权益项目一增一减，增减金额相等，等式保持平衡。其会计分录如下：

  借：实收资本（或股本）   500 000

贷：应付票据——长征公司　　　　　　　　　　　　　　　　　　　500 000

【例 9-9】 公司股东会讨论同意跃进公司的债转股协议,将三年前尚欠跃进公司的货款 100 000 元转作对本公司的投资,且双方办妥相关法律手续。对应第九种业务。

　　实务中做账的票据是债转股协议书、应付跃进公司货款相关支撑材料、股东会决议等。

　　该项经济业务一方面使负债中"应付账款——跃进公司"减少 100 000 元;另一方面又使所有者权益中的"实收资本(或股本)"增加 100 000 元。属于等式右边负债与所有者权益项目一减一增,增减金额相等,等式保持平衡。其会计分录如下:

　　借：应付账款——跃进公司　　　　　　　　　　　　　　　　　　100 000
　　　　贷：实收资本(或股本)　　　　　　　　　　　　　　　　　　　　100 000

★ 涉及综合等式的 9 种经济业务类型

　　以上是时点上涉及三类会计要素的 9 种业务类型。而实务中,不同性质的经济业务发生,总会涉及综合会计等式中的各个会计要素。

　　由于每日涉及动态等式"收入－费用＝利润"的经济业务在记入会计信息系统后,会自动融入静态等式"资产＝负债＋所有者权益"中,形成常态化的期间综合等式:"变动中资产＋费用＝负债＋所有者权益＋收入",并通过每日的会计科目余额表予以反映。到了期末,"费用"类及"收入"类账户发生额全部进行结转、对抵,其余额保留在"本年利润"账户滚存至年末,当"本年利润"分配后,期间综合等式恢复为静态等式。

　　因此,只要将综合等式左边"费用"要素视为资产同类,将右边"收入"要素视为权益同类,就可以将涉及综合等式的经济业务表示为 9 种类型。但有别于静态等式业务类型的是,会计要素不同、会计科目不同、损益类会计科目发生额期末要结转为零。

　　实务中,人们常按经济业务的具体内容进行归类,但无法穷尽。已形成共识的企业日常生产经营活动的主要经济业务有:① 筹集资金业务;② 供应过程业务;③ 生产过程业务;④ 销售过程业务;⑤ 利润计算和分配业务。

　　下面以制造业为例,说明涉及综合等式会计要素的经济业务对应 9 种基本业务类型。需要说明的是,涉及动态等式会计要素的各类经济业务在时间上是交织的,不可能按照时间先后依序发生。为了按 5 类主要经济业务举例,常把时间上跳跃的业务归并在一起,把很少发生的业务假设为同一个月内发生。这与实务中按业务发生时间制单记账是无关的。

　　假设丰收公司 2019 年 12 月份发生以下经济业务。

☆ 筹集资金业务

　　主要有两种方式,一种是吸收投资,另一种是向金融机构借款。需要用到"实收资本(或股本)""固定资产""无形资产""短期借款""长期借款""银行存款"等账户。

【例 9-10】 12 月 2 日,收到幸福公司投资,其中银行存款 300 000 元,投资的设备一台,价值 200 000 元。变更注册资本手续已办妥。对应第一种业务。

　　实务中做账的票据是投资协议书、银行存款进账单(回单或收款通知)、固定资产验收单、验资报告等。

　　该项经济业务一方面使资产中的"银行存款"增加 300 000 元,"固定资产"增加 200 000 元;另一方面使所有者权益中"实收资本(或股本)"增加 500 000 元。属于等式左边资产与

右边所有者权益项目同增,同增金额相等,等式保持平衡。其会计分录如下:

借:银行存款　　　　　　　　　　　　　　　　　　　　　　300 000
　　固定资产——××设备　　　　　　　　　　　　　　　　200 000
　　贷:实收资本(或股本)　　　　　　　　　　　　　　　　　　　500 000

【例 9-11】 12月16日,从银行取得6个月的短期借款100 000元,年利率6%,利息按季结算,款项存入单位银行账户。对应第二种业务。

实务中做账的票据是借款协议、银行存款进账单(回单或收款通知)等。

该项经济业务一方面使资产中的"银行存款"增加100 000元;另一方面使负债中"短期借款"增加100 000元。属于等式左边资产与右边负债项目同增,同增金额相等,等式保持平衡。其会计分录如下:

借:银行存款　　　　　　　　　　　　　　　　　　　　　　100 000
　　贷:短期借款　　　　　　　　　　　　　　　　　　　　　　　100 000

☆ 供应过程业务

供应过程是企业生产准备阶段,需要购买机器设备和原材料。此阶段主要业务是用货币资金支付货款和采购费用,计算材料采购成本,办理材料入库。需要用到"固定资产""在途物资""原材料""应付账款""预付账款""应交税费""银行存款"等账户。

【例 9-12】 12月4日,从长江公司购入一台不需要安装的机器,价款50 000元,增值税6 500元,两项皆未支付。对应第二种业务。

实务中做账的票据是购货合同、购入机器增值税专用发票、固定资产验收单、大型仪器设备验收报告等。

该项经济业务一方面使资产中的"固定资产——××设备"增加50 000元,负债中"应交税费——应交增值税(进项税额)"增加(进项税额可抵扣应交税额,增加额在应交税费科目借方反映,属应交增值税的减少,可视同资产增加)6 500元;另一方面使负债中"应付账款——长江公司"增加56 500元。属于等式左边资产与右边负债项目同增,同增金额相等,等式保持平衡。其会计分录如下:

借:固定资产——××设备　　　　　　　　　　　　　　　　50 000
　　应交税费——应交增值税(进项税额)　　　　　　　　　　6 500
　　贷:应付账款——长江公司　　　　　　　　　　　　　　　　　56 500

【例 9-13】 12月4日,企业采购新星公司的甲材料发票及运费发票皆已收到,材料价款200 000元,增值税税率13%;运费2 600元,增值税税率9%,运费由销售方代垫。扣除上月预付新星公司150 000元外,其余款项皆以银行存款付清。材料尚在途中。对应第五种业务。

实务中做账的票据是材料请购审批单、商品买卖合同、材料增值税专用发票、运费增值税专用发票、银行转账支票付讫回单、资金支付内部审批流程单等。

该项经济业务一方面使资产中的"在途物资——甲材料"增加202 600元(含运费),负债中"应交税费——应交增值税(进项税额)"增加26 234元(=200 000×13%+2 600×9%)元;另一方面使资产中"预付账款"减少150 000元,"银行存款"减少78 834元。属于等

式左边资产内部项目一增一减,增减金额相等,等式保持平衡。其会计分录如下:

借:在途物资——甲材料　　　　　　　　　　　　　　202 600
　　应交税费——应交增值税(进项税额)　　　　　　　26 234
　　贷:预付账款——新星公司　　　　　　　　　　　　150 000
　　　　银行存款　　　　　　　　　　　　　　　　　　78 834

【例9-14】12月5日,购进的甲材料已验收入库,入库单已传递至财务部门。对应第五种业务。

实务中做账的票据是材料验收入库单(采购人、验收人、复核人、供销科长签字)。

该项经济业务一方面使资产中的"原材料——甲材料"增加202 600万元;另一方面使资产中"在途物资——甲材料"减少202 600万元。属于等式左边资产内部项目一增一减,增减金额相等,资产总额不变,等式保持平衡。其会计分录如下:

借:原材料——甲材料　　　　　　　　　　　　　　　202 600
　　贷:在途物资——甲材料　　　　　　　　　　　　　202 600

【例9-15】12月6日,供销员王梅借差旅费2 000元,当即以现金付讫。对应第五种业务。

实务中做账的票据是借款单(出差人、部门负责人、总经理签字)。

该项业务一方面使资产中"其他应收款——王梅"增加2 000元,另一方面又使资产中"库存现金"减少2 000元。属于等式左边资产内部项目一增一减,增减金额相等,等式保持平衡。其会计分录如下:

借:其他应收款——王梅　　　　　　　　　　　　　　2 000
　　贷:库存现金　　　　　　　　　　　　　　　　　　2 000

【例9-16】12月9日,王梅报销出差费用1 920元,退回现金80元,冲回先前借款2 000元。对应第五种业务。

实务中做账的票据是差旅费报销单(出差人、部门负责人、总经理签字)、借款单(冲账联)、现金收据(交付款人)。

该项业务一方面使费用中"销售费用"增加1 920元,使资产中"库存现金"增加80元;另一方面又使资产中"其他应收款——王梅"减少2 000元。属于等式左边资产加费用与资产项目一增一减,增减金额相等,等式保持平衡。其会计分录如下:

借:库存现金　　　　　　　　　　　　　　　　　　　80
　　销售费用——差旅费　　　　　　　　　　　　　　1 920
　　贷:其他应收款——王梅　　　　　　　　　　　　　2 000

☆ **生产过程业务**

生产过程是指企业制造产品的过程。这一过程将消耗原材料、辅助材料、燃料和动力,支付生产工人的工资及福利费用,发生厂房和机器设备等固定资产的折旧费,发生各种管理和组织生产的费用。主要包括直接材料费、直接人工费、制造费用、管理费用、财务费用和其他支出等。其中,为制造某种产品所发生的直接材料费、直接人工费和制造费用支出总和构成产品的生产成本,生产过程中发生的管理费用和财务费用属于期间费用,直接计入当期损益,不构成产品的生产成本。

生产过程核算的主要任务是:反映和监督企业在产品生产过程中发生的各项费用;根据所生产产品的品种、数量和质量正确计算产品的成本;考核生产过程中的资金占用情况和产品成本计划的执行情况;促进企业不断降低生产费用,提高经济效益。

核算生产过程中发生的各项费用,需要用到"生产成本""制造费用""应付职工薪酬""累计折旧""库存商品"等账户。

【例9-17】 12月30日,制作12月份发出材料汇总表。对应第五种业务。注:此类业务应按业务发生时间即发出材料汇总表日期做账,但为了归类举例,将此类业务提前,与实际不符。下同。

实务中做账的票据是领料申请单、材料出库单、发出材料汇总表(见表9-2)。

表9-2 发出材料汇总表

2019年12月30日   单位:千克、元

用 途	甲材料		乙材料		材料耗用合计
	数量	金额	数量	金额	
A产品耗用	30 000	600 000	1 200	12 000	612 000
车间一般耗用	1 000	20 000	400	4 000	24 000
合 计	31 000	620 000	1 600	16 000	636 000

制表: 复核: 财务经理:

该项业务一方面使资产中的"原材料——甲材料"减少620 000元,"原材料——乙材料"减少16 000元;另一方面又使费用中"生产成本——A产品"增加612 000元,"制造费用——车间耗用材料"增加24 000元。属于等式左边费用与资产项目一增一减,增减金额相等,等式保持平衡。其会计分录如下:

借:生产成本——A产品   612 000
    制造费用——车间耗用材料   24 000
  贷:原材料——甲材料   620 000
      原材料——乙材料   16 000

【例9-18】 12月9日,根据11月份考勤记录、工时记录、其他代扣款凭证,编制12月工资结算凭证,准备发放工资。其中A产品生产工人工资55 000元,车间管理人员工资15 000元,厂部管理人员工资10 000元,财会人员工资5 000元,销售网点人员工资20 000元。对应第二种业务。

实务中做账的票据是考勤记录表、工时记录表、按件计酬产量记录表、超量销售产品统计表、各种代扣款凭证、各部门工资结算表、工资计发汇总表(制单人、复核人、财务总监、总经理签字)。

该项应发工资业务一方面使费用中"生产成本"增加55 000元,"制造费用"增加15 000元,"销售费用"增加20 000元,"管理费用"(含财会人员工资)增加15 000元;另一方面使负债中"应付职工薪酬——工资"增加105 000元。属于等式左边费用与右边负债项目同增,同增金额相等,等式保持平衡。其会计分录如下:

借:生产成本——A产品	55 000
制造费用	15 000
销售费用	20 000
管理费用	15 000
贷:应付职工薪酬——工资	105 000

【例 9-19】 12月10日,企业开出现金支票从银行提取现金105 000元,并于当日发放了工资。对应第五种和第四种业务。

实务中做账的票据是现金支票存根、工资发放明细表(工资单)。

该项经济业务是先提款,后发放,需分开做账。

提款时,一方面使资产中"库存现金"增加105 000元;另一方面使资产中"银行存款"减少105 000元。属于等式左边资产内部项目一增一减,增减金额相等,等式保持平衡。其会计分录如下:

借:库存现金	105 000
贷:银行存款	105 000

发放时,一方面使资产中"库存现金"减少105 000元;另一方面使负债中"应付职工薪酬——工资"减少105 000元。属于等式左边资产与右边负债项目同减,同减金额相等,等式保持平衡。其会计分录如下:

借:应付职工薪酬——工资	105 000
贷:库存现金	105 000

【例 9-20】 12月30日,用银行存款支付水费2 000元,增值税180元,电费3 000元,增值税390元。水电费分配皆按仪表记录数,其中,生产车间分配水费1 200元,电费1 800元;行政管理部门分配水费800元,电费1 200元。对应第五种业务。

实务中做账的票据是水电费增值税专用发票、银行转账支票付讫回单、资金支付内部审批流程单、水费电费分配表。

该项业务一方面使费用中的"制造费用——水电费"增加3 000元,费用中的"管理费用——水电费"增加2 000元,负债中"应交税费——应交增值税(进项税额)"增加570元(=2 000×9%+3 000×13%);另一方面又使资产中"银行存款"减少5 570元。属于等式左边资产与费用内部项目一增一减,增减金额相等,等式保持平衡。其会计分录如下:

借:制造费用——水电费	3 000
管理费用——水电费	2 000
应交税费——应交增值税(进项税额)	570
贷:银行存款	5 570

【例 9-21】 12月12日,用银行存款购买办公用品,价款2 200元,增值税税额286元,其中车间领用800元,行政管理部门领用1 400元。对应第五种业务。

实务中做账的票据是办公用品增值税专用发票、货物清单、银行转账支票付讫回单、资金支付内部审批流程单、办公用品领用登记表。

该项业务一方面使费用中的"制造费用——办公费"增加800元,费用中的"管理费用——办公费"增加1 400元,负债中"应交税费——应交增值税(进项税额)"增加286元(=2 200×

13%);另一方面又使资产中"银行存款"减少 2 486 元。属于等式左边资产与费用内部项目一增一减,增减金额相等,等式保持平衡。其会计分录如下:

借:制造费用——办公费 800
　　管理费用——办公费 1 400
　　应交税费——应交增值税(进项税额) 286
　　贷:银行存款 2 486

【例 9-22】 12 月 30 日,提取本月固定资产折旧 6 200 元,其中车间提取 4 200 元,厂部提取 2 000 元。对应第五种业务。

实务中做账的票据是固定资产折旧计提表(制表人、复核人双签)。

该项业务一方面使费用中的"制造费用——车间折旧费"增加 4 200 元,费用中的"管理费用——折旧费"增加 2 000 元;另一方面又使资产中"累计折旧"(此账户是"固定资产"的备抵账户,视同资产账户,但其结构与"固定资产"账户相反,借方表示减少,贷方表示增加,平时借方无发生额,只有当固定资产处置时才有借方发生额,即固定资产原值转出)增加 6 200 元(实质属于固定资产减少)。属于等式左边费用与资产项目一增一减,增减金额相等,等式保持平衡。其会计分录如下:

借:制造费用——车间折旧费 4 200
　　管理费用——折旧费 2 000
　　贷:累计折旧 6 200

【例 9-23】 12 月 31 日,计算本月发生的制造费用,并全部结转计入 A 产品成本。对应第五种业务。

实务中做账的票据是制造费用月末余额计算表,如表 9-3 所示。注:表中凭证号用例题号。

表 9-3　制造费用月末余额计算表

2019 年 12 月 31 日　　　　　　　　　　　　　　　　　　单位:元

日期及凭证号	摘　要	借方金额	贷方金额	余　额
2019.12.例 9-18#	车间管理人员工资	15 000		15 000
2019.12.例 9-17#	车间一般耗用材料	24 000		39 000
2019.12.例 9-20#	车间耗用水电费	3 000		42 000
2019.12.例 9-21#	车间领办公用品	800		42 800
2019.12.例 9-22#	提取车间折旧费	4 200		47 000
2019.12.例 9-23#	结转制造费用		47 000	0

制表:　　　　　　　复核:　　　　　　　财务经理:

该项业务首先计算本月发生的制造费用(实际工作中直接从制造费用总账科目取得金额),然后编制会计分录将制造费用从其贷方转出,转入生产成本账户。结转业务一方面使成本中的"生产成本——A 产品"增加 47 000 元;另一方面又使费用中"制造费用"减少 47 000 元。属于等式左边成本与费用项目一增一减,增减金额相等,等式保持平衡。其会计分录

如下:

  借:生产成本——A产品   47 000
   贷:制造费用   47 000

【例9-24】 12月31日,计算结转车间完工入库100台A产品成本。对应第五种业务。实务中做账的票据是A产品完工成本计算表,如表9-4所示。

表9-4 产品生产成本计算表

产品名称:A产品   2019年12月   单位:元
月初在产品:0   本月投产数量:100台   完工数量:100台   月末在产品:0

摘 要	成本项目			合 计
	直接材料	直接人工	制造费用	
月初在产品成本	0	0	0	0
领用甲、乙材料	612 000			612 000
生产工人工资		55 000		55 000
结转制造费用			47 000	47 000
生产费用合计	612 000	55 000	47 000	714 000
完工产品成本	612 000	55 000	47 000	714 000
月末在产品成本	0	0	0	0
完工产品单位成本	6 120	550	470	7 140

制表: 复核: 财务经理:

该项业务首先计算A完工产品总成本,主要包括料、工、费三项内容。

总成本=直接材料612 000元+直接人工55 000元+制造费用47 000元=714 000元。

由于本月仅生产一种A产品,且月初、月末皆无在产品成本,因此,归集的总成本都应由完工的100件A产品承担。应将总成本金额从"生产成本"账户转出,记入"库存商品"账户,实体从生产车间转入成品仓库管理。此业务一方面使成本中的"生产成本——A产品"减少714 000元;另一方面又使资产中"库存商品——A产品"增加714 000元。属于等式左边资产与成本项目一增一减,增减金额相等,等式保持平衡。其会计分录如下:

  借:库存商品——A产品   714 000
   贷:生产成本——A产品   714 000

☆ 销售过程业务

销售过程是指企业销售产品的过程。企业要将完工产品销售出去并收回货币资金,以补偿生产的耗费,实现在生产过程中增值了的价值,保证企业再生产的正常进行。

销售过程,必然要发生包装费、运输费、广告费以及为推销本企业产品而专设的销售机构的经费,如办公费、工资、福利费等销售费用,还要支付按照国家税法规定交纳的除增值税以外的税金及附加,这些费用均应从产品的销售收入中得到补偿。

销售过程核算的主要任务是反映和监督产品销售收入、销售费用、税金及附加和货款的结算情况,准确地计算产品的销售盈亏。

需要用到的主要账户有"主营业务收入""主营业务成本""销售费用""税金及附加""应

收账款"等。

【例 9-25】 12 月 20 日,销售 A 产品 50 台,单价 8 600 元,增值税税率为 13%,价款全部收到并存入银行账户。对应第一种和第二种业务。

实务中做账的票据是商品买卖合同、增值税专用发票、银行进账单(收款通知)、发货单等。

该项业务一方面使资产中"银行存款"增加 485 900 元(=8 600×50×113%);另一方面使收入中"主营业务收入"增加 430 000 元(=8 600×50)、负债中"应交税费——应交增值税(销项税额)"增加 55 900 元(=8 600×50×13%)。属于等式左边资产与右边收入和负债项目同增,同增金额相等,等式保持平衡。其会计分录如下:

借:银行存款   485 900
　　贷:主营业务收入   430 000
　　　　应交税费——应交增值税(销项税额)   55 900

【例 9-26】 12 月 23 日,收回外单位以前年度所欠的货款 9 605 元。对应第五种业务。

实务中做账的票据是银行进账单(收款通知)、财务业务内部对接核对单(经办人、复核人、业务部门经理签字)。

该项业务一方面使资产中的"应收账款——某单位"减少 9 605 元;另一方面又使资产中"银行存款"增加 9 605 元。属于等式左边资产内部项目一增一减,增减金额相等,等式保持平衡。其会计分录如下:

借:银行存款   9 605
　　贷:应收账款——某单位   9 605

【例 9-27】 12 月 26 日,销售 A 产品 40 台,单价 8 800 元,增值税税率为 13%,全部价款暂未收到。对应第一种和第二种业务。

实务中做账的票据是商品买卖合同、增值税专用发票、发货单。

该项业务一方面使资产中"应收账款"增加 397 760 元(=8 800×40×113%);另一方面使收入中"主营业务收入"增加 352 000 元(=8 800×40)、负债中"应交税费——应交增值税(销项税额)"增加 45 760 元(=8 800×40×13%)。属于等式左边资产与右边收入和负债项目同增,同增金额相等,等式保持平衡。其会计分录如下:

借:应收账款——××单位   397 760
　　贷:主营业务收入   352 000
　　　　应交税费——应交增值税(销项税额)   45 760

【例 9-28】 12 月 27 日,以银行存款支付某电视台的广告费 5 300 元(含增值税 300 元)。对应第五种业务。

实务中做账的票据是广告业务合同、增值税专用发票、银行转账支票付讫回单。

该项业务一方面使费用中"销售费用——广告费"增加 5 000 元,负债中"应交税费——应交增值税(进项税额)"增加 300 元;另一方面又使资产中"银行存款"减少 5 300 元。属于等式左边费用加资产与资产项目一增一减,增减金额相等,等式保持平衡。其会计分录如下:

借:销售费用——广告费   5 000

　　　　应交税费——应交增值税(进项税额)　　　　　　　　　　　　　　300
　　　　　贷:银行存款　　　　　　　　　　　　　　　　　　　　　　　　5 300

【例9-29】 12月30日,计算本月应缴纳增值税税额,并提取应缴纳的城市维护建设税(税率7%)、教育费附加(税率3%)。对应第二种业务。

　　实务中做账的票据是应交增值税额计算表(见表9-5)、税金及附加计算表(见表9-6)。

　　该项业务首先要根据"应交税费——应交增值税(进项税额)"及"应交税费——应交增值税(销项税额)"明细账,计算出本月应交增值税额,然后据此计算应交城市维护建设税及教育费附加。

表9-5　应交增值税额计算表

编制单位:　　　　　　　2019年12月30日　　　　　　　　　　　　单位:元

业务号及销项税额	销项税额合计	业务号及进项税额	进项税额合计	应交增值税额
①	②	③	④	⑤=②-④
(25)55 900+(27)45 760	101 660	(12)6 500+(13)26 234+(20)570+(21)286+(28)300	33 890	67 770

　　根据表9-5,本月应交增值税额=销项税额-进项税额=101 660-33 890=67 770(元)

表9-6　税金及附加计算表

编制单位:　　　　　　　2019年12月30日　　　　　　　　　　　　单位:元

项　目	计税依据	计税金额	适用税率	应交税费金额	备　注
城市维护建设税	应交增值税	67 770	7%	4 743.90	本企业无其他税金及附加
教育费附加	应交增值税	67 770	3%	2 033.10	
合　计	—	—	—	6 777	

制表:　　　　　　　　　复核:　　　　　　　　　　　财务经理:

　　此业务一方面使费用中"税金及附加"增加6 777元;另一方面又使负债中"应交税费——应交城建税"增加4 743.90元,负债中"应交税费——应交教育费附加"增加2 033.10元。属于等式左边费用与右边负债项目同增,同增金额相等,等式保持平衡。其会计分录如下:

　　借:税金及附加　　　　　　　　　　　　　　　　　　　　　　　　6 777
　　　　贷:应交税费——应交城建税　　　　　　　　　　　　　　　　　4 743.90
　　　　　　应交税费——应交教育费附加　　　　　　　　　　　　　　　2 033.10

【例9-30】 12月31日,计算并结转本月已实现销售的90台A产品成本,假设月初成品仓库库存95台A产品,单位成本6 800元,本月所销售产品均为月初库存数。对应第五种业务。

　　实务中做账的票据是发货单、出库产品汇总表(由经手人、保管员、财务总监签字)。

　　该项业务因出售商品引起,应将该批商品库存成本结转。本月共销售库存A产品90台,单位产品成本6 800元,销售总成本612 000元。此业务一方面使资产中"库存商品——A产品"减少612 000元;另一方面又使成本中"主营业务成本"增加(即库存商品转作销售

成本)612 000元。属于等式左边资产与成本项目一减一增,增减金额相等,等式保持平衡。其会计分录如下:

  借:主营业务成本   612 000
    贷:库存商品——A产品   612 000

☆ 利润计算和分配业务

制造业企业的利润(或亏损)总额＝营业利润＋营业外收入－营业外支出。

营业利润＝营业收入－营业成本－税金及附加－销售费用－管理费用－财务费用＋投资收益＋公允价值变动收益－资产减值损失＋资产处置收益

其中,   营业收入＝主营业务收入＋其他业务收入

        营业成本＝主营业务成本＋其他业务成本

营业外收入是指与企业生产经营活动无直接关系的各项利得,不需要与有关的费用进行配比,主要包括非流动资产毁损报废收益、与企业日常活动无关的政府补助、盘盈利得、捐赠利得、债务重组利得等。

营业外支出是指与企业生产经营活动无直接关系的各项损失,主要包括非流动资产毁损报废损失、捐赠支出、盘亏损失、罚款支出、非常损失、债务重组损失等。

利润计算和分配过程核算的主要任务是反映和监督企业的经营成果,并按规定分配利润。

需要用到的主要账户有"其他业务收入""其他业务成本""管理费用""财务费用""营业外收入""营业外支出""本年利润""所得税费用""利润分配"等。

【例9-31】 12月30日,计提[例9-11]12月16日从银行取得短期借款100 000元应付利息,并于次日支付。对应第二种和第四种业务。

实务中做账的票据是借款利息计提表(制单人、复核人、财务部门负责人签字)、银行收息回单(利息支付分录依据)。

利息计提业务应根据应付利息费用计提表编制会计分录。本月只需计提半个月利息并按季支付。应计提250元($=100\,000\times6\%\div12\times0.5$),即第四季度应支付利息250元。

利息费用的产生一方面使费用中"财务费用"增加250元;另一方面又使负债中"应付利息"增加250元。属于等式左边费用与右边负债项目同增,同增金额相等,等式保持平衡。其会计分录如下:

  借:财务费用   250
    贷:应付利息   250

利息支付业务应根据银行收息回单编制会计分录。

利息费用的支付一方面使负债中"应付利息"减少250元;另一方面又使资产中"银行存款"减少250元。属于等式左边资产与右边负债项目同减,同减金额相等,等式保持平衡。其会计分录如下:

  借:应付利息   250
    贷:银行存款   250

【例9-32】 12月30日,企业用库存现金支付违约罚款500元。对应第五种业务。
实务中做账的票据是违约罚款收据、资金支付内部审批流程单。
该项业务属于非营业活动,一方面使支出中的"营业外支出——违约罚款"增加500元;另一方面又使资产中"库存现金"减少500元。属于等式左边资产与支出项目一减一增,增减金额相等,等式保持平衡。其会计分录如下:

　　借:营业外支出——违约罚款　　　　　　　　　　　　　　　　500
　　　　贷:库存现金　　　　　　　　　　　　　　　　　　　　　　　500

【例9-33】 12月30日,企业用银行存款支付公益捐赠1 000元。对应第五种业务。
实务中做账的票据是捐赠收据、资金支付内部审批流程单。
该项业务属于非营业活动,一方面使支出中的"营业外支出——公益捐赠"增加1 000元;另一方面又使资产中"银行存款"减少1 000元。属于等式左边资产与支出项目一减一增,增减金额相等,等式保持平衡。其会计分录如下:

　　借:营业外支出——公益捐赠　　　　　　　　　　　　　　　　1 000
　　　　贷:银行存款　　　　　　　　　　　　　　　　　　　　　　　1 000

【例9-34】 12月31日,结转本月损益类账户余额。对应第七种和第三种业务。
实务中做账的票据是本月损益类账户余额统计汇总表,如表9-7所示。

表9-7　损益类账户余额统计汇总表

编制单位:　　　　　　　　　　2019年12月　　　　　　　　　　单位:元

账户名称	业务号及发生额	月末余额
主营业务收入	(25)430 000+(27)352 000	782 000
主营业务成本	(30)612 000	612 000
税金及附加	(29)6 777	6 777
销售费用	(16)1 920+(18)20 000+(28)5 000	26 920
管理费用	(18)15 000+(20)2 000+(21)1 400+(22)2 000	20 400
财务费用	(31)250	250
营业外支出	(32)500+(33)1 000	1 500

制表:　　　　　　　　复核:　　　　　　　　财务经理:

根据损益类账户余额统计汇总表,先结转收入类账户余额,一方面使收入中的"主营业务收入"减少782 000元;另一方面又使利润中"本年利润"增加782 000元。属于等式右边收入与利润项目一减一增,增减金额相等,等式保持平衡。其会计分录如下:

　　借:主营业务收入　　　　　　　　　　　　　　　　　　　　　　782 000
　　　　贷:本年利润　　　　　　　　　　　　　　　　　　　　　　　782 000

再根据损益类账户余额统计汇总表结转费用类账户余额,一方面使费用中"主营业务成本"减少612 000元,"税金及附加"减少6 777元,"销售费用"减少26 920元,"管理费用"减少20 400元,"财务费用"减少250元,"营业外支出"减少1 500元;另一方面又使利润中"本

年利润"账户减少 667 847 元。属于等式左边费用与右边利润项目同减,同减金额相等,等式保持平衡。其会计分录如下:

  借:本年利润   667 847
    贷:主营业务成本——A 产品   612 000
      税金及附加   6 777
      销售费用   26 920
      管理费用   20 400
      财务费用   250
      营业外支出   1 500

【例 9-35】 计算出 12 月份实现的利润总额,按 25%税率计算提取预缴所得税额,并结转所得税费用。对应第二种和第三种业务。

实务中做账票据是本年利润计算表(制表人、复核人、财务经理签字)、本月所得税费用计算表。

该项业务首先根据本月收入与费用结转后"本年利润"科目贷方发生额与借方发生额列表求出本月利润数,然后预提本月应缴纳所得税费用,最后结转预提的所得税费用。

计算过程:本月本年利润=782 000-667 847=114 153(元),本月应预缴所得税=114 153×25%=28 538.25(元)。

提取时,一方面使"所得税费用"增加 28 538.25 元;另一方面又使负债中"应交税费——应交所得税"增加 28 538.25 元。属于等式左边费用与右边负债项目同增,同增金额相等,等式保持平衡。其会计分录如下:

  借:所得税费用   28 538.25
    贷:应交税费——应交所得税   28 538.25

结转时,一方面使利润中"本年利润"减少 28 538.25 元,另一方面又使费用中"所得税费用"减少 28 538.25 元。属于等式左边费用与右边利润项目同减,同减金额相等,等式保持平衡。其会计分录如下:

  借:本年利润   28 538.25
    贷:所得税费用   28 538.25

【例 9-36】 假若本年 1—11 月预提所得税后利润累计数 644 385.25 元,无其他税费调整项目,计算并结转可供分配的本年净利润。对应第七种业务。

实务中做账的票据是净利润计算表(制表人、复核人、财务经理签字)。

本年可供分配的净利润=644 385.25+(114 153-28 538.25)=730 000(元)

该项业务一方面使利润中的"本年利润"减少 730 000 元;另一方面又使利润中"利润分配——未分配利润"增加 730 000 元。属于等式右边所有者权益内部项目一增一减,增减金额相等,等式保持平衡。其会计分录如下:

  借:本年利润   730 000
    贷:利润分配——未分配利润   730 000

【例 9-37】 假若年初未分配利润为 0,按规定计提税后净利润的 10%作为法定盈余公积金,又经股东会决议按税后净利润的 50%计提投资者股利,于明年 3 月 1 日向投资者分配股利。对应第七种和第八种业务。

实务中做账票据是利润分配计提表(制表人、复核人、财务经理签字)。

应提取法定盈余公积金=730 000×10%=73 000(元)

应计提应付投资者股利=730 000×50%=365 000(元)

上述业务涉及两笔会计分录:

第一笔提取盈余公积,一方面使所有者权益中的"利润分配——提取法定盈余公积"减少73 000元;另一方面又使所有者权益中"盈余公积"增加73 000元。属于等式右边所有者权益项目内部一增一减,增减金额相等,等式保持平衡。其会计分录如下:

借:利润分配——提取法定盈余公积　　　　　　　　　　　73 000
　　贷:盈余公积　　　　　　　　　　　　　　　　　　　　73 000

第二笔计提应付投资者股利,一方面使所有者权益中的"利润分配——应付普通股股利"减少365 000元;另一方面又使负债中"应付股利"增加365 000元。属于等式右边所有者权益与负债项目一减一增,增减金额相等,等式保持平衡。其会计分录如下:

借:利润分配——应付普通股股利　　　　　　　　　　　　365 000
　　贷:应付股利　　　　　　　　　　　　　　　　　　　365 000

【例9-38】 结转"利润分配"账户所属的各有关明细账户。对应第七种业务。

实务中做账的票据是利润分配明细账户余额结转表(制表人、复核人、财务经理签字)。

该项业务需将"利润分配——未分配利润"以外其他明细科目余额从其贷方结转至本明细科目借方对冲,求出最终未分配的利润。此项业务一方面使所有者权益中的"利润分配——未分配利润"减少438 000元;另一方面又使所有者权益中"利润分配——提取法定盈余公积"增加73 000元,"利润分配——应付普通股股利"增加365 000元。属于等式右边所有者权益项目内部一增一减,增减金额相等,等式保持平衡。其会计分录如下:

借:利润分配——未分配利润　　　　　　　　　　　　　　438 000
　　贷:利润分配——提取法定盈余公积　　　　　　　　　　73 000
　　　　利润分配——应付普通股股利　　　　　　　　　　365 000

上述业务"9-36号至9-38号"可用如下"T"形账户(见图9-1)反映"利润分配——未分配利润"账户结转、分配、再结转过程。

至此,"利润分配"科目下除"未分配利润"明细科目有余额外,其他明细科目年终余额全部结转为0。年末"未分配利润"余额为292 000元,直接列示在资产负债表"未分配利润"项目中。

借	利润分配——未分配利润		贷
		年初余额	0
(37)提取法定盈余公积	73 000	(36)结转本年净利润	730 000
(37)提取普通股股利	365 000	(38)结转法定盈余公积	73 000
(38)结转公积金及股利	438 000	(38)结转提取的普通股股利	365 000
		年末余额	292 000

图9-1　利润分配——未分配利润"T"形账户

关涉问答

▶ **材料是怎样变成主营业务成本的？盈亏是如何计算出来的？**

答：实物资产材料变成主营业务成本，所走的路线是：货币资金（主要指银行存款及库存现金）——在途物资——原材料——生产成本、制造费用——完工产成品、在产品——库存商品——主营业务成本（即销售出去的商品价值）。

货币资金被用于购买或预订原材料和服务后，转化为在途物资（指购买的材料尚在途中，含已到达仓库门口尚未验收入库的材料）、管理费用（如支付电话费）、预付账款（如预先付出的订购款）等核算对象。在途物资经仓库保管员验收签字后，即变为库存的原材料，也称作存货。

当原材料被领用，转移到生产线上、生产车间、管理部门、销售部门后，摇身一变为：生产成本、制造费用、管理费用、销售费用等费用。

当生产对象（即生产成本的载体）在生产线上被加工的同时，还加入了工人的活劳动（其价格相当于单位应付给工人的工资，应付数通过"应付职工薪酬"账户累计，在不同岗位发生数通过"生产成本""制造费用"等账户归集）。此外，生产对象还应承担生产线及生产车间的水电耗费开支（在"生产成本"或"制造费用"账户归集）、生产车间厂房设备使用磨损费（其磨损大小通过计算提取折旧来反映，在"制造费用"账户归集，同时在"累计折旧"账户累计）。形成产品成本的是直接材料、直接人工、制造费用三项费用（简称料、工、费），归集在"生产成本""制造费用"账户中。当产品完工时，应先将"制造费用"账户归集的费用按一定的标准分配到具体的产品上，即从"制造费用"账户转出，记入"生产成本"账户，最后生产车间产品呈现形式为产成品或在产品。

当从生产车间转出产成品到成品仓库，并经仓库保管员验收入库后，即变成可销售的商品，被称作库存商品，也称作存货，此时转出的数额记在"生产成本"账户，仓库接收存储的数额记在"库存商品"账户，一减一增，金额相等。

当库存商品被销售，即出库的实物换回货币资金或获取应收账款的权利时，收回的货币或获取的权利被确认为收入，会计上称之为主营业务收入，其数额记在"主营业务收入"账户，其增值税数额记在"应交税费——应交增值税（销项税额）"账户，价税合计记在"银行存款"或"应收账款"账户（两账户记录的数额等于主营业务收入＋应交税费）。被销售出去的库存商品，其实物自身价值，即自身成本，在会计上被称为主营业务成本，其数额从"库存商品"账户转出，记入"主营业务成本"账户。

期末，主营业务收入连同经营活动形成的其他收入全部转到"本年利润"账户的贷方，主营业务成本连同经营活动形成的其他费用全部转到"本年利润"账户的借方，贷方、借方金额相抵减，若余额在贷方即为利润额，若余额在借方即为亏损额。

▶ **所有凭证上金额可以按日期统计，写在一张记账凭证上吗？**

答：不可以。因为业务类型不同，涉及会计要素不同，所要反映内容的详细程度也不同，必须分门别类编制会计科目做账。

▶ **利息计提与利息支付是一回事吗？**

答：不是一回事。利息计提一般按月计算应支付的贷款利息，而利息支付一般按贷款协议明确的日期由银行自行从其开户的银行账户内扣除,多为按季支付。利息计提时,企业借记"财务费用",贷记"应付利息";利息支付时,企业借记"应付利息",贷记"银行存款"。

▶ **企业出售或出租固定资产或无形资产的收入与出售不需要的材料的收入有何区别?**

答:出售固定资产和无形资产并非企业日常生产经营活动,是偶然发生的,不应确认为企业的营业收入,而只能作为营业外收入确认。出租固定资产和无形资产实质属于让渡资产使用权,可以反复发生,与出售不需要的材料收入,都是企业日常活动中的收入,只是非主营业务,应确认为其他业务收入。

▶ **企业处置固定资产发生的净损失是否确认为企业的费用?**

答:处置固定资产发生的净损失,虽然会导致所有者权益减少和经济利益的总流出,但不属于企业的日常活动,毕竟企业不应以变卖固定资产作为资金来源的手段,因此不应确认为企业日常活动引起的开支费用,而应确认为营业外支出。

▶ **何谓净资产?**

答:净资产就是所有者权益或者权益资本,是资产总额减去负债后的净额。企业的净资产,由两大部分组成,一部分是企业开办当初投入的资本,包括溢价部分,也包括接受捐赠的资产(溢价部分及接受捐赠的资产都形成资本公积);另一部分是企业在经营中创造的留存收益。

▶ **净资产与可动用的资金是一回事吗?**

答:不是一回事。假如某企业资产负债简表内容如下。

资产方:货币资金(主要指库存现金和银行存款)30万元,存货(包括原材料、库存商品等)20万元,应收账款(商品交易上形成的往来)15万元,其他应收款(非商品交易上形成的往来)5万元,固定资产(主要是房屋、设备)30万元,合计100万元。

负债及所有者权益方:短期借款(一年内借款)10万元,长期借款(超过一年以上借款)10万元,应付账款(商品交易上形成的往来)20万元,应交税费(经营活动形成的尚未支付的税费)5万元,其他应付款(非商品交易上形成的往来)5万元,应付职工薪酬(经营中形成的尚未支付的职工报酬)10万元,负债小计60万元;实收资本20万元,资本公积5万元,盈余公积5万元,未分配利润10万元,所有者权益小计40万元;负债及所有者权益合计100万元。

显然,所有者权益即净资产=资产总额-负债总额=100-60=40(万元)。但可动用的资金是多少呢?是40万元吗?不对,因货币资金仅有30万元,通常无法用原材料或固定资产作为支付手段。理论上可以认为可动用的资金是30万元,但货币资金30万元的来源我们无法从账面上看出来。

假若公司提供上述资产负债表前发生过一笔长期借款业务,是为偿还即将到期的10万元短期借款,又刚从银行借入10万元长期借款,那么,可动用的资金实际上只有20万元,因公司即将要用账面上30万元,偿还10万元短期借款。即使无此假设,公司资金亦很紧张。因为往来款项中,属于资产的应收款项是20万元,属于负债的应付款项是40万元,而刚性支出,如税费5万元、职工工资10万元则不得拖延,若立即支付此两项费用,公司账面可动用资金则变为15万元,因此,该公司现金流已出现断流征兆。

▶ **何谓一般纳税人与小规模纳税人?**

答:这是增值税纳税人身份选择问题。选择不同身份,对税负有较大影响。一般纳税人是指年应税销售额超过财政部、国家税务总局规定标准的增值税纳税人。小规模纳税人是指年应税销售额未超过财政部、国家税务总局规定标准,并且会计核算不健全,不能够按规定准确报送税务资料的增值税纳税人。实行简易计税方式缴纳增值税的纳税人,增值税征收率为3%,收到的增值税专用发票不能抵扣税款。一般纳税人,大多采用一般计税方法。2018年5月1日后,一般纳税人适用的增值税基本税率为13%、9%、6%和0%,其中,销售或进口货物及提供有形动产租赁服务为13%;销售粮食等农产品、自来水货物,或者提供不动产租赁、交通运输、邮政、基础电信、建筑服务为9%;增值电信、金融服务、不含租赁现代服务、生活服务为6%;出口货物为0%。一般纳税人实行税款抵扣制度,即对增值额征税。销货方可开"增值税专用发票",也可开"增值税普通发票",取得的"增值税专用发票"可以认证抵扣。

小规模纳税人可以申请转为一般纳税人,但一般纳税人不能转回小规模纳税人身份。

我国增值税实行凭增值税专用发票认证抵扣税款制度。进货商通过"应交税费——应交增值税(进项税额)"科目记录可抵扣税额;供货商通过"应交税费——应交增值税(销项税额)"科目记录待抵扣税额。当期销项减可抵扣当期进项的差,即为当期应交增值税额。企业集进货商和销货商于一体,消费者是最终的负税人。

▶ **社保、五险一金和统筹有何区别与联系?**

答:社保,全称是"社会保险",即五种保险,指养老保险、医疗保险、失业保险、工伤保险、生育保险,简称"五险"。"一金"指的是住房公积金。

各地"五险一金"缴纳比例不一样,但单位计提基数都是统计部门公布的上一年度职工月平均工资,职工个人计提基数都是上年度月平均工资(发放给个人的工资中含个人应承担的社保和住房公积金)。个人缴费=缴费基数×缴费比例,单位缴费一样。以下是2019年5月1日施行的南京市养老保险单位和参保个人缴纳的"五险一金"费率表。其中,南京市住房公积金缴存基数,最高不得超过南京市统计部门公布的上一年度职工月平均工资的3倍。

养老保险是负责退休后的养老金发放、医疗保险负责生病时医药费报销、失业保险负责失业时维持最多24个月的基本生活、工伤保险负责发生工伤事故的待遇、生育保险负责怀孕和分娩的妇女劳动者暂时中断劳动时的产假工资和医疗费用报销。我国《劳动法》规定,"用人单位和劳动者必须依法参加社会保险,缴纳社会保险费"。

企业"五险一金"缴纳比例表

五险一金	单位缴纳比例	个人缴纳比例
基本养老保险	16%	8%
基本医疗保险	9%	2%
失业保险	0.5%	0.5%
工伤保险	0.08%	0
生育保险	0.8%	0
住房公积金	5%~12%	5%~12%

单位和个人缴纳的"社保",一部分进入社会保险账户,一部分进入个人账户。进入社会保险账户的,作为统筹基金,由国家支付给个人,实现贫富调剂,即人们常说的"社会统筹"。单位为职工缴纳的社保和住房公积金,计提时,同工资列支路径,借记费用科目,贷记"应付职工薪酬——社保公积金"明细科目。个人缴纳的社保和住房公积金,由单位从个人工资中计算扣除,计提时,借记"应付职工薪酬——工资"科目,贷记"其他应付款——社保公积金个人承担部分"明细科目;单位一并缴纳社保时,借记"应付职工薪酬——社保公积金""其他应付款——社保公积金个人承担部分"科目,贷记"银行存款"科目。实际工作中,"社保公积金"一般按"五险一金"设置明细科目核算。

▶ 何谓实账户与虚账户?

答:会计静态等式涉及的三类会计要素下的所有账户都是实账户。会计动态等式涉及的三类会计要素下的收入和费用所有账户及"本年利润""利润分配(除未分配利润)"账户都是虚账户,或称临时性账户;"利润分配"下未分配利润余额滚存到所有者权益下——"未分配利润"账户,因而属于实账户。

因为实账户余额期末要实际结转到下期。而虚账户所累计的余额,期末要被汇总并结转到所有者权益下的"未分配利润"中。结转目的有两个:一是更新可供分配的利润;二是将收入、费用账户归零,从而为下一个会计期间的收入、费用计量做好准备,故被称作临时性账户。同样,资产、负债、所有者权益被称为永久性账户,因其当期余额在当前会计期间结束后仍会结转到下期。

▶ 期末虚账户是如何结转的?

答:期末,所有的账簿都待结清,以为下一个会计期间做准备。在结账的过程中,虚(暂计性)账户余额要结转到虚(暂时性)账户——"本年利润"相抵。若有贷方余额,按月或按季计提预缴所得税,税后余额保留在"本年利润"科目累积滚至年末,年末汇算清缴应纳所得税费用后,将余额再转入实账户"利润分配——未分配利润"明细账户的贷方,"本年利润"账户年末结转为零。

年末利润分配主要有两项:其一提取法定盈余公积和任意盈余公积,形成第一块留存收益,即以"盈余公积"(永久性)实账户面目呈现;其二分配股利,真正减少了未分配利润,形成利润分配性支出,即"应付股利"。扣除两项利润分配金额后为未分配完的利润,形成企业的第二块留存收益,是企业真正的未分配利润,其金额直接以一级科目"未分配利润"(实账户)列示在资产负债表中。至此,所有的利润表虚账户和利润分配明细账户余额皆结转为零。

本年利润如为借方余额,则为亏损,平时将借方余额保留在"本年利润"科目累积滚至年末,年末汇算清缴应交所得税费用后,如仍为亏损,则结转至"利润分配——未分配利润"明细账户的借方,"本年利润"账户余额结转为零,资产负债表上"未分配利润"科目以负数表示,待以后年度弥补。

虚账户的结账方法非常直观。将所有收入账户通过借记结清,将所有费用账户通过贷记结清。这一过程将让这些虚账户的余额变为零。收入账户的借记结清数额与费用账户的贷记结清数额的差即为净利润(或净损失),并将增加(或减少)留存收益。股利账户也要在每期期末结清,股利账户的期末结转将减少留存收益。

收入、费用的结账分录可按下面方法结转:借记收入,贷记本年利润,结清收入账户,转到"本年利润"账户;借记"本年利润",贷记费用,结清费用账户,转到"本年利润"账户;借记

"本年利润",贷记"所得税费用"(计算应缴纳所得税时,借记"所得税费用",贷记"应交税费——应交所得税"),结清"所得税费用",转到"本年利润"账户;借记"本年利润",贷记"利润分配——未分配利润",结清"本年利润",转到"利润分配——未分配利润"账户。

留存收益形成分录与股利分配账户的结账分录,可按下面方法结转:借记"利润分配——未分配利润",贷记"利润分配——提取盈余公积"(提取盈余公积时,借记"利润分配——提取盈余公积",贷记"盈余公积"),结清"利润分配——提取盈余公积"账户,转到"利润分配——未分配利润"明细账户,"盈余公积"以实账户在资产负债表中呈现。借记"利润分配——未分配利润",贷记"利润分配——应付普通股股利"(股利分配时,借记"利润分配——应付普通股股利",贷记"应付股利"),结清"利润分配——应付普通股股利"账户,转到"利润分配——未分配利润"明细账户,"应付股利"以实账户在资产负债表中呈现。至此,"利润分配——未分配利润"贷方余额是真正的未分配利润,为企业留存收益,在资产负债表中以"未分配利润"科目呈现。

第十章　2类会计凭证

★ 会计凭证

识记:会计凭证,是会计主体办理任何经济业务的凭证手续,是会计工作中记录经济业务、明确经济责任的书面证明,是登记账簿的依据,包括纸质会计凭证和电子会计凭证两种形式。

每个企业都必须按一定的程序填制和审核会计凭证,根据审核无误的会计凭证登记账簿,如实反映企业经济业务。

会计凭证通常按其用途和填制程序分为原始凭证和记账凭证。

☆ 原始凭证

原始凭证,又称原始单据,是经济业务发生或完成时取得或填制的,用以记录、证明经济业务已经发生或完成的原始证据,是会计进行核算的原始资料和重要依据。

■原始凭证的作用

原始凭证具有以下作用:一是具有法律效力的书面证明;二是判别票据与业务真假的原始资料;三是算账的凭证;四是确认计量、确定核算科目、编制会计分录的依据;五是制作记账凭证,登记确认计量日期与内容的依据;六是登记明细账,特别是登记固定资产明细账簿的依据;七是核查账目的依据。

■原始凭证的分类

原始凭证,按来源分为外来原始凭证和自制原始凭证两种。

☑外来原始凭证。

外来原始凭证是指在经济业务完成或发生时,从其他单位或个人直接取得的原始凭证,多为一次凭证发票和收据,如购买原材料取得的由国家税务总局统一印制的增值税专用发票,支付货款后取得的由中国人民银行制作的全国通用的银行转账结算凭证,职工出差报销的飞机票、火车票、轮船票等。

☑ 自制原始凭证。

自制原始凭证是指由本单位有关部门和人员，在执行或完成某项经济业务时填制的原始凭证，包括一次凭证、累计凭证、汇总凭证三种。如领料单、差旅报销单、产品入库单、产品出库单、借款单、折旧费计提表、工资费用分配表等凭证。单位内部使用的领料单格式，如表10-1所示。

表10-1 领料单

领料部门：　　　　　　　　　　　　　　　　　　　　　　发料仓库：
用途：　　　　　　　　　　　年　月　日　　　　　　　　编号：

材料编号	材料名称	规　格	计量单位	请领数量	实发数量	备　注

领料单位负责人：　　　　领料人：　　　　发料人：　　　　填制人：

(1) 一次凭证，是指一次填制完成，只记录一笔经济业务且仅一次有效的原始凭证，如收据、收料单、发货票、银行结算凭证等。发货票的一般格式，如表10-2所示。

表10-2 发货票

购买单位：
结算方式：　　　　　　　　　年　月　日　　　　　　　　编号：

品名规格	单　位	数　量	单　价	金　额

发货单位负责人：　　　　记账：　　　　复核：　　　　填制人：

(2) 累计凭证，是指在一定时期内多次记录发生的同类经济业务且多次有效的原始凭证，如限额领料单。累计凭证的特点是在一张凭证内可以连续登记相同性质的经济业务，随时结出累计数和结余数，并按照费用限额进行费用控制，期末按实际发生额记账。限额领料单的一般格式，如表10-3所示。

表10-3 限额领料单

领料部门：　　　　　　　　　　　　　　　　　　　　　　发料仓库：
用途：　　　　　　　　　　　年　月　日　　　　　　　　编号：

材料类别	材料编号	材料名称	规　格	计量单位	单　价	领用限额	全月实领	
							数量	金额

领用日期	请领数量	实发数量	领料人签章	发料人签章	限额结余数量

供应部门负责人：　　　　领料部门负责人：　　　　仓库负责人：

（3）汇总凭证，是指对一定时期内反映经济业务内容相同的若干张原始凭证，按照一定标准综合填制的原始凭证。汇总原始凭证合并了同类经济业务，简化了凭证编制和记账工作。发料凭证汇总表是一种常用的汇总凭证，格式如表10-4所示。

表10-4　发料凭证汇总表

年　　月

借方科目 材　料	生产成本	制造费用	管理费用	销售费用	合　计
合　计					

■原始凭证的内容

原始凭证，必须具备以下内容：① 原始凭证名称；② 凭证编号；③ 填制原始凭证日期；④ 填制凭证单位名称；⑤ 经济业务内容、数量、计量单位、单价和金额；⑥ 接受凭证单位名称；⑦ 填制单位财务专用章；⑧ 填制人员签章；⑨ 自制凭证部门负责人签章。

■原始凭证的填制

自制原始凭证填制有三种形式：一是根据实际发生或完成的经济业务，由经办人直接填制，如"入库单""领料单"等；二是根据账簿记录对有关经济业务加以归类、整理填制，由审核制单人填制，如月末编制制造费用分配表、利润分配表等；三是根据若干反映同类经济业务的原始凭证定期汇总填制，由审核制单人填制，如各种汇总原始凭证等。

外来原始凭证由其他单位或个人填制。其填制依据必须是经济业务完成情况、经济业务具体内容。

原始凭证填制的一般要求有四条：

第一条，记录真实，手续完备。即凭证上所记载的内容与实际情况相符，大写小写金额相符，不得弄虚作假。填制手续符合内部牵制原则、经办人员必须签名盖章。

第二条，内容完整，书写规范。即填制时各项内容需一气呵成，填制内容要详尽，不得遗漏或省略不填；有关人员签章必须齐全；外来原始凭证必须加盖填制单位公章或财务专用章。

填制凭证时，要字迹工整清晰、易于辨认；不使用简化字；小写金额前冠以人民币符号"￥"，使用外币计价结算的凭证，金额前要加注外币符号，如"HK＄""US＄"等；小写金额逐个书写，不得写连笔字；币值符号与阿拉伯数字间不得留有空白；所有以元为单位的阿拉伯数字，除表示单价外，一律写到角分，无角无分的要以"00"补位，或用"－"符号；有角无分的，分位写"0"，不得用符号"－"；大写金额，用汉字壹、贰、叁、肆、伍、陆、柒、捌、玖、拾、佰、仟、万、亿、元、角、分、零、整等，一律用正楷字或行书字书写；大写金额前未印有"人民币"字样的，应加写"人民币"三个字且和大写金额之间不得留有空白；大写金额到元或角为止的，后面应加写"整"字断尾，有分的不写"整"字；阿拉伯数字间有"0"时汉字大写金额要写"零"；有连续几个"0"时汉字大写金额可只写一个"零"。如小写金额￥2 009.10，大写金额应写成：人民币贰仟零玖元壹角整。

第三条，连续编号，及时填制。各种凭证都必须连续编号，按顺序使用，以备查考，对于已预先印定编号的重要原始凭证(如发票、支票等)，在因错作废时，应加盖"作废"戳记，连同存根和其他各联全部保存，不得撕毁。经办人员在经济业务发生后必须及时填制，不得拖延，不得积压，并按规定程序送交会计部门。

第四条，出现错误，规范更正。填制的各项内容不得涂改、刮擦、挖补。原始凭证金额错误的，应由出具单位重开，不得在原始凭证上更正；原始凭证有其他错误的，应当由出具单位重开或更正，更正处应当加盖出具单位印章；支票等原始凭证填写错误，一律注销留存后重开。

■原始凭证的审核

原始凭证的审核，就是对持票人交来的各种票据，依据相关法律、法规以及单位管理规定，逐一进行真实性、合法性、合规性、合理性、完整性、正确性审核，做出相应账务处理，为账簿记录提供完整、真实的原始资料。

☑原始凭证的真实性，是指原始凭证本身、日期、业务内容、数字、单位公章等内容是否真实。外来原始凭证，必须有填制单位公章或财务专用章和填制人员签章；自制原始凭证，必须有经办部门和经办人员的签章。

☑原始凭证的合法性、合规性、合理性，是指原始凭证载明的经济业务内容符合国家法律法规，履行的报销手续合乎单位的管理规定，支出的用途额度符合单位的实际需要和有关的计划与预算等。

☑原始凭证的完整性，是指原始凭证记载的日期、数字、文字等各项基本要素齐全、清晰，无漏项和模糊情况。

☑原始凭证的正确性，是指原始凭证记载的各项内容正确无误，包括接受单位全称、金额计算与大小写、更正等内容的正确性。

☑原始凭证审核后的相关账务处理，是指对不符合报账要求或不能报销票据，指明不能受理的原因并予以退回；对缺乏相关手续以及不够完整的票据，要求迅速提供相关补充材料；对达到可以入账基本条件的票据，迅即分类汇总、计算可以报销的总额，制作记账凭证。审核原始凭证是报账工作的第一环节，是维护和保证企业财产安全完整的防火墙。

☆记账凭证

记账凭证，是会计人员根据审核无误的原始凭证或汇总原始凭证，按照经济业务的内容加以归类、整理，制作会计分录作为登记会计账簿依据的会计凭证。它采用会计特有的浓缩语言结合数字反映记录经济业务内容。

■记账凭证的作用

记账凭证具有以下作用：一是会计对原始凭证加工后以一定格式呈现的作品；二是会计归类反映经济内容的专用工具；三是记载入账日期、入账序号、入账科目、入账方向、入账金额的载体；四是登记账户内容的依据；五是核查账目的依据；六是会计责任划分与厘清的依据；七是单位经济活动内部控制制度的呈现。

■记账凭证的分类

记账凭证按适用经济业务不同，分为专用记账凭证、通用记账凭证。专用记账凭证又分为收款凭证、付款凭证、转账凭证。收款和付款凭证是用来反映与现金及银行存款收付有关的经济业务；转账凭证是用来反映与现金及银行存款收付无关的经济业务。通用记账凭证不区分收款、付款、转账性质，皆用一种记账凭证反映经济业务。通用记账凭证格式，如表

10-5 所示。

表 10-5 记账凭证

年　月　日　　　　　　　　　　　　　　　　　　　　　　　　　　　　第　　号

摘要	会计科目		借方金额									贷方金额									记账符号	附单据
	总账科目	明细科目	百	十	万	千	百	十	元	角	分	百	十	万	千	百	十	元	角	分		
																						张
合　计																						

财务主管：　　　　　记账：　　　　　出纳：　　　　　复核：　　　　　制单：

■记账凭证的内容

记账凭证必须具备以下内容：① 记账凭证的编号；② 填制凭证的日期；③ 经济业务摘要；④ 应借应贷会计科目；⑤ 金额；⑥ 所附原始凭证张数；⑦ 填制凭证人员、复核人员、出纳人员、记账人员、会计机构负责人、会计主管人员签名或盖章。

■记账凭证的填制

记账凭证的填制简称制单，是根据审核后的原始凭证及时按序分类填制记账凭证上必备的内容。

记账凭证的填制除了要做到内容完整、书写清楚和规范外，还必须符合下列要求：

(1) 除结账和更正错账可以不附原始凭证外，其他记账凭证必须附原始凭证。

(2) 记账凭证可以根据每一张原始凭证填制，或根据若干张同类原始凭证汇总填制，也可以根据原始凭证汇总表填制。但不得将不同内容和类别的原始凭证汇总填制在一张记账凭证上。

(3) 记账凭证必须连续编号。凭证应由主管该项业务的会计人员，按业务发生的顺序并按不同种类的记账凭证采用"字号编号法"连续编号，如银收字 1 号、银付字 1 号、现收字 1 号、现付字 1 号。如果一笔经济业务需要填制两张以上(含两张)记账凭证的，可以采用"分数编号法"编号，如某业务使用三张记账凭证，其总的编号为"转字 5 号"，则其第一张编号为转字 $5\frac{1}{3}$，第二张为 $5\frac{2}{3}$，第三张为 $5\frac{3}{3}$。为便于监督，反映付款业务的会计凭证不得由出纳人员编号。会计电算化下，不区分收款、付款、转账性质，全部使用通用记账凭证，凭证编号由机器自动顺序产生。

(4) 填制记账凭证时若发生错误，应当重新填制。已经登记入账的记账凭证在当年内发现填写错误时，可以用红字填写一张与原内容相同的记账凭证，在摘要栏注明"注销某月某日某号凭证"字样，同时再用蓝字重新填制一张正确的记账凭证，注明"订正某月某日某号凭证"字样。发现以前年度记账凭证有错误的，应当用蓝字填制一张更正的记账凭证。

(5) 记账凭证填制完成后，如有空行，应当自金额栏最后一笔金额数字下的空行处至合计数上的空行处划线注销。

【例10-1】 2×19年3月5日,甲公司收到上月向乙公司销售A产品的货款共计2 260元(含增值税),存入中国工商银行,附原始凭证2张,即银行进账回单及自制的应收账款回收凭证。此笔业务为甲公司3月份第3笔业务。记账凭证的填制,如表10-6所示。

表10-6 记账凭证

2×19年3月5日　　　　　　　　　　　　　　　　　　　第3号

摘要	会计科目		借方金额									贷方金额									记账符号	附单据2张
	总账科目	明细科目	百	十	万	千	百	十	元	角	分	百	十	万	千	百	十	元	角	分		
收回货款	银行存款	工商银行				2	2	6	0	0	0											
收回货款	应收账款	乙公司													2	2	6	0	0	0		
合计			¥			2	2	6	0	0	0	¥			2	2	6	0	0	0		

会计主管:　　　记账:　　　出纳:　　　复核:　　　制单:

鉴于会计电算化下,记账凭证全部采用如表10-6所示通用记账凭证,因此,收款、付款、转账凭证填制要求不再赘述。

■ 记账凭证的复核

记账凭证的复核,是指会计机构为了保证会计信息的质量,在记账之前,安排有关复核人员对记账凭证进行的复查核实。

复核的内容主要包括:① 记账凭证是否有原始凭证为依据,所附原始凭证或原始凭证汇总表的内容与记账凭证的内容是否一致;② 记账凭证各项目的填写是否齐全,如入账日期、凭证编号、摘要、会计科目、金额、所附原始凭证张数及有关人员签章等;③ 记账凭证的应借、应贷科目以及对应关系是否正确;④ 记账凭证所记录的金额与原始凭证的有关金额是否一致,计算是否正确;⑤ 记账凭证中的记录是否文字工整、数字清晰,是否按规定进行更正等;⑥ 出纳人员在办理收款或付款业务后,是否已在原始凭证上加盖"收讫"或"付讫"的戳记。

★ 会计凭证的传递

会计凭证的传递,是指原始凭证从取得或填制时起,经过经办人签字、验收人或证明人签字、审批人签字,到会计人员审核、制单、复核、收(付)款、记账、装订、归档、保管止,在单位内部各有关部门和人员之间,按规定时间、路线办理业务手续和处理业务的过程。

会计凭证传递,主要包括凭证传递路线、传递时间和传递手续三个方面内容。会计凭证传递应根据经济业务特点、机构设置、人员分工、经营管理要求,明确会计凭证经过的必要环节、必要的停留时间、必要的手续,目标是让凭证沿着最简洁、最合理的路线传递。

★ 会计凭证的保管

会计凭证的保管,是指会计部门按照归档要求,定期(一般为每月)将各种记账后的会计凭证加以整理、归类、加上封面封底、装订成册、粘贴封签,填写封面单位名称、凭证种类、所属年月、起讫日期、起讫号码、凭证张数等信息,在会计主管、装订人员签章后,先由会计部门专人保管一年,期满后,再由专人编造清册移交单位档案部门保管。

会计凭证原则上不得借出,如有特殊需要,须报请批准,但不得拆散原卷册,并限期归还;如需查阅已入档会计凭证,须办理借阅手续;如需复制,须经单位负责人批准,并在登记簿上登记。

会计凭证保管期限为30年。期满,方可履行规定手续报请批准后销毁。

关涉问答

▶ **如何辨别与识记原始凭证?**

答:凡是票据上套印了国家税务局监制章并加盖本单位发票专用章的,应认定为发票;凡是票据上套印了地方财政局监制章并加盖本单位财务专用章的,应认定为收据,实际工作中还包括非营利组织间常用的财政部门监制的加盖本单位财务专用章的往来结算票据、非税收入通用票据、公益性单位接收捐赠统一收据;凡是票据上仅加盖本单位财务专用章或单位公章或无章仅有收款人签名的,应认定为收条或称为凭证、凭单、凭条、凭据。

发票是国家统一印制的纳税凭证,使用对象和范围主要是营利组织及非营利组织的经营行为,如出租车开具的增值税普通发票、企业销售商品开具的增值税专用发票、高校收到企业汇入科技成果转化资金开具的增值税专用发票、高校收到学生交来自愿有偿服务款项开具的增值税普通发票等。

收据包括往来结算票据、非税收入通用票据、捐赠统一收据,是经税务、物价、财政等有权部门认证许可后依法购领或印制的免税凭证,使用对象和范围主要是非营利组织间经费往来资金拨付或非营利组织的非经营行为,如高校收取学费住宿费向学生开具的专用收费收据、高校收到主持单位下拨协作科研经费开具的往来结算票据、高校代收取学生体检费开具的结算凭证等。

收条是各类经济组织或自然人根据自身需要自行设计印制或购买的票据,使用对象和范围主要是不具备实质交易条件的资金往来行为,如企业收到预订货款开具的收条、企业收到高校转拨国家科技攻关经费开具的凭据、企业收到自然人交来责任赔款开具的凭条、高校收到个人赔偿款开具的回收凭证等。

▶ **常见的合同、协议、车票能否作为原始凭证?**

答:合同、协议在会计核算工作中不作为原始凭证同等对待,严格地说,它应当作为入账的重要原始资料,因为它常常是经济业务发生的前提条件。车票如高铁票、部分长途汽车票虽无税务部门监制单,但经物价部门备案并被税务部门认可的,可作为财务报销的原始凭证。

▶ **会计凭证审核、复核、稽核有何区别与联系?**

答:会计凭证审核是指对原始凭证的审查核实;会计凭证复核是指对记账凭证的复查核实;会计凭证稽核是指对记账凭证中反映的带有某种违反财经纪律倾向的现象进行的重点稽查核实。

实务中,报账工作顺序是先审核后制单,即原始凭证经审核员审核后立即制作记账凭证,因此,审核员同时是制单员,审核责任通过制单员呈现。复核员业务技术全面、综合素质较高,是复核制单员填制的记账凭证,需即时复查,因此,其工作必须及时高效。一般一名复核员复核2~3名制单员的记账凭证,如高校在付款前基本上都设置了复核岗位。稽核员根据职业判断,往往对较长时间内产生的某类、某部门、某人相关会计凭证查对计算,属事后复查,常常由档案管理员或总账会计承担。

本章思考题

1. 张同学根据会计科目对副总经理报销的票据进行归类,即将为推销产品支付差旅费、餐费等归类为"销售费用",将为签订采购合同支付的差旅费等归类为"管理费用",将为办理企业设立支付的注册费等归类为"管理费用",然后拿到出纳处准备领取现金,但是出纳人员认为这些票据未经过审核,不能领取现金。

请思考:为什么票据要进行审核?如何进行审核?如果审核通过,应该如何处理?如果审核未通过,应该如何处理?

2. C先生是某企业财务方面的主要负责人,在一次复核时发现会计小D不小心弄丢了三张记账凭证,C先生审核原始凭证后,批评小D工作太马虎,同时让他重新编制三张记账凭证。C先生在另外一次复核时发现出纳小E编制银行存款付款凭证所附的20万元的现金支票存根丢失,同时还发现有几张现金付款凭证所附原始凭证与凭证所记的张数不符。C先生马上停止了小E的工作。小E对此非常不满,认为C先生是小题大做,偏向小D。

请思考:你如何看待这件事?

第十一章　3类会计账簿

★ 会计账簿

识记:会计账簿,简称账簿,是以会计凭证为依据,序时地、分类地记录和反映各项经济业务的簿籍,由具有一定格式又相互联系的账页所组成。

☆ 登记账簿的作用

登记账簿是会计核算与监督的主要方法之一,是将记账凭证中所反映的经济业务内容,分别记入有关账户,使之更系统化,并定期进行对账、调账、结账,做到账簿记录正确。

运用会计账簿,能够连续、系统、全面地记载、储存某一单位一定时期内经济活动和财务收支情况等综合性核算指标数据,为会计报表编制输出记录信息。

★ 会计账簿的设置

设置账簿,是会计工作的一个重要环节。账簿设置时要结合验资报告、企业规模、管理需要、业务类型、业务多寡、会计人员配备、材料种类、成品类别、仓库条件等因素考虑,不可过细或过繁,可预留空间增加。

一般企业需要按照用途,设置序时账簿、分类账簿和备查账簿。

☆ 序时账簿

序时账簿，又称日记账，是按照经济业务发生时间先后顺序逐日、逐笔登记的账簿。如库存现金日记账和银行存款日记账，一般采用账页格式是三栏式（见表11-1和表11-2）、外形特征是订本式的账簿，可以直接从会计用品商店购买。

表11-1　库存现金日记账

第　　页

2×19年		记账凭证		对方科目	摘要	收入	支出	结余
月	日	字	号					
×	1				月初余额			2 020
×	2	银付	（略）	银行存款	从银行提现	1 000		3 020
×	2	现付	（略）	其他应收款	预支差旅费		500	2 520
×	2	现付	（略）	管理费用	厂部购办公用品		50	2 470
					本日合计	1 000	550	2 470
×	3	现收	（略）	其他应收款	交回差旅费余款	130		2 600
×	3	现收	（略）	其他应付款	收到包装物押金	300		2 900

表11-2　银行存款日记账

第　　页

2×19年		记账凭证		对方科目	摘要	收入	支出	结余
月	日	字	号					
×	1				月初余额			93 050
×	2	银付	（略）	库存现金	从银行提现		1 000	92 050
×	2	银收	（略）	应收账款	收到应收款	5 000		97 050
×	2	现付	（略）	库存现金	销货款存入银行	2 000		99 050
					本日合计	7 000	1 000	99 050
×	3	银付	（略）	短期借款	偿还短期贷款		20 000	79 050
×	3	银付	（略）	应付账款	偿还欠款		3 000	76 050

☆ 分类账簿

分类账簿，又称分类账，是按照分类账户设置登记的账簿。分类账簿是会计账簿的主体，也是编制财务报表的主要依据。按其反映经济业务详细程度，分为总分类账簿和明细分类账簿。

✓ **总分类账簿**，简称总账，是根据企业会计准则和国家统一会计制度规定的会计科目和企业所涉及的基本业务，按资产类、负债类、所有者权益类、成本类、损益类等五大类科目设置，总括地反映某类经济活动。总分类账簿主要为编制财务报表提供直接数据资料。通常采用账页格式是三栏式（见表11-3）、外形特征是订本式的账簿。

表 11－3 总分类账

第　页

2×19年		记账凭证		摘　要	借　方	贷　方	借或贷	余　额
月	日	种类	编号					

明细分类账簿，简称明细账，是针对企业具体情况，根据总账科目设置，按其所属的明细分类科目开设，用于提供明细的核算资料。主要有原材料、库存商品、固定资产、生产成本、制造费用、管理费用、销售费用、财务费用、应付职工薪酬、应交税费、应交增值税等明细账。除固定资产明细账可以选用卡片式账簿外，其他明细账可以选用活页式账簿。

活页式账簿的账页格式有三栏式（见表 11－3）、多栏式（见表 11－4）、数量金额式（见表 11－5 和表 11－6）。

(1) 资本、债权、债务明细账，皆可采用三栏式账簿。

(2) 原材料、库存商品明细账，通常采用数量金额式账簿。

(3) 生产成本、制造费用、管理费用、销售费用、财务费用、应付职工薪酬、应交税费、应交增值税明细账，通常采用多栏式账簿。

表 11－4 制造费用明细分类账

明细科目：一车间　　　　　　　　　　　　　　　　　　　　　　　　　　　　第1页

2×19年		凭证号码	摘　要	借方					贷方	余　额
月	日			职工工资	折旧费	物料消耗	办公费	水电费	其他	
×	5	略	分配工资	4 800						4 800
×	10	略	领用材料			280				5 080
×	20	略	支付办公费				300			5 380
×	26	略	支付水电费					600		5 980
×	31	略	计提折旧		1 200					7 180
×	31	略	支付修理费						420	7 600
×	31	略	转入生产成本	4 800	1 200	280	300	600	420	7 600	0

注：☐表示红字，全书同。

表 11－5 原材料明细分类账

会计科目：原材料　　　　　　　　　　　　　　　　　　　　　　　　　　　　第1页
类别：钢材　　品名及规格：普通圆钢　　计量单位：千克　　　　　　　存放地点：1号库

2×19年		凭证号码	摘　要	收　入			发　出			结　存		
月	日			数量	单价	金额	数量	单价	金额	数量	单价	金额
×	1	略	月初结存							20	100	2 000
×	10	略	领用				5	100	500	15	100	1 500
×	20	略	购入	10	98	980				15 10	100 98	1 500 980

表 11-6　**数量金额式(账簿样式)**

年		凭证号数	摘要	收入			发出			结存		
月	日			数量	单价	金额(亿千百十万千百十元角分)	数量	单价	金额(亿千百十万千百十元角分)	数量	单价	金额(亿千百十万千百十元角分)

☆ **备查账簿**

备查账簿,又称辅助账簿,是日记账和分类账的补充登记账簿,可由企业根据管理需要自行设计,也可使用分类账的账页格式,如经营租赁方式租入固定资产登记簿。

以上各类账簿各有其特点与作用,具体内容详见表 11-7 所示。

表 11-7　**账簿类别及其作用**

账簿分类标准	账簿名称	账簿别称	账簿登记对象	账簿主要特点	账簿作用	账簿登记依据
按用途	序时账簿	日记账	库存现金和银行存款科目	序时、逐笔登记	提供每日收支余指标	记账凭证
	分类账簿	总账	一级会计科目	总括、简明	提供编制财务报表数据	记账凭证
		明细账	明细科目	详细	提供具体信息	记账凭证、原始凭证和附件
	备查账簿	辅助(补充)登记簿	租入固定资产	格式自定、内容丰富	为加强管理提供信息	原始凭证、协议、验收单
按账页格式	三栏式账簿	三栏式账	总账、日记账及资本、债权债务明细账	简明	提供编制财务报表数据	记账凭证
	多栏式账簿	多栏式账	收入、成本、费用明细账	详细全面	反映登记对象内部结构	记账凭证
	数量金额式账簿	数量金额式账	原材料、库存商品明细账	简明	反映存货数量、单价	记账凭证、原始凭证和附件
按外形特征	订本式账簿	订本账	总账、日记账	同日记账、总账	同日记账、总账	记账凭证
	活页式账簿	活页账	明细分类账	增加容易,但易散落遗失	提供具体信息	记账凭证、原始凭证和附件
	卡片式账簿	卡片账	固定资产	格式固定、内容丰富	为加强管理提供信息	原始凭证、协议、验收单

★ 会计账簿的启用

启用时,应当在账簿封面上写明单位名称和账簿名称,并在账簿扉页上附启用登记表。启用订本式账簿应当从第一页到最后一页顺序编定页数,不得跳页、缺号。使用活页式账簿应当按账户顺序编号,并须定期装订成册,装订后再按实际使用的账页顺序编定页码,另加目录以便于记明每个账户的名称和页次。

★ 会计账簿的登记

为了保证账簿记录的正确性,必须根据审核无误的会计凭证登记会计账簿,并符合有关法律、行政法规和国家统一的会计制度的规定。

账簿登记方法,主要包括序时日记账、总分类账、明细分类账三类账簿登记方法。

☆ 序时日记账

序时日记账,主要指库存现金日记账、银行存款日记账。

■ **库存现金日记账**

库存现金日记账,由现金出纳员根据库存现金收款凭证、库存现金付款凭证和银行存款付款凭证(如从银行提取现金的业务)依序逐日逐笔登记三栏式订本明细账。

其中,日期栏是记账凭证日期,应与现金实际收付日期一致;凭证栏是登记入账的收付款凭证的种类和编号,如"库存现金收(付)款凭证",简写为"现收(付)","银行存款收(付)款凭证",简写为"银收(付)";编号为收款记账凭证或付款记账凭证自本月第一笔至本笔业务的顺序号;摘要栏是摘要说明登记入账的经济业务内容;对方科目栏是库存现金收入来源的科目或支出的用途科目,如从银行提取现金,其来源科目(即对方科目)为"银行存款";收入、支出栏(或借方、贷方)是库存现金实际收付的金额。

每日终了以及月终,都应分别计算库存现金收入和付出的合计数,并结出余额,同时将余额与实际库存现金核对,如账款不符应查明原因,记录备案。

三栏式库存现金日记账格式如表 11-1 所示。

■ **银行存款日记账**

银行存款日记账,应按企业在银行开立的账户和币种分别设置,每个银行账户设置一本日记账。银行存款日记账应由银行出纳员根据银行存款收付业务有关记账凭证依序逐日逐笔登记三栏式订本明细账。

其中,银行存款收入栏根据银行存款收款凭证和有关的库存现金付款凭证(如现金存入银行的业务)登记;支出栏根据银行存款付款凭证登记。银行存款日记账的登记方法与库存现金日记账的登记方法基本相同。

每日终了,都要结出余额栏存款余额。

三栏式银行存款日记账格式如表 11-2 所示。

☆ 总分类账

总分类账,应由总账会计根据一级会计科目逐笔依序登记三栏式订本总账。三栏式总分类账格式如表 11-3 所示。

总分类账的登记方法因登记的依据不同而有所不同。经济业务少的小型单位的总分类账,可以根据记账凭证逐笔登记;经济业务多的大中型单位的总分类账,可以根据记账凭证汇总表(又称科目汇总表)或汇总记账凭证等定期登记。关于总分类账的登记方法详见本章末《关涉问答》中"何谓账务处理程序?"。

☆明细分类账

明细分类账,应由成本核算会计或总账会计根据二级或三级会计科目以及所附原始凭证,在三栏式或多栏式或数量金额式的活页式账簿或卡片式账簿上进行登记。它能提供比较详细、具体的交易或事项核算资料,以弥补总账所提供核算资料的不足。

各单位在设置总账的同时,应设置必要的明细账。明细分类账一般采用活页式账簿、卡片式账簿。

按各种明细分类账所记录经济业务的特点,明细分类账的格式常用的主要有三栏式、多栏式和数量金额式。

■三栏式账页

三栏式账页是设有借方、贷方和余额三个栏目,用以分类核算各项经济业务,提供详细核算资料的账簿,其格式与三栏式总账格式相同。

■多栏式账页

多栏式账页将属于同一个总账科目的各个明细科目合并在一张账页上进行登记,即在此种格式账页的借方或贷方金额栏内按照明细项目设若干专栏。此种格式适用于收入、成本、费用类科目的明细核算,其格式如表11-4所示。

■数量金额式账页

数量金额式账页适用于既要进行金额核算又要进行数量核算的账户,如原材料、库存商品等存货账户,其借方(收入)、贷方(发出)和余额(结存)都分别设有数量、单价和金额三个专栏。数量金额式账页提供了企业有关财产物资数量和金额收、发、存的详细资料,有助于加强财产物资的实物管理和使用监督,保证财产物资的安全完整。数量金额式账页的格式,如表11-5所示。

账簿登记一般应遵循下列要点:

(1) 登记账簿时,将会计凭证的日期、编号、业务内容摘要、金额和其他有关资料逐项记入账内,做到数字准确、摘要清楚、登记及时。账簿记录中的日期,应该填写记账凭证上的日期;以自制原始凭证(如收料单、领料单等)作为记账依据的,账簿记录中的日期应按有关自制凭证上的日期填列。

(2) 登记完毕后,要在会计凭证上签名或盖章,并注明已经登账的符号(如"√"),表示已经记账。

(3) 账簿中书写的文字和数字上面要留适当空距,不要写满格,一般应占格高的二分之一。

(4) 登记账簿要用蓝黑或黑色墨水笔书写,以保证账簿记录的持久性,防止涂改。不得使用圆珠笔(银行的复写账簿除外)、铅笔书写,但下列情况可以使用红色墨水笔记账:

第一,依据红字冲账的记账凭证,冲销错误记录。

第二,在不设借贷等栏的多栏式账页中,登记减少数。

第三,在三栏式账页的余额栏前,如未印明余额方向的,在"余额"栏内登记负数余额。

第四,会计制度中规定使用红字登记的其他记录。

(5) 各种账簿应当按照连续编号的页码顺序登记。记账时发生错误或跳行、隔页、缺号的,应将空行、空页用红色墨水笔画对角线注销,或注明"此行空白"或"此页空白"字样,并由记账人员和会计机构负责人(会计主管人员)在更正处签章。

(6) 凡需要结出余额的账户,结出余额后,应在"借或贷"栏内写明"借"或"贷"字样,以示余额方向。没有余额的账户,应在"借或贷"栏内写"平"字,并在余额栏"元"位处用"θ"表示。库存现金日记账和银行存款日记账必须逐日结出余额。

(7) 每一张账页登记完毕结转下页时,应当结出本页发生额合计数及余额,写在本页最末一行和下页第一行有关栏内,并在本页的"摘要"栏内注明"转次页"或"过次页"字样,在下页的"摘要"栏内注明"承前页"字样,以保持账簿记录的连续性,利于对账和结账。

(8) 账簿记录发生错误时,应采用规定的方法更正。

(9) 总分类账与明细分类账必须平行登记。平行登记的原则是,登记依据必须相同、登记必须同时(在同一会计期间内)、借贷方向必须相同、登记金额必须相等。

★ 会计账簿的对账

对账,就是核对账目,即对账簿所记录的各种数据进行检查核对,发现错漏及时调账,以确保会计记录真实完整。对账工作一般在记账之后结账之前,即在月末进行。对账主要内容包括账证核对、账账核对、账实核对、账表核对。

☆账证核对

账证核对,就是账簿记录与相关原始凭证或记账凭证的时间、数量、金额、会计科目、记账方向等核对,确保二者相符。

☆账账核对

账账核对,就是在账证核对基础上,对总账之间、总账与明细账、总账与现金和银行日记账、财务部门账簿与其他部门账卡核对。

☆账实核对

账实核对,就是核对现金日记账、银行日记账与现金实存数、银行对账单是否一致,各种财产明细账余额与盘点或核对的实物实存数是否一致,各种应收、应付账款明细账余额与债务、债权企业或个人回函是否一致。

☆账表核对

账表核对,就是会计账簿记录与会计报表有关内容的核对。

★ 会计账簿的查账

查账常用方法有差数法、顺查法、逆查法、偶合法。

☆差数法

差数法是指根据错账的差额数,查找会计账簿、会计凭证中是否有与错误相同的数字。

☆顺查法

顺查法是指按照记账的顺序,检查记账凭证与原始凭证、日记账、明细账、总分类账、会计报表的内容金额是否一致的方法。

☆逆查法

逆查法是指从会计报表入手,查找问题和疑点,确定查找重点,再核对有关账簿、凭证的方法,此法又称倒查法。

☆偶合法

偶合法是指根据账簿记录中经常出现的漏记、重记、错记的问题，推测与差错有关的记录而查找的方法。漏记、重记查找，是通过编制科目试算平衡表方法，如未发现问题，则通过顺查法或逆查法逐笔查找；错记查找也是通过编制科目试算平衡表方法，若差数能被2整除，则商在账簿中有记录，如借方大于贷方，则说明将贷方错记为借方；反之，则说明将借方错记为贷方。若正确数与错误数的差额能被9整除，则相邻两个数登记颠倒；当差数被9整除的商是个位数时，则这个数的个位与十位两个数字登记颠倒；当差数被9整除的商是10的倍数时，则这个数百位数与十位数两个数字登记颠倒；当差数被9整除的商是100的倍数时，则这个数的千位数与百位数颠倒了。以此类推。

★ 会计账簿的更正

记账后，要通过汇总、加计、编制试算平衡表，检查账簿记录是否正确，并通过查账发现错漏。

账簿记录发生错漏，应当采用正确、规范的方法予以更正，不得涂改、挖补、刮擦或者用褪色药水消除字迹，不得重新抄写。错账更正的方法一般有划线更正法、红字更正法和补充登记法三种。

☆划线更正法

划线更正法，是指记账员在发现账簿登记错误而记账凭证正确的情况下，在错误的文字、数字上画一条红线注销，然后在红线上方空白处填写正确的记录并加盖个人私章以示负责的方法。

☆红字更正法

红字更正法，是指在记账以后，若当年内发现记账凭证会计科目或金额错误，应由审核制单员先用红字填制一张与原错误分录相同的记账凭证以示冲销，后用蓝字填制一张正确记账凭证表示更正的方法。若发现以前年度记账凭证会计科目或金额错误，应当由审核制单员用蓝字填制一张更正的记账凭证。

☆补充登记法

补充登记法，是指在记账以后，发现记账凭证中的会计科目没有错误，但填写金额小于票据实际金额时，审核制单员用蓝字填制一张少记数额记账凭证，并在摘要栏注明"补充某年某月某日某号记账凭证少记金额"的方法。此法实质上不是错账更正法，应当废止。其一，因用红字更正法完全可以替代，原路冲回恢复其原貌，再重新填制一张正确的记账凭证，更正路径清晰；其二，补充登记法因人为错误新造了票据未出现的两个数据。

★ 会计账簿的结账

结账，是指在一定时期结束时（如月末、季末或年末）为编制财务报表，将试算平衡后的所有账户结清，并划线标记。结账方法分日结、月结、季结、年结。结账的内容通常包括两个方面：一是结清各种损益类账户，据以计算确定本期利润；二是结出各资产、负债和所有者权益账户的本期发生额合计和期末余额。结账的目的是为了及时编制和向外报送财务报告。

☆日结

日结，主要是库存现金和银行存款两个账户，特点是逐笔、序时登记，当日结出余额并核对，无须划线。

☆月结

　　月结，是以一个月为结账周期，月末在最后一笔经济业务记录下面结出"本月发生额"和"余额"，在"摘要"栏注明"本月合计"字样，并在下面画一条通栏红线。月末如无余额，则在"借或贷"栏注明"平"，在"余额"栏"元"位处登记"0"后，划上一条通栏红线。对不需按月结计本期发生额的账户，如各项应收、应付款明细账和各项财产物资明细账等，每次记账以后，都要随时结出余额，每月最后一笔余额是月末余额。月末结账时，只需要在最后一笔经济业务记录下面通栏划单红线，不需要再次结计余额。对于需要结计本年累计发生额的明细账户，每月结账时，应在"本月合计"行下结出自年初起至本月末止的累计发生额，登记在月份发生额下面，在"摘要"栏内注明"本年累计"字样，并在下面通栏划单红线。12月末的"本年累计"就是全年累计发生额，全年累计发生额下面通栏画双红线。

☆季结

　　季结，是在本季度最后一个月的月结下面一栏划上一条通栏红线，在线的上方结出本季发生额和季末余额，并在"摘要"栏注明"本季合计"。总账账户平时只需结出月末余额。

☆年结

　　年结，是以一年为结账周期，在12月份合计数的下一行，结出自年初起至年末止，所有总账账户全年发生额和年末余额，"摘要"栏注明"本年合计"字样，并在合计数下面通栏画双红线。对有余额账户，应在年结数的下一行将余额转入下年，"摘要"栏注明"结转下年"字样。在下一会计年度新建有关账户的第一行"余额"栏内填写上年结转的余额，并在"摘要"栏注明"上年结转"字样，使年末有余额账户的余额如实地在账户中加以反映，以免混淆有余额的账户和无余额的账户。

★ 会计账簿的更换

　　为了清晰地反映企业各个会计年度的财务状况和经营成果，每个会计年度开始时，一般都要启用新账，并把上年度的会计账簿归档保管。

　　现金日记账、银行存款日记账、总分类账及明细分类账都要每年更换，但固定资产明细账或固定资产卡片可以继续使用，不必每年更换。

　　年终结账时，需要将更换的账簿中各账户的年末余额直接抄入新账的有关账户中。因会计制度改变而需要变更账户名称及核算内容的，应在上年度结账时编制余额调整分录，按本会计年度的账户名称、核算内容，将上年度有关账户的余额进行合并或分解结出新账中应列出的余额，然后过渡到新账中的各有关账户，或者在上年度结账后，通过编制余额调整工作底稿的方式，将上年度有关账户余额分解、归并为本年度有关账户的余额，然后开设本年度新账，并将余额抄入有关账户第一行并标明余额方向，同时在"摘要"栏内注明"上年结转"或"年初余额"字样。上年末编制的余额调整分录应与上年度会计凭证一并归档保管；编制的余额调整工作底稿应与上年度的账簿一并归档保管。对于过入新账的有关账户余额的结转事项，无须再编制结转分录。

★ 会计账簿的保管

　　会计账簿的保管，见本章末《关涉问答》中"会计档案主要包括哪些？其保管期限有何规定？"内容。

关涉问答

▶ 何谓账务处理程序？

企业常用的账务处理程序，主要有记账凭证账务处理程序、汇总记账凭证账务处理程序和科目汇总表账务处理程序，它们之间的主要区别是登记总分类账的依据和方法不同。

记账凭证账务处理程序，是指对发生的经济业务，先根据原始凭证或汇总原始凭证填制记账凭证，再根据记账凭证登记总分类账的一种账务处理程序。记账凭证账务处理程序，适用于规模较小、经济业务量较少的单位。

记账凭证账务处理程序的一般步骤：第一步，根据原始凭证填制汇总原始凭证；第二步，根据原始凭证或汇总原始凭证，填制收款凭证、付款凭证和转账凭证，也可以填制通用记账凭证；第三步，根据收款凭证和付款凭证逐笔登记库存现金日记账和银行存款日记账；第四步，根据原始凭证、汇总原始凭证和记账凭证，登记各种明细分类账；第五步，根据记账凭证逐笔登记总分类账；第六步，期末，将库存现金日记账、银行存款日记账和明细分类账的余额与有关总分类账的余额核对相符；第七步，期末，根据总分类账和明细分类账的记录，编制财务报表。

汇总记账凭证账务处理程序和科目汇总表账务处理程序，仅将记账凭证账务处理程序第五步拆分为两步，其他各步骤皆相同。

汇总记账凭证账务处理程序，第五步，根据各种记账凭证编制有关汇总记账凭证；第六步，根据各种汇总记账凭证登记总分类账。

科目汇总表账务处理程序，第五步，根据各种记账凭证编制科目汇总表；第六步，根据科目汇总表登记总分类账。

汇总记账凭证账务处理程序的主要特点，是先根据记账凭证编制汇总记账凭证，再根据汇总记账凭证登记总分类账。其优点是减轻了登记总分类账的工作量，缺点是当转账凭证较多时，编制汇总转账凭证的工作量较大，并且按每一贷方账户编制汇总转账凭证，不利于会计核算的日常分工。

科目汇总表账务处理程序的主要特点，是先将所有记账凭证汇总编制成科目汇总表，然后根据科目汇总表登记总分类账。其优点是减轻了登记总分类账的工作量，并且科目汇总表可以起到试算平衡的作用，缺点是科目汇总表不能反映各个账户之间的对应关系，不利于对账目进行检查。

在电算化时代，三种账务处理程序发生了重大变化。一是记账凭证填制不再按收款、付款、转账业务填制三种记账凭证，而是统一填制通用的记账凭证。二是汇总记账凭证账务处理程序和科目汇总表账务处理程序不复存在。人工记账过程全部由计算机瞬间完成，但必须遵照财政部《会计电算化工作规范》操作。

▶ 何谓长款与短款？

答：从字面上讲，"长"与"短"都是比较词，都针对"正确"而言。两词是会计专用术语，都针对盘点库存现金时出现的实存数与账存数结果而定义。当现金实存数大于账存数，称为"现金长款"；当现金实存数小于账存数，称为"现金短款"。"长款""短款"实质是库存现金盘盈、盘亏。

现金出纳发现长短款情形时,应及时自行查找原因,并将长短款情况报告本单位财务负责人。自身原因造成短款,一般应由出纳员赔偿,其他情况造成长短款,应书面报请本单位财务负责人处置。

▶ **单位出纳如何通过管理库存现金和银行存款日记账发挥"管家"的作用?**

答:单位出纳,除了确保资金安全、收支无误外,还可发挥"管家"的作用。第一,每天向经理报告资金账户收入、支出、结余情况;第二,定期或不定期统计资金收支结构,分析资金来源与占用情况,及时向经理报送资金分布信息;第三,编制现金流量表,编制现金收支预算表,预测大额资金收入,预警大额资金支出,提醒经理及时掌握理财产品、定期存款、长期投资等资金安排上的风险。

▶ **会计档案主要包括哪些?其保管期限有何规定?**

新《会计档案管理办法》自2016年1月1日起施行。会计档案一般包括纸质会计档案和电子会计档案。纸质会计资料归档范围:会计凭证、会计账簿、财务会计报告、其他会计资料。原始凭证、记账凭证的保存期限为30年。总账、明细账、日记账、其他辅助性账簿的保存期限为30年。固定资产卡片在固定资产报废清理后保管5年。月度、季度、半年度财务会计报告的保存期限为10年,年度财务会计报告的保存期限为永久。其他会计资料中银行存款余额调节表、银行对账单、纳税申报表保存期限皆为10年。

本章思考题

1. A先生应聘为一家外资公司的会计,发现这家公司与其他公司不同,具体表现为:
(1) 公司的所有账簿均采用活页式,理由是活页式账簿便于改错。
(2) 公司的原始凭证与记账凭证分开装订,理由是原始凭证大小不一,影响美观。
(3) 在记账发生错误时允许使用涂改液,但是强调必须由有关责任人签字。
(4) 经理要求A先生在登记"库存现金"总分类账的同时也要负责出纳工作。

经过3个月的试用期,尽管这家公司的报酬比其他类似公司高,但A先生还是决定辞职。

请思考:A先生为什么辞职?该公司在会计处理方面存在哪些问题?

2. 某企业会计复核员在2018年6月1日将5月31日银行存款日记账与银行对账单进行核对,发现一笔10万元的账项对不上,经过多方查找,发现将一张银行进账单重复记账,然后复核员直接对此进行了更正;同时发现8笔账项属于未达账项,复核员编制了未达账项调整表,记账员据此进行了账簿记录。

请思考:该企业的会计处理存在哪些问题?为什么?

第十二章 7套会计工具

识记:会计工具是指会计解决核算与监督经济活动问题的手段。会计工具包括会计制度、会计科目、会计账户、会计凭证、会计分录、会计账簿、会计报表等七套专门工具。

会计为了全面、系统、分类地核算和监督经济业务的发生以及各会计要素具体项目的变动情况,满足经济管理和会计信息使用者的要求,必须连续不间断地运用一整套专门工具,对会计主体发生的经济活动进行确认、计量、记录、报告。

对于新公司,会计运用会计工具的基本流程是,根据会计制度,结合企业情况,设计会计科目,开设会计账户,审核会计凭证,编制会计分录,登记会计账簿,填报会计报表。对于老公司,会计运用会计工具的基本流程是,年初重新开设会计账户,年中根据会计制度审核会计凭证,运用会计科目编制会计分录,登记会计账簿,年末根据会计账簿填报会计报表。不管新老公司,年度中反复运用的会计工具是:会计制度、会计凭证、会计科目、会计分录、会计账簿、会计报表;区别仅在新公司开办月份:设计会计科目、开设会计账户、新建会计账簿,次年新公司则变为老公司,所有运用会计工具流程同老公司。

会计七套专门工具,都是由人设计的,凝聚了人在资金管理上的超凡智慧。工具之间,互为依托,缺一不可,共同服务于会计对象。其中,制度工具是核心工具,其他工具必须在核心工具的统驭下,方可运用。

★ 会计制度

根据《中华人民共和国立法法》规定,我国会计法规体系由法律、行政法规、部门规章和规范性文件四部分构成。

☆法律

法律由全国人民代表大会常务委员会通过,国家主席签发。《中华人民共和国会计法》(简称《会计法》)是我国会计法规体系中的母法,处于最高层次。

新中国第一部《会计法》于1985年1月21日第六届全国人民代表大会常务委员会第九次会议通过,1985年5月1日起施行。1993年12月29日,第八届全国人民代表大会常务委员会第五次会议通过了《关于修改〈中华人民共和国会计法〉的决定》。1999年10月31日,第九届全国人民代表大会常务委员会第十二次会议再次对《会计法》修订,自2000年7月1日起施行。2017年11月4日,第十二届全国人民代表大会常务委员会第三十次会议通过了《关于修改〈中华人民共和国会计法〉等十一部法律的决定》。

修改后的《会计法》共52条,分为总则,会计核算,公司、企业会计核算的特别规定,会计监督,会计机构和会计人员,法律责任,附则七章。

☆行政法规

行政法规由国务院常务委员会通过,国务院总理签发。

《企业财务会计报告条例》由朱镕基总理于2000年6月21日签发(中华人民共和国国务院令第287号),自2001年1月1日起施行。

《企业财务会计报告条例》包括总则、财务会计报告的构成、财务会计报告的编制、财务会计报告的对外提供、法律责任、附则六部分内容。

☆部门规章

部门规章由国务院主管部门部长以部长令签发。

1992年11月,我国颁布《企业会计准则》。2006年2月15日,财政部前部长金人庆签署了修订的《企业会计准则——基本准则》，以财政部令第 33 号发布，自 2007 年 1 月 1 日起首先在上市公司范围内施行。

我国企业会计准则体系，包括基本准则与具体准则和应用指南。

☑ 基本准则是具体会计准则的准则，主要包括会计报告目标、会计基本假设、会计基础、会计信息质量要求、会计要素、会计计量及财务会计报告等内容，用以指导具体会计准则和会计制度的制定。

☑ 具体准则是在基本准则的指导下，处理会计具体业务标准的规范。财政部现已颁布 38 项具体会计准则（财会〔2006〕3 号）和《企业会计准则——应用指南》（财会〔2006〕18 号）。

☑ 应用指南从不同角度对企业具体准则进行强化，解决实务操作，包括具体准则解释部分、会计科目和财务报表部分。

☆ 规范性文件

规范性文件是以财政部文件印发的，用于规范会计基础工作的指导性文件。如财政部 1996 年 6 月 17 日财会字〔1996〕19 号公布，2019 年 3 月 14 日《关于修改〈代理记账管理办法〉等 2 部部门规章的决定》修改的《会计基础工作规范》。

以上会计法规制度就是会计完成核算与监督经济活动任务的专门工具。

★ 会计科目

会计科目概念设计简洁、独特、科学，方便会计不间断地反复使用，用于归类反映会计要素的变动方向和金额，成为会计完成核算与监督经济活动任务的一种专门工具。

★ 会计账户

会计账户概念及格式设计简洁、独特、科学，方便会计不间断地反复使用，用于系统地记载确认计量的会计要素增减变动及其结果的一种专门工具。

★ 会计凭证

会计凭证特别是记账凭证，概念及格式设计简洁、独特、科学，方便会计不间断地反复使用，成为会计完成核算与监督经济活动任务的一种专门工具。

★ 会计分录

会计分录概念设计简洁、独特、科学，方便会计不间断地反复使用。编制会计分录是会计最常规性工作，几乎贯穿会计信息处理的全过程，直至出具会计报告前，包括资金的筹措，材料物资的采购、收发、使用，活劳动的投入、计量、结算，各种债权债务的发生、结算，生产成本的计算、结转，库存商品和服务劳务的销售、结算，损益的冲抵结转，财务成果的计算，财产清查结果的处理、期末结账等环节，都需要编制会计分录。因此，会计分录是会计完成核算与监督经济活动任务的一种专门工具。

★ 会计账簿

会计账簿概念及格式设计简洁、独特、科学，方便会计不间断地反复使用。设置和登记会计账簿，是会计核算与监督的中心环节，是连接会计凭证与会计报表的中间环节的一种专门工具。

★ 会计报表

会计报表概念及格式设计简洁、独特、科学,方便会计不间断地反复使用,是呈现会计核算与监督最终成果的一种专门工具。

以上七套会计工具与七种会计方法密切相关,工具为方法服务。其中制度工具是七种会计方法的灵魂,发挥统驭作用。它们的关系如表12-1所示。

表12-1 七种会计方法与七种会计工具对应关系比较表

会计方法名称	会计方法核心内容	对应会计工具
设置会计科目及账户	依据制度规范及实体情况建账	制度、科目、账户
复式记账	要求运用借贷符号在记账凭证上编制会计分录	制度、分录、凭证
填制和审核凭证	业务发生后填制和审核原始凭证	制度、凭证
登记账簿	依据会计凭证在规范账簿中登记	制度、账簿
成本计算	计算并结转完工产品总成本和单位成本	制度、凭证、分录、账户、账簿
财产清查	盘点实物,核对账目,发现并处理问题	制度、凭证、分录、账户、账簿
编制财务报告	编制主要财务报表	制度、报表

关涉问答

▶ **会计流程包括哪些步骤?**

答:会计流程通常包括以下步骤:

第一步,填制或取得两个或两个以上的经济实体之间发生的转移或交换货物或劳务的原始凭证(确认和计量环节),如填制或取得发票。

第二步,审核原始凭证合法性、合规性、合理性,整理原始凭证,并编制会计分录,填入记账凭证(记录环节)。

第三步,根据记账凭证登记日记账和分类账(记录环节)。

第四步,会计期末计算并结转完工产品成本,结清收入、费用类账户,确定当期损益,结出资产、负债、所有者权益账户余额(成本计算环节、损益类账户结账环节)。

第五步,根据会计账簿中记载的余额、发生额等编制试算平衡表,检验账簿记录的正确性(对账环节)。

第六步,依据权责发生制原则对分类账户的有关记录进行调整,对未入账的经济业务编制调整会计分录,并过账(调账环节)。

第七步,调账会计分录登记结束后,再次编制试算平衡表,检验账簿记录的正确性,将正确无误的资产、负债、所有者权益账户余额,结转至下期连续记录(结账环节)。

第八步,根据调整后的试算平衡表及会计账簿记录及其结果,汇总编制出资产负债表、利润表、现金流量表等,并加以必要的注释和说明(报告环节)。

从会计核算程序看,完整的会计循环是以"复式记账会计"为基础,遵循"取得原始凭证——编制记账凭证——登记会计账簿——编表前对账调账结账——编制会计报表"的会计核算方法。

▶ **如何保证每笔经济业务产生的会计信息的完整性?**

答:每笔经济业务产生的信息都应当建立四个方面的关联,方可保证会计信息的完整性。

第一,时间关联。原始凭证上时间、记账凭证上时间、登记账簿时间,应是互相关联的。原始凭证上时间不一定是记账凭证上时间,但一定早于编制记账凭证时间;记账凭证上时间是编制记账凭证时的时间,一定早于登记账簿时的时间,也一定是登记在账簿上的时间,但不一定是登记账簿的时间。业务发生时间与财务处理时间的连续确认与记录,可以保证会计信息的完整性。

第二,票据关联。原始凭证按是否是法定和合规凭证,分为正件和副件,二者彼此关联,共同作为记账凭证填制的主要依据。正件载明金额,副件佐证金额。正件必须合法、合规,且符合单位制度的合理、有效(在允许报销的时间范围内)原则,副件应当发挥佐证作用,可以是合同、协议、货物清单、物资验收单、销售明细表、工作令号、请购申请单、中标通知书、会议通知、会议签到表、活动策划书等。确认的正副件张数登记在记账凭证的"附件张数"处。票据数量上的连续确认与记录,可以保证会计信息的完整性。

第三,责任关联。财务机构内部,审核员、制单员、复核员、出纳员、记账员、稽核员、会计主管是否对所核算的收款、付款、转账内容进行了确认、计量、记录,并按照规定的格式,履行了相应责任,形成了互相牵制的关系;财务机构外部,票据经办人(或称报账人、持票人)、证明人、验收人、部门负责人、经费审批人是否对尚未报销票据做出了认可、证明、同意的意思表示,并在固定位置签字,形成了互相牵制的关系。会计凭证完整地记录了上述内外部人员处理票据过程的信息及审批票据过程的信息,固化了相关人员的相应责任,保证了会计信息的完整性。

第四,金额关联。上述三个关联共同作为金额的确认依据。金额确认时,重点关注票据上的总额与数量单价是否相匹配,计算是否正确,大小写是否正确,是否超出预算指标,是否触及某项特别管理制度,如超出一定开支额度必须招标采购,购买大型仪器设备必须提供可行性论证报告并组织专家验收,违规使用现金必须改由银行转账付款等。此外,还要考虑预支、预付款项是否冲抵,报账金额是否一次性全额支付,有无必要保留一定比例尾款,与同期同类型业务是否存在关联等。金额确认后,应如实记录在记账凭证上,准确登记在会计账簿里,客观反映在会计报告中。金额是会计信息系统中唯一的一条主动脉,它将会计凭证、会计账簿、会计报告串连在一起。

本章思考题

1.2015年7月份,A股份有限公司成立并招收了4名财会专业毕业的大学生和2名其他企业的会计人员作为财务部的会计人员,其中1名大学毕业生任会计主管。但2016年企业年检时发现:①4名大学毕业生没有初级会计师证书,因此有关部门认为其编制的财务会计报告没有法律效力。②2015年公司成立之初,业务量较少,账簿记录的内容较少,因此公司的总分类账没有更换,2016年沿用2015年的账簿。

请思考:你认为该公司在哪些方面违反了我国的会计法规?

2. 甲企业的经营业绩已经连续两年亏损,今年的收入仍然下滑,且费用上升,公司采取了一些措施但仍然不能改变今年的亏损情况。公司总经理于是找到会计主管商量,要求会计主管将总经理名下的私人财产转到公司名下,并在账上降低10万元的费用。

请思考:如果你是公司的会计主管,你会采取什么做法?为什么?

基础会计学练习题

一、某公司现有下列事项:

1. 企业自有的厂房;2. 总经理手上的现金;3. 5份经济合同;4. 生产线上的在产品;5. 总经理办公室的冰箱;6. 出纳员保管的现金;7. 尚未缴纳的税金;8. 新进5名大学生;9. 保险柜里的美元;10. 银行账户中的人民币;11. 从银行借入的款项;12. 固定资产已提的折旧;13. 会计手中2张销售发票;14. 企业已获批1项专利申请;15. 总经理乘坐的小轿车;16. 投资者投入的本钱;17. 应付供货商的货款;18. 账上的本年利润;19. 总经理手上招待费发票;20. 待签字的2张水电费发票;21. 上月本企业产品销售量较历史最好水平提高10%;22. 赊账销售的商品货款;23. 销售人员工资;24. 仓库中的材料;25. 红旗公司的客户向银行借款;26. 红旗公司的大股东销售商品。

财务信息归类表

会计要素类别	业务序号
资产类	
负债类	
所有者权益类	
收入类	
费用类	
利润类	

请分析确定哪些是本公司需要核算反映的财务信息,哪些是非财务信息,并将财务信息按六大会计要素归类填入上表。

二、某企业是增值税一般纳税人,仅生产A产品。2019年1月设立后发生以下经济业务。

1. 1月3日,企业登记设立。股东投入货币资金1 000 000元已进账。

2. 1月8日,从某公司购入甲材料,价款200 000元,增值税26 000元,货款尚未支付。

材料已验收入库。

3.1月9日,用银行存款购买不需要安装的机器设备共429 400元(含增值税49 400元),当月投入使用。

4.1月10日,生产车间从仓库领用甲材料150 000元,投入A产品生产。

5.1月11日,从银行提取现金10 000元作为备用金。

6.1月14日,以银行存款偿还材料赊账货款200 000元,余款尚欠。

7.1月16日,取得银行借款100 000元已入账,利息按季支付,年利率6%,还款期限1年。

8.1月18日,现金支付办公用品费1 243元(含增值税143元),其中销售部门领用600元、管理部门领用500元。

9.1月21日,对某企业股权投资200 000元。

10.1月22日,以银行存款缴纳本月水费545元(含增值税45元),电费2 260元(含增值税260元),水电费缴纳皆取得增值税专用发票。其中,生产车间耗费水300元、电1 200元;销售部门耗费水100元、电300元;管理部门耗费水100元、电500元。

11.1月25日,制表发放生产工人工资200 000元、车间管理人员工资30 000元、销售人员工资40 000元、厂部管理人员工资30 000元。当日通过网银发放完毕。

12.1月28日,计提本月固定资产折旧费用20 000元,其中生产车间12 000元、销售部门3 000元、企业行政管理部门5 000元。

13.1月30日,计提本月借款应付利息250元。

14.1月30日,结转本月制造费用43 500元。

15.1月30日,结转本月完工入库的A产品成本393 500元。

16.1月30日,销售产品价税款合计678 000万元(含增值税78 000万元),收到货款100 000元,余款暂未收到。该批商品成本320 000元。

17.1月31日,计算应缴"税金及附加"中城市维护建设税及教育费附加,并以银行存款缴纳。

18.1月31日,结转损益类账户余额至本年利润账户。

请完成以下工作内容:

(1)逐笔分析后写出每笔业务引起六大要素中哪些会计科目增减、增减金额、做账票据,并编制会计分录。

(2)编制1月份科目余额计算工作底稿。

(3)编制1月31日资产负债表和1月份利润表。

(4)列式分别计算经营活动、投资活动、筹资活动产生的现金流量净额、货币资金净增加额。

(5)分析该企业财务状况。

三、请将练习题二中序号为8、10、11、12、13、16、17的业务相关金额填入下表,分析动态要素与静态要素变化的关系,据此验证练习题二税前利润计算结果是否正确,理解会计动态平衡等式中资产、负债、所有者权益账户为何被称为"实账户",收入、费用和利润账户为何被称为"虚账户"。

动态要素与静态要素的关系表

单位:元

动态要素增(用"＋")减(用"－")额	静态要素增(用"＋")减(用"－")额		
	所有者权益	资产	负债
收入			
费用			
利润			

四、2015年10月A先生注册了一家独资贸易公司,注册资本100万元。注册当年因为业务尚未开展,为了减少开支,A先生决定自己记账。2015年除了在"银行存款"账户中记录了100万元以外,没有其他的账簿资料。2016年仍然仅在"银行存款"账户中记账,记录的内容是:支付费用20万元,购买商品40万元,购买管理设备20万元,取得销售收入70万元;银行存款余额为90万元。A先生认为当年亏损,故没有交纳企业所得税。2016年3月,税务部门认定A先生的账目混乱,有偷税漏税的嫌疑。

你如何看待这件事?A先生什么地方错了?应如何改进?

五、有人说"增值税不影响本期利润",因为在会计科目的设计上,增值税是负债类科目,通过"应交税费——应交增值税"科目核算,而不像所得税费用,是损益类科目。但也有人认为,企业实实在在支付了增值税,难道不是成本的一部分吗?成本不应该从本期实现的收益中扣除吗?还有人说,如果增值税不影响企业利润,为何有企业通过虚开增值税发票调节利润?

请回答增值税是怎样对企业利润造成间接影响的。

基础会计学练习题参考答案

一、

该公司发生的事项属于非财务信息的业务序号是:2、3、8、14、21、25、26;属于财务信息的业务序号见下表。

财务信息归类表

会计要素类别	业务序号	会计要素类别	业务序号
资产类	1、4、5、6、9、10、15、22、24	收入类	13
负债类	7、11、17	费用类	12、19、20、23
所有者权益类	16	利润类	18

二、

(一)编制会计分录。

(1)此项业务一方面引起所有者权益中"实收资本"增加1 000 000元,另一方面引起资

产中"银行存款"增加 1 000 000 元。做账票据:投资协议书、银行进账单、验资报告。其会计分录如下:

借:银行存款　　　　　　　　　　　　　　　　　　　1 000 000
　　贷:实收资本　　　　　　　　　　　　　　　　　　　1 000 000

(2) 此项业务一方面引起负债中"应付账款"增加 226 000 元,另一方面引起资产中"原材料"增加 200 000 元、负债中"应交税费——应交增值税(进项税额)"增加 26 000 万元(实质是应交税费的抵减额增加)。做账票据:增值税专用发票、材料验收入库单、商品买卖合同、单位自制资金支付内部审批流程单。其会计分录如下:

借:原材料——甲材料　　　　　　　　　　　　　　　　200 000
　　应交税费——应交增值税(进项税额)　　　　　　　　 26 000
　　贷:应付账款——某公司　　　　　　　　　　　　　　 226 000

(3) 此项业务一方面引起资产中"银行存款"减少 429 400 元,另一方面引起资产中"固定资产"增加 380 000 元、负债中"应交税费——应交增值税(进项税额)"增加 49 400 元。做账票据:增值税专用发票、设备验收登记单、银行转账回单、商品买卖合同、单位自制资金支付内部审批流程单。其会计分录如下:

借:固定资产——××设备　　　　　　　　　　　　　　380 000
　　应交税费——应交增值税(进项税额)　　　　　　　　 49 400
　　贷:银行存款　　　　　　　　　　　　　　　　　　　 429 400

(4) 此项业务一方面引起资产中"原材料"减少 150 000 元,另一方面引起费用中"生产成本"增加 150 000 元。做账票据:领料申请单、仓库发料单。其会计分录如下:

借:生产成本——A 产品　　　　　　　　　　　　　　　150 000
　　贷:原材料——甲材料　　　　　　　　　　　　　　　 150 000

(5) 此项业务一方面引起资产中"银行存款"减少 10 000 元,另一方面引起资产中"库存现金"增加 10 000 元。做账票据:现金支票存根、单位自制票据报销粘贴单。其会计分录如下:

借:库存现金　　　　　　　　　　　　　　　　　　　　10 000
　　贷:银行存款　　　　　　　　　　　　　　　　　　　 10 000

(6) 此项业务一方面引起资产中"银行存款"减少 200 000 元,另一方面引起负债中"应付账款"减少 200 000 元。做账票据:财务业务内部对接核对单、单位自制资金支付内部审批流程单、银行转账支票回单。其会计分录如下:

借:应付账款——某公司　　　　　　　　　　　　　　　200 000
　　贷:银行存款　　　　　　　　　　　　　　　　　　　 200 000

(7) 此项业务一方面引起负债中"短期借款"增加 100 000 元,另一方面引起资产中"银行存款"增加 100 000 元。做账票据:借款协议、银行进账回单。其会计分录如下:

借:银行存款　　　　　　　　　　　　　　　　　　　　100 000
　　贷:短期借款　　　　　　　　　　　　　　　　　　　 100 000

(8) 此项业务一方面引起费用中"销售费用"增加 600 元、"管理费用"增加 500 元,负债中"应交税费——应交增值税(进项税额)"增加 143 元;另一方面引起资产中"库存现金"减少 1 243 元。做账票据:增值税专用发票、办公用品领用登记表、单位自制资金支付内部审批流程单。其会计分录如下：

  借：销售费用——办公用品   600
    管理费用——办公用品   500
    应交税费——应交增值税（进项税额）   143
   贷：库存现金   1 243

（9）此项业务一方面引起资产中"银行存款"减少200 000元，另一方面引起资产中"长期股权投资"增加200 000元。做账票据：投资协议书、银行转账回单、单位自制资金支付内部审批流程单。其会计分录如下：

  借：长期股权投资   200 000
   贷：银行存款   200 000

（10）此项业务一方面引起资产中"银行存款"减少2 805元，另一方面引起费用中"制造费用"增加1 500元、"销售费用"增加400元、"管理费用"增加600元、负债中"应交税费——应交增值税（进项税额）"增加305元。做账票据：水电增值税专用发票、银行转账回单、单位自制资金支付内部审批流程单。其会计分录如下：

  借：制造费用——水电费用   1 500
    销售费用——水电费用   400
    管理费用——水电费用   600
    应交税费——应交增值税（进项税额）   305
   贷：银行存款   2 805

（11）此项业务一方面引起负债中"应付职工薪酬"增加300 000元，另一方面引起费用中"生产成本"增加200 000元、"制造费用"增加30 000元、"销售费用"增加40 000元、"管理费用"增加30 000元。同时，实发工资还引起资产中"银行存款"减少300 000元、负债中"应付职工薪酬"减少300 000元。做账票据：工资发放汇总审批表、银行网银支付回单。

制表时会计分录如下：

  借：生产成本——A产品   200 000
    制造费用——工资   30 000
    销售费用——工资   40 000
    管理费用——工资   30 000
   贷：应付职工薪酬——工资   300 000

发放时会计分录如下：

  借：应付职工薪酬——工资   300 000
   贷：银行存款   300 000

（12）此项业务一方面引起费用中"制造费用"增加12 000元、"销售费用"增加3 000元、"管理费用"增加5 000元，另一方面引起资产中"固定资产"抵减账户"累计折旧"增加20 000元。做账票据：固定资产折旧计提表。其会计分录如下：

  借：制造费用   12 000
    销售费用   3 000
    管理费用   5 000
   贷：累计折旧   20 000

（13）此项业务一方面引起费用中"财务费用"增加250元（＝100 000×6‰÷12×0.5），另一方面引起负债中"应付利息"增加250元。做账票据：银行借款利息计提表。其会计分录如下：

借：财务费用　　　　　　　　　　　　　　　　　　　　　　　250
　　贷：应付利息　　　　　　　　　　　　　　　　　　　　　　　250

（14）此项业务一方面引起费用中"生产成本——A产品"增加43 500元，另一方面引起费用中"制造费用"减少43 500元（＝工资30 000＋水电1 500＋折旧12 000）。做账票据：制造费用汇总结转表。其会计分录如下：

借：生产成本——A产品　　　　　　　　　　　　　　　　　　43 500
　　贷：制造费用　　　　　　　　　　　　　　　　　　　　　　43 500

（15）此项业务一方面引起资产中"库存商品——A产品"增加393 500元，另一方面引起费用中"生产成本——A产品"减少393 500元（＝直接材料150 000＋直接人工200 000＋制造费用43 500）。做账票据：完工产品成本计算表、完工产品入库验收单。其会计分录如下：

借：库存商品——A产品　　　　　　　　　　　　　　　　　　393 500
　　贷：生产成本——A产品　　　　　　　　　　　　　　　　　393 500

（16）此项业务一方面引起收入中"主营业务收入"增加600 000元、负债中"应交税费——应交增值税（销项税额）"增加78 000万元，另一方面引起资产中"银行存款"增加100 000元、"应收账款"增加578 000万元。同时，此业务还引起资产中"库存商品——A产品"减少320 000元，费用中"主营业务成本"增加320 000元。做账票据：销售商品增值税专用发票、商品买卖合同、库存产品出库单、银行进账回单。其会计分录如下：

借：银行存款　　　　　　　　　　　　　　　　　　　　　　100 000
　　应收账款——××单位　　　　　　　　　　　　　　　　 578 000
　　贷：主营业务收入　　　　　　　　　　　　　　　　　　　600 000
　　　　应交税费——应交增值税（销项税额）　　　　　　　　 78 000

同时，结转产品销售成本：

借：主营业务成本　　　　　　　　　　　　　　　　　　　　320 000
　　贷：库存商品——A产品　　　　　　　　　　　　　　　　320 000

（17）此项业务一方面引起负债中"应交税费"增加215.20元，另一方面引起费用中"税金及附加"增加215.20元。同时实缴税款还引起资产中"银行存款"减少215.20元、负债中"应交税费"减少215.20元。做账票据：税金及附加计算缴纳表、税费缴款书、银行转账回单。

计缴时：城建税＝（增值税销项税额之和－进项税额之和）×7％＝（78 000－26 000－49 400－143－45－260）×7％＝2 152×7％＝150.64(元)

教育费附加＝（增值税销项税额之和－进项税额之和）×3％＝（78 000－26 000－49 400－143－45－260）×3％＝2 152×3％＝64.56(元)

其会计分录如下：

借：税金及附加——城建税　　　　　　　　　　　　　　　　　150.64
　　　　　　　　——教育费附加　　　　　　　　　　　　　　　64.56
　　贷：应交税费——城建税　　　　　　　　　　　　　　　　　150.64
　　　　　　　　——教育费附加　　　　　　　　　　　　　　　64.56

缴款时会计分录如下:
借:应交税费——城建税　　　　　　　　　　　　　　　150.64
　　　　　——教育费附加　　　　　　　　　　　　　　64.56
　　贷:银行存款　　　　　　　　　　　　　　　　　　　　　　215.20

(18)此项业务一方面引起收入中"主营业务收入"减少600 000元,另一方面引起利润中"本年利润"增加600 000元。同时还引起费用中"主营业务成本"减少320 000元、"税金及附加"减少215.20元、"销售费用"减少44 000元(＝办公费600＋工资40 000＋水电400＋折旧3 000)、"管理费用"减少36 100元(＝办公费500＋工资30 000＋水电600＋折旧5 000)、"财务费用"减少250元、利润中"本年利润"减少400 565.20元。做账票据:收入计算结转表、费用计算结转表。

结转本月收入会计分录如下:
借:主营业务收入　　　　　　　　　　　　　　　　　600 000
　　贷:本年利润　　　　　　　　　　　　　　　　　　　　600 000
结转本月费用会计分录如下:
借:本年利润　　　　　　　　　　　　　　　　　　　400 565.20
　　贷:主营业务成本　　　　　　　　　　　　　　　　　　320 000
　　　　税金及附加　　　　　　　　　　　　　　　　　　　215.20
　　　　销售费用　　　　　　　　　　　　　　　　　　　44 000
　　　　管理费用　　　　　　　　　　　　　　　　　　　36 100
　　　　财务费用　　　　　　　　　　　　　　　　　　　　250

(二)编制1月份科目余额计算工作底稿。

1月份科目余额计算工作底稿

编制单位:××企业　　　　2019年1月31日　　　　　　　　　　单位:元

科目名称	月初数	本月借方发生额	本月贷方发生额	月末数
库存现金	0	(5)10 000	(8)1 243	8 757 借
银行存款	0	(1)1 000 000 (7)100 000 (16)100 000	(3)429 400 (5)10 000 (6)200 000 (9)200 000 (10)2 805 (11)300 000 (17)215.20	57 579.80 借
原材料	0	(2)200 000	(4)150 000	50 000 借
库存商品	0	(15)393 500	(16)320 000	73 500 借
应收账款	0	(16)578 000		578 000 借
固定资产	0	(3)380 000		380 000 借
累计折旧			(12)20 000	20 000 贷
长期股权投资	0	(9)200 000		200 000 借
生产成本		(4)150 000 (11)200 000 (14)43 500	(15)393 500	0

续 表

科目名称	月初数	本月借方发生额	本月贷方发生额	月末数
制造费用		(10)1 500(11)30 000 (12)12 000	(14)43 500	0
主营业务成本		(16)320 000	(18)320 000	0
税金及附加		(17)215.20	(18)215.20	0
销售费用		(8)600(10)400(11)40 000 (12)3 000	(18)44 000	0
管理费用		(8)500(10)600(11)30 000 (12)5 000	(18)36 100	0
财务费用		(13)250	(18)250	0
资产与费用发生额和余额合计		3 799 065.20	2 471 228.40	1 327 836.80
短期借款	0		(7)100 000	100 000 贷
应付账款	0	(6)200 000	(2)226 000	26 000 贷
应交税费	0	(2)26 000(3)49 400(8)143 (10)305(17)215.20	(16)78 000(17)215.20	2 152 贷
应付职工薪酬	0	(11)300 000	(11)300 000	0
应付利息			(13)250	250 贷
实收资本	0		(1)1 000 000	1 000 000 贷
主营业务收入		(18)600 000	(16)600 000	0
本年利润	0	(18)400 565.20	(18)600 000	199 434.80 贷
权益与收入发生额及余额合计		1 576 628.40	2 904 465.20	1 327 836.80 贷
本月发生额合计		5 375 693.60	5 375 693.60	—

(三)编制1月底资产负债表和1月份利润表。

资产负债表

编制单位:××企业　　　　2019年1月31日　　　　　　　　　单位:元

资 产	年初数	期末余额	负债及所有者权益	年初数	期末余额
流动资产:			流动负债:		
货币资金	0	66 336.80	短期借款	0	100 000
应收账款	0	578 000	应付账款	0	26 000
存货	0	123 500	应付职工薪酬	0	0
			应交税费	0	2 152
流动资产合计	**0**	**767 836.80**	应付利息	0	250

续 表

资　产	年初数	期末余额	负债及所有者权益	年初数	期末余额
非流动资产：			流动负债合计	0	128 402
固定资产	0	380 000	负债合计	0	128 402
累计折旧		20 000	所有者权益：		
固定资产净值		360 000	实收资本(或股本)	0	1 000 000
长期股权投资	0	200 000	本年利润	0	199 434.80
非流动资产合计	0	560 000	所有者权益合计	0	1 199 434.80
资产总计	0	1 327 836.80	负债及所有者权益总计	0	1 327 836.80

利润表

编制单位：××企业　　　　　　2019 年 1 月　　　　　　　　　　　　单位：元

项　目	本期金额	上期金额
一、营业收入	600 000	
减：营业成本	320 000	
税金及附加	215.20	
销售费用	44 000	
管理费用	36 100	
财务费用	250	
加：投资损益(损失以"－"填列)	0	
二、营业利润(亏损以"－"填列)	199 434.80	
加：营业外收入	0	
减：营业外支出	0	
三、利润总额(亏损以"－"填列)	199 434.80	

（四）列式计算出：经营活动产生的现金流量净额、投资活动产生的现金流量净额、筹资活动产生的现金流量净额、货币资金净增加额。

经营活动产生的现金流量净额＝经营活动现金流入量－经营活动现金流出量＝(16)100 000＋(5)10 000－(3)429 400－(5)10 000－(6)200 000－(8)1 243－(10)2 805－(11)300 000－(17)215.20＝－833 663.20(元)

投资活动产生的现金流量净额＝0－(9)200 000＝－200 000(元)

筹资活动产生的现金流量净额＝(1)1 000 000＋(7)100 000－0＝1 100 000(元)

货币资金净增加额＝经营活动产生的现金流量净额＋投资活动产生的现金流量净额＋筹资活动产生的现金流量净额＝－833 663.20＋(－200 000)＋1 100 000＝66 336.80(元)

现金流量表

编制单位:××企业　　　　　　　　2019 年 1 月　　　　　　　　　　　单位:元

项　目	本期金额	上期金额
一、经营活动产生的现金流量		
销售商品、提供劳务收到的现金	100 000	
收到其他与经营活动有关的现金	10 000	
经营活动现金流入小计	**110 000**	
购买商品、接受劳务支付的现金	632 205	
支付给职工以及为职工支付的现金	300 000	
支付的各种税费	215.20	
支付其他与经营活动有关的现金	11 243	
经营活动现金流出小计	943 663.20	
经营活动产生的现金流量净额	−833 663.20	
二、投资活动产生的现金流量		
投资收到的现金	0	
投资支付的现金	200 000	
投资活动产生的现金流量净额	−200 000	
三、筹资活动产生的现金流量		
筹资收到的现金	1 100 000	
筹资支付的现金	0	
筹资活动产生的现金流量净额	1 100 000	
四、期末现金及现金等价物余额	66 336.80	

(五)分析该企业财务状况。

该企业 1 月份虽实现利润 199 434.80 元,但账面上货币资金仅有 66 336.80 元,可能快速变现的资产只有应收账款,假如能够尽快全部收回,则可继续组织正常生产,否则企业流动资金面临捉襟见肘的局面,也极有可能面临"断炊"的风险。

三、

动态要素与静态要素的关系表

单位:元

动态要素增(用"+")减(用"−")额。注:括号中数字表示题目序号		静态要素增(用"+")减(用"−")额		
		所有者权益	资产	负债
收入	+(16)600 000		+(16)600 000	
费用	+(8)1 100 +(10)1 000 +(11)40 000　+(11)30 000 +(12)3 000　+(12)5 000 +(13)250　+(16)320 000 +(17)215.20■		−(8)1 100−(10)1 000 −(11)40 000 −(11)30 000 −(12)3 000−(12)5 000 −(13)250−(16)320 000 −(17)215.20□	+(17)215.20■ −(17)215.20□
利润	199 434.80	+199 434.80	+199 434.80	0

四、

A先生不可以为了减少开支，自己记账。经济实体建账、记账等工作都应当由取得初级会计职称及以上的专业人员承担，或委托代理记账公司打理。

A先生所记的账充其量叫作银行存款流水账。没有按照会计准则要求建立完整的账套体系，并进行复式记账。其实每笔经济业务都涉及两个及两个以上账户金额的变动，如支付费用20万元，银行存款减少了20万元，费用增加了20万元，银行存款是资产，与费用形成一增一减关系，变动后资产＋费用＝负债＋所有者权益＋收入，这个平衡等式没有被破坏。同理，余下各笔业务也不会打破等式平衡关系。

A先生认为公司2016年亏损是不对的。不能以银行存款少于注册资本而认为亏损，利润计算公式是：收入－费用＝利润，2016年收入70万元，费用包括销售了的商品成本（没有卖出去的不能减除）、设备磨损费用（简单方法是按设备原价除以使用年限平均分摊）、费用20万元。假设购买的商品全部卖掉，设备使用5年，年折旧（即磨损费用）4万元，费用全部可以扣除，则2016年利润＝70－40－4－20＝6（万元）。可见A公司不但不亏损，还有利润。

五、

首先，"增值税不影响本期利润"这一说法不正确。不管这里的"利润"是指企业的实际所得，还是会计核算得出的"会计利润"，都与增值税相关，都受到增值税的影响。因为增值税纳税人是在我国境内销售货物或者提供加工、修理修配劳务以及进口货物的单位和个人。销售时，必须代收与收入相称的增值税款；购买时，必须支付与买价相称的增值税款。代收的税款一方面表现为负债的增加，另一方面表现为货币资产的增加；支付的税款一方面表现为负债的减少，另一方面表现为货币资产的减少。若负债增加的数额大于负债减少的数额，则为抵扣了"进项税额"后余下的"销项税额"，是尚未上缴国库的负债，此负债余额还作为城市维护建设税、教育费附加、地方教育附加等税费计算缴纳的税基，直接影响本期利润。若负债增加的数额小于负债减少的数额，则为未抵扣完的"进项税额"，表明上缴国库的增值税款多于代收的税款，可用于以后年度继续抵扣销项税额。

其次，现实中存在着一直受到法律制裁的虚开增值税发票偷逃税款现象。因为虚开增值税专用发票，开票方可以获取非法的利益。比如，销售给张三，张三不要发票；没有销售给李四，却把发票开给李四，收取手续费。增值税没有多缴，却收到一份收入。购票方利用发票非法获取三方面的利益。一是增加了进项税额，相应抵扣了销项税额，达到少缴增值税的目的，进而也少缴了城市维护建设税、教育费附加、地方教育附加等税费。二是利用税前扣除凭证，虚列成本支出，造成账面上利润减少（实际利润未变动），达到少缴企业所得税。三是虚开国家鼓励出口商品的发票，骗取商品出口退税。

再次，增值税对利润的直接影响还体现在，企业赊销时收入和增值税销项税额都通过应收账款科目核算。若应收账款（收入＋销项税额）最终被确认为坏账，其中企业确认的销项税额等于被认定为费用了，确认坏账的当期，利润将减少。而对于赊销引起的销项税额，不管应收账款能否被收回，增值税销项税额都是计算企业应纳税额的被减项。

第二部分　成本会计5个词组

第一章　导　论

　　成本会计是从财务会计中分离出来成为会计学的一个独立分支。介于《财务会计》与《管理会计》之间,是二者之间的纽带和桥梁。主要研究分析哪些支出可能成为费用,哪些费用可以成为特定对象的成本,以及产品成本、期间成本归集、分配、计算的方法。

　　《成本会计》和《管理会计》都围绕成本阐发理论与方法。成本会计服务于财务会计,为其提供存货计价、确定利润和产品定价的依据。《成本会计》主讲成本会计核算分析职能,其预测、决策、计划、控制和考核等职能已成为管理会计职能的主要组成部分,将在管理会计中专题阐述。《管理会计》同《财务会计》形成现代会计两大分支,其主要目的是服务于企业内部经营管理,为企业各级管理人员正确进行经营决策、有效实施控制提供有用的信息。

　　成本会计的主要内容是核算企业为生产产品、提供劳务而发生的各种耗费。

　　产品成本是企业在一定时期内为生产一定种类和数量的产品而发生的各种耗费;劳务成本是为提供劳务所发生的各种耗费。

　　企业在生产经营过程中,必然耗费各种材料、支付劳动报酬,必然在固定资产使用过程中发生价值转移以及工具等低值易耗品的摊销,必然发生为组织和管理生产的支出,这些支出都是为生产产品而发生的,从而构成产品成本项目。具体包括以下产品成本项目:

　　(1) 直接材料,是指直接用于产品生产并构成产品实体的原材料和主要材料以及其他有助于产品形成的辅助材料、备品配件、外购半成品、包装物以及其他材料。

　　(2) 直接人工,是指直接从事产品制造的生产工人的工资费用。直接人工包括直接生产工人的工资、奖金及福利。

　　(3) 燃料和动力,是指用于产品生产的各种燃料与动力。

　　(4) 废品损失,是指企业在生产过程中出现废品所造成的损失。在废品较多,或者废品损失在产品成本中所占比例较大,需要单独加以核算的企业,可以设置此项目组织核算。

　　(5) 停工损失,是指企业在生产过程中因供料不足、电力中断、机器大修理或非常灾害造成的损失。在有停工损失的企业可以设置此项目核算。

　　(6) 制造费用,是指企业的生产车间为生产产品和提供劳务而发生的各项间接费用。制造费用包括生产车间管理人员工资和福利、折旧费、修理费、办公费、水电费等。

　　以上生产费用按经济用途划分的各产品成本项目不是固定不变的,企业应根据本企业的生产特点和成本管理的要求进行选择。但在制造企业至少应设置直接材料、直接人工、制造费用三个成本项目。

　　生产成本核算的一般程序:

　　第一步,区分应计入产品成本的成本和不应计入产品成本的费用。

第二步,将应计入产品成本的各项成本,区分为应当计入本月的产品成本和应当由其他月份产品负担的成本。

第三步,将应计入本月产品成本的各项成本在各种产品之间进行归集和分配,计算出各种产品的成本。

第四步,对既有完工产品又有在产品的产品,采用一定的方法将各项成本在完工产品和期末在产品之间进行分配,计算出该种完工产品的总成本和单位成本。

成本会计的主要内容可以按工业企业产品成本核算的一般程序归纳为:辨别、归集、分配、计算、结转费用。

(1) 辨别的意义,是指在收集加工各类原始凭证进行成本核算过程中,依据国家有关财经法规和企业各项财务制度以及成本预算、成本定额等情况,做到六个辨清。辨清成本计算对象,并确定成本项目;辨清哪些支出可以认定为费用开支,哪些支出不可以认定为费用开支;辨清哪些支出超出国家规定支出比例不能开支,更不能认定为费用;辨清哪些费用是本期成本费用,哪些费用是下期成本费用;辨清哪些费用可以认定为对象化费用直接计入产品成本,哪些费用需要先归集再分配计入产品对象的间接成本;辨清哪些费用不可以认定为对象化费用,但可以认定为组织产品生产所发生的并可以按期间归集的经营管理费用,亦即期间费用。

(2) 归集的意义,是指通过已设置的"基本生产成本""辅助生产成本"和"制造费用"总账账户以及按成本计算项目(如产品品种、产品生产步骤、生产批别等)分设的明细账户(也称产品成本明细账或产品成本计算单),归集材料费用、外购燃料动力、薪酬费用、折旧费用、其他费用,将直接计入和分配计入的各类费用发生额按用途编制会计分录反映,并据以登记相关总账和明细账。

(3) 分配的意义,是指选用适当的分配标准,编制相应的会计分录,将当月归集在辅助生产成本、制造费用账户中的发生额,分摊记入基本生产成本明细账户即某种或某批或某步骤产品成本的账户里。

(4) 计算的意义,是指月末采用适当的方法,将应计入本期产品成本的生产费用(期初在产品成本+本期生产费用),依据受益原则,在完工产品与未完工产品之间进行分配,分别计算出完工产品总成本、期末在产品成本及完工产品单位成本。此计算过程还包括废品损失与停工损失的计算,以及根据投料程度和完工程度对在产品产量的计算等内容。

(5) 结转的意义,是指期末根据完工产品入库数量和总成本,编制会计分录,借记"库存商品",贷记"生产成本",将生产车间完工产品总成本转至"库存商品"账户,实现价值与实体同步转移;同时编制会计分录,借记"本年利润",贷记"销售费用""管理费用""财务费用",将期间费用结转至本期损益账户即"本年利润"账户,结转后,"销售费用""管理费用""财务费用"账户及其所属明细账户皆应余额为0。

工业企业产品成本核算,在辨别之前,应做好以下准备工作:

(1) 设置相关成本核算账户。包括设置"基本生产成本""辅助生产成本"和"制造费用"总账账户,以及按成本计算项目直接材料、直接人工、制造费用分设的明细账户。

(2) 建立和健全各种原始记录。包括物资领用和消耗,生产工时和机器工时消耗,各种费用开支,在产品、半成品内部转移,产品入库、出库及质量检验等记录。

(3) 建立和健全材料物资管理制度。包括材料的计量、验收、收发及领退和盘点制度。

（4）制订和修订各种定额。主要是根据生产设备状况、生产工人技术水平等级、劳动熟练程度、生产积极性等因素，制订和修订产量定额、工时定额、物资及动力消耗定额、费用定额等。

（5）制订和修订厂内计划价格。在计划或预算基础较好的企业，可以对原材料、半成品和厂内各车间（如辅助生产车间）相互提供劳务（如修理劳务和运输劳务）等制订厂内计划价格，作为内部各单位考核、结算的依据，目的是划分经济责任，考核和分析成本计划完成情况，简化和加速成本核算工作。

（6）确定各种财产物资计价和价值流转方法。包括材料按实际成本计价时，发出材料单位成本计算方法；材料按计划成本计价时，材料成本差异率的种类和计算方法；固定资产原值的组成内容和计算方法；固定资产折旧率的种类和折旧提取额的计算方法；固定资产后续支出的确认分类及处理；固定资产与低值易耗品划分标准、低值易耗品的摊销方法和时间长短等。

（7）根据产品生产的工艺特点和企业成本管理要求，选用适当的产品成本计算方法。

第二章　辨别费用

成本会计的内容基本上可以通过一系列连续的表格形式依序介绍。但需注意的是，产品对象的计算过程是非常严谨的，几乎每一个数字的变动，都会引起连锁反应并影响最终计算结果。

辨别费用的过程实质就是会计确认的过程，包括支出的划分、支出是否认定为费用、费用是否构成产品成本三个内容。辨别费用的内容，如表2-1所示。

表2-1　辨别费用表

序号	支出的划分		支出是否认定为费用	费用是否构成产品成本
1	资本性支出：如固定资产、无形资产购建、长期股权投资等		除长期股权投资外的资本性支出，可以通过按期逐月计提累计折旧、累计摊销，确认耗损费用	除生产车间计提的折旧费用、摊销费用形成制造费用外，其余部门计提的折旧费用、摊销费用都为期间费用
2	收益性支出	生产性支出（即消耗性支出）	认定为生产费用，包括料（已消耗的原材料、辅助材料、燃料）、工（职工薪酬）、费（制造费用）	生产费用是生产产品发生的直接支出，包括直接材料、燃料和动力、直接人工、制造费用、废品损失，都构成产品成本
2		非生产性支出，包括销售支出、管理支出、筹资支出	认定为期间费用，包括销售费用、管理费用、财务费用	不构成产品成本，全部构成期间费用，是利润的直接抵扣项
3	税费支出，如缴纳消费税、城市维护建设税、教育费附加等		大部分认定为费用，如通过"税金及附加""所得税费用"科目核算的内容	不构成产品成本，是利润抵扣项，抵扣后形成净利润

第三章 归集费用

归集费用,是通过编制会计分录,并把会计分录反映的内容登记在对应账户里的过程。归集构成产品成本内容的费用,可以通过资本性支出与收益性支出核算科目及归集内容表反映,如表3-1所示。需要注意的是,归集过程并不排除先分配后归集,归集是方向。

表3-1 资本性支出与收益性支出核算科目及归集内容表

支出类别	核算科目	科目归集内容	归集分录
资本性支出	辅助生产成本/制造费用等	"辅助生产成本"归集辅助生产车间固定资产折旧费;"制造费用"归集基本生产车间固定资产折旧费、无形资产摊销费;"销售费用"归集销售部门折旧费、摊销费;"管理费用"归集管理部门折旧费、摊销费	借记辅助生产成本/制造费用/销售费用/管理费用;贷记累计折旧/累计摊销
生产性支出	基本生产成本/辅助生产成本/制造费用	"基本生产成本"归集基本生产车间为产品生产消耗的原材料、燃料及动力等直接材料,直接从事产品生产人员的工资、奖金、津贴补贴、职工福利费,共同耗用分配计入的材料、职工薪酬以及废品损失等。"辅助生产成本"归集辅助生产车间发生的原材料、燃料及动力、职工薪酬等。"制造费用"归集基本生产车间间接人工、修理费、办公费、水电费、机物料消耗、保险费、劳保费、停工损失等	借记基本生产成本/辅助生产成本/制造费用;贷记原材料/应付职工薪酬/银行存款/库存现金
非生产性支出	销售费用/管理费用/财务费用	"销售费用"归集销售商品过程中发生的各项费用及为销售商品专设的销售机构经营费用,包括运输装卸费、包装费、保险费、展览费、广告费,销售网点、售后服务网点等职工薪酬、业务费等。"管理费用"归集企业行政管理部门为组织和管理生产经营活动发生的各项费用,包括开办费、行政管理部门职工薪酬、物料消耗、低值易耗品摊销、办公费、差旅费、工会经费、董事会成员津贴、会议费、咨询费、诉讼费、招待费、房产税、车船使用税、土地使用税、印花税、技术转让费、排污费、研发费、修理费等。"财务费用"归集企业为筹集生产经营所需资金发生的筹资费用,包括利息净支出、汇兑损益及相关手续费、发生或收到的现金折扣等	借记销售费用/管理费用/财务费用;贷记原材料/应付职工薪酬/应付利息/银行存款/库存现金/应交税费

资本性支出与收益性支出下主要要素费用记入账户的方式,如表3-2所示。

表3-2 资本性支出与收益性支出下主要要素费用记入账户方式表

要素费用	费用发生车间部门	归集账户	记入方式	费用最终去向
材料费用	基本生产车间	产品用:基本生产成本 车间用:制造费用	直接记入或分配记入	制造费用分配计入"基本生产成本";当产品完工,"基本生产成本"转入"库存商品"
	辅助生产车间	辅助生产成本	直接记入	分配计入各受益对象
	销售部门	销售费用	直接记入	结转入"本年利润"
	管理部门	管理费用	直接记入	结转入"本年利润"
职工薪酬	基本生产车间	生产工人:基本生产成本 管理人员:制造费用	直接记入或分配记入	制造费用分配计入"基本生产成本"
	辅助生产车间	辅助生产成本	直接记入	分配计入各受益对象
	销售部门	销售费用	直接记入	结转入"本年利润"
	管理部门	管理费用	直接记入	结转入"本年利润"
折旧费用	基本生产车间	制造费用	直接记入	分配计入"基本生产成本"
	辅助生产车间	辅助生产成本	直接记入	分配计入各受益对象
	销售部门	销售费用	直接记入	结转入"本年利润"
	管理部门	管理费用	直接记入	结转入"本年利润"
其他费用	基本生产车间	制造费用	直接记入	分配计入"基本生产成本"
	辅助生产车间	辅助生产成本	直接记入	分配计入各受益对象
	销售部门	销售费用	直接记入	结转入"本年利润"
	管理部门	管理费用	直接记入	结转入"本年利润"

★ 归集费用举例

【例3-1】 假设东方有限公司2018年3月产品、车间、部门归集分配原材料的结果如表3-3所示。其中,甲乙产品共同耗用材料60 000元,采用定额消耗量分配。原材料归集分配会计分录附后。注意:直接计入、分配计入都是归集。

表3-3 原材料费用归集分配汇总表

单位:东方有限公司　　　　　　　2018年3月　　　　　　　　　　　　单位:元

应借科目		直接计入金额	共同耗用分配计入			材料费用合计
总账科目	明细科目		定额消耗量(千克/件)	分配率	分配金额	
基本生产成本	甲产品	600 000	2 000		40 000	640 000
	乙产品	300 000	1 000		20 000	320 000
小 计		900 000	3 000	20	60 000	960 000

续 表

应借科目		直接计入金额	共同耗用分配计入			材料费用合计
总账科目	明细科目		定额消耗量(千克/件)	分配率	分配金额	
辅助生产成本	机修车间	5 000				5 000
	运输车间	2 000				2 000
小 计		7 000				7 000
制造费用	物料消耗	22 000				22 000
管理费用	物料消耗	2 000				2 000
销售费用	物料消耗	3 000				3 000
合 计		934 000			60 000	994 000

根据表3-3,编制会计分录:

借:基本生产成本——甲产品　　　　　　　　　　640 000
　　　　　　　　——乙产品　　　　　　　　　　320 000
　　辅助生产成本——机修车间　　　　　　　　　　5 000
　　　　　　　　——运输车间　　　　　　　　　　2 000
　　制造费用——物料消耗　　　　　　　　　　　22 000
　　管理费用——物料消耗　　　　　　　　　　　　2 000
　　销售费用——物料消耗　　　　　　　　　　　　3 000
　　贷:原材料　　　　　　　　　　　　　　　　994 000

【例3-2】 假设东方有限公司2018年3月外购动力费用归集分配的结果如表3-4所示。其中,基本生产车间共用电24 000千瓦时,每千瓦时电费1元。已知甲产品生产工时8 000小时,乙产品生产工时4 000小时。外购动力费用归集分配会计分录附后。

表3-4 外购动力费用归集分配汇总表

单位:东方有限公司　　　　　　2018年3月　　　　　　　　　　单位:元

应借科目		直接计入金额	分配计入			动力费用合计
总账科目	明细科目		生产工时	分配率	分配金额	
基本生产成本	甲产品		8 000		16 000	16 000
	乙产品		4 000		8 000	8 000
小 计			12 000	2	24 000	24 000
辅助生产成本	机修车间	600				600
	运输车间	200				200
小 计		800				800
制造费用	电费	1 000				1 000
管理费用	电费	500				500

续 表

应借科目		直接计入金额	分配计入			动力费用合计
总账科目	明细科目		生产工时	分配率	分配金额	
销售费用	电费	300				300
合 计		2 600			24 000	26 600

根据表 3-4,编制会计分录:

借:基本生产成本——甲产品	16 000
——乙产品	8 000
辅助生产成本——机修车间	600
——运输车间	200
制造费用——电费	1 000
管理费用——电费	500
销售费用——电费	300
贷:银行存款	26 600

【例 3-3】 假设东方有限公司 2018 年 3 月职工工资费用归集分配的结果如表 3-5 所示。其中,甲乙产品共同负担工资 288 000 元,甲产品生产工时 8 000 小时,乙产品生产工时 4 000 小时。职工薪酬归集分配相关会计分录附后。

表 3-5 工资费用归集分配汇总表

单位:东方有限公司　　　　　　　2018 年 3 月　　　　　　　　　　单位:元

应借科目		直接计入金额	分配计入			工资费用合计
总账科目	明细科目		生产工时	分配率	分配金额	
基本生产成本	甲产品	200 000	8 000		192 000	392 000
	乙产品	100 000	4 000		96 000	196 000
小 计		300 000	12 000	24	288 000	588 000
辅助生产成本	机修车间	17 000				17 000
	运输车间	16 180				16 180
小 计		33 180				33 180
制造费用	工资	22 000				22 000
管理费用	工资	50 000				50 000
销售费用	工资	60 000				60 000
合 计		465 180			288 000	753 180

根据表 3-5,编制会计分录:

借:基本生产成本——甲产品	392 000
——乙产品	196 000
辅助生产成本——机修车间	17 000
——运输车间	16 180

制造费用——工资		22 000
管理费用——工资		50 000
销售费用——工资		60 000
贷:应付职工薪酬——应付工资		753 180

【例 3-4】 假设东方有限公司固定资产折旧采用预计使用年限平均法,其中,电子设备预计使用 4 年,残值率 4%,月折旧率 2%;其他固定资产月折旧率皆同上月。2018 年 3 月折旧费用计提如表 3-6 所示,相关会计分录附后。

表 3-6 折旧费用计提汇总表

单位:东方有限公司　　　　　　　　　2018 年 3 月　　　　　　　　　　　单位:元

车间部门	固定资产类别	月初应提折旧原值	本月增加原值	本月减少原值	本月应提折旧原值	月折旧率(%)	月应提折旧额
生产车间	房屋及建筑物	8 200 000	0	0	8 200 000	0.4	32 800
	机器设备	2 800 000	300 000	100 000	2 800 000	0.8	22 400
	小计	11 000 000	300 000	100 000	11 000 000		55 200
机修车间	房屋及建筑物	1 500 000	500 000	0	1 500 000	0.4	6 000
	机器设备	500 000	0	20 000	500 000	0.8	4 000
	小计	2 000 000	500 000	20 000	2 000 000		10 000
运输车间	运输工具	240 000	0	80 000	240 000	0.8	1 920
管理部门	房屋及建筑物	2 600 000	0	0	2 600 000	0.2	5 200
	电子设备	40 000	5 000	0	40 000	2.0	800
	小计	2 640 000	5 000	0	2 640 000		6 000
销售部门	电子设备	30 000	0	0	30 000	2.0	600
合　计		15 910 000	805 000	200 000	15 910 000		73 720

根据表 3-6,编制会计分录:

借:制造费用——折旧费		55 200
辅助生产成本——机修车间		10 000
——运输车间		1 920
管理费用——折旧费		6 000
销售费用——折旧费		600
贷:累计折旧		73 720

【例 3-5】 假设东方有限公司 2018 年 3 月其他费用皆通过银行存款支付,其归集分配内容如表 3-7 所示,相关会计分录附后。

表 3-7 其他费用归集分配汇总表

单位:东方有限公司　　　　　　2018 年 3 月　　　　　　　　　　　　　单位:元

应借科目		费用项目						
总账科目	明细科目	办公费	保险费	差旅费	招待费	广告费	修理费	合计
制造费用	生产车间	700	800				1 300	2 800
辅助生产成本	机修车间	200	300				300	800
	运输车间	200	300				200	700
	小计	400	600				500	1 500
管理费用		800	200	2 300	2 500			5 800
销售费用		500	200	1 000		3 000		4 700
合计		2 400	1 800	3 300	2 500	3 000	1 800	14 800

根据表 3-7,编制会计分录:

借:制造费用——生产车间　　　　　　　　　　　　　　2 800
　　辅助生产成本——机修车间　　　　　　　　　　　　800
　　　　　　　　——运输车间　　　　　　　　　　　　700
　　管理费用　　　　　　　　　　　　　　　　　　　　5 800
　　销售费用　　　　　　　　　　　　　　　　　　　　4 700
　贷:银行存款　　　　　　　　　　　　　　　　　　　14 800

第四章　分配费用

分配费用就是在各受益对象上找准分配标准,按顺序将待分配的费用分配出去的过程。企业主要有两大费用需要分配:辅助生产成本和制造费用。两大费用分配标准及分配顺序,如表 4-1 所示。

表 4-1 辅助生产成本和制造费用分配标准及分配顺序表

序号	待分配费用	可选用的分配标准	分配顺序
1	辅助生产成本	各受益对象的受益量	第一步,分配辅助生产成本,即分配给各受益对象
2	制造费用	生产工时、生产工人工资、机器工时、定额工时、产品产量、耗用原材料的数量或成本比例、直接成本(直接材料、直接人工之和)比例	第二步,分配制造费用,即将"制造费用"科目归集的费用分配给"基本生产成本"下具体产品

值得注意的是:上表未包括可能存在的生产损失归集与分配。

★ 辅助生产成本分配方法

辅助生产成本分配方法有直接分配法、交互分配法、计划成本分配法、代数分配法、顺序分配法。相对简便的方法是前三种。

【例4-1】 东方有限公司2018年3月末,根据当月辅助生产车间明细账归集的费用合计数(见表4-2、表4-3)及车间、部门耗用劳务数量统计表(见表4-4),分别采用直接分配法、交互分配法、计划成本分配法计算分配,并编制会计分录。

表4-2 辅助生产成本明细账

车间名称:机修车间

年		凭证号	摘 要	直接材料	燃料动力	工资费用	折旧费	其他费用	合 计
月	日								
略	略	略	材料分配(表3-3)	5 000					5 000
			动力分配(表3-4)		600				600
			工资分配(表3-5)			17 000			17 000
			折旧分配(表3-6)				10 000		10 000
			其他费用分配(表3-7)					800	800
			合计	5 000	600	17 000	10 000	800	33 400
			分配转出(表4-5)	[5 000]	[600]	[17 000]	[10 000]	[800]	[33 400]

注:□表示红字,全书同。

表4-3 辅助生产成本明细账

车间名称:运输车间

年		凭证号	摘 要	直接材料	燃料动力	工资费用	折旧费	其他费用	合 计
月	日								
略	略	略	材料分配(表3-3)	2 000					2 000
			动力分配(表3-4)		200				200
			工资分配(表3-5)			16 180			16 180
			折旧分配(表3-6)				1 920		1 920
			其他费用分配(表3-7)					700	700
			合计	2 000	200	16 180	1 920	700	21 000
			分配转出(表4-5)	[2 000]	[200]	[16 180]	[1 920]	[700]	[21 000]

表4-4 车间、部门耗用劳务数量统计表

编制单位:东方有限公司　　　　　　2018年3月

序 号	车间、部门耗用劳务量统计	机修①	运输②
1	劳务供应总量(小时、公里)	1 346	7 100
2	机修车间耗用数量(公里)	—	100

续表

序号	车间、部门耗用劳务量统计	机修①	运输②
3	运输车间耗用数量(小时)	10	—
4	基本生产车间甲产品耗用数量(小时、公里)	650	2 200
5	基本生产车间乙产品耗用数量(小时、公里)	420	1 600
6	基本生产车间耗用数量(小时、公里)	150	900
7	管理部门耗用数量(小时、公里)	80	1 100
8	销售部门耗用数量(小时、公里)	36	1 200

☆ 辅助生产费用直接分配法要点

不考虑辅助生产车间相互耗用情况，直接将归集的费用分配给辅助生产车间以外的各受益产品、部门。计算公式：

某种劳务费用分配率＝该种劳务费用总额÷辅助车间以外单位的劳务量之和

某受益单位应分配劳务费用＝该受益单位消耗的劳务量×劳务费用分配率

运用直接分配法分配辅助生产费用(见表4-5)。

表4-5　辅助生产费用分配表(直接分配法)

编制单位：东方有限公司　　　　　2018年3月

序号	辅助生产费用分配过程	机修①	运输②	金额合计
1	待分配辅助生产费用(元)	33 400	21 000	54 400
2	辅助生产车间外耗用劳务总量(小时、公里)	1 336	7 000	—
3	分配率(元/小时、元/公里)	25	3	—
4	甲产品耗用数量/分配金额(小时/元、公里/元)	650/16 250	2 200/6 600	22 850
5	乙产品耗用数量/分配金额(小时/元、公里/元)	420/10 500	1 600/4 800	15 300
6	基本车间耗用数量/分配金额(小时/元、公里/元、元)	150/3 750	900/2 700	6 450
7	管理部门耗用数量/分配金额(小时/元、公里/元、元)	80/2 000	1 100/3 300	5 300
8	销售部门耗用数量/分配金额(小时/元、公里/元、元)	36/900	1 200/3 600	4 500

根据表4-5，编制会计分录：

借：基本生产成本——甲产品　　　　　　　　　　　　　22 850
　　　　　　　——乙产品　　　　　　　　　　　　　15 300
　　制造费用——基本生产车间　　　　　　　　　　　　6 450
　　管理费用　　　　　　　　　　　　　　　　　　　5 300
　　销售费用　　　　　　　　　　　　　　　　　　　4 500
　贷：辅助生产成本——机修车间　　　　　　　　　　　33 400
　　　　　　　——运输车间　　　　　　　　　　　　21 000

此法优点:简单直观,但结果不够客观正确,适用于辅助生产车间相互不提供产品或劳务,或提供产品、劳务较少情况。

☆辅助生产费用交互分配法要点

分两步进行:第一步辅助生产车间交互分配,即分别以归集的总费用除以对应的总劳务量得交互分配率,计算分配出去费用和分配进来费用;接下来,计算原各自总费用加分配进来费用减分配出去费用,得第二步需要对辅助生产车间以外单位分配的新的总费用;第二步对辅助生产车间以外的各受益单位分配新的总费用。

交互分配法第一步计算公式:

$$某种劳务费用交互分配率=该种劳务费用总额÷劳务总量$$

$$某辅助生产车间应分配的劳务费用=该车间消耗的劳务量×交互分配率$$

计算交互分配后各自待分配总费用、总劳务量。

$$各自待分配总费用=原各自总费用+分配进来费用-分配出去费用$$

$$各自待分配总劳务量=原各自总劳务量-辅助生产车间耗用劳务量$$

交互分配法第二步计算公式:

$$某种劳务费用交互分配后的分配率=该种劳务费用交互分配后重新计算出的待分配总费用÷辅助车间以外产品部门接受的劳务量之和$$

$$某受益单位应分配的费用=该受益单位消耗的劳务量×交互分配后的分配率$$

运用交互分配法分配辅助生产费用,如表4-6所示。

表4-6 辅助生产费用分配表(交互分配法)

编制单位:东方有限公司　　　　　2018年3月

序号	辅助生产费用分配过程	机修①	运输②	金额合计
1	待分配辅助生产费用(元)	33 400	21 000	54 400
2	劳务供应总量(小时、公里)	1 346	7 100	—
3	交互分配率(元/小时、元/公里)	24.81	2.958	—
4	机修车间耗用数量/分配金额(公里/元、元)	—	100/295.8	295.8
5	运输车间耗用数量/分配金额(小时/元、元)	10/248.1	—	248.1
6	辅助生产车间外耗用数量(小时、公里)	1 336	7 000	
7	辅助生产车间外分配金额(7行①列=1行①列+4行②列-5行①列;7行②列=1行②列+5行①列-4行②列)	33 447.70	20 952.30	54 400
8	交互分配后对外分配率(元/小时、元/公里)	25.036	2.993	—
9	甲产品耗用数量/分配金额(小时/元、公里/元、元)	650/16 273.2	2 200/6 585	22 858.20
10	乙产品耗用数量/分配金额(小时/元、公里/元、元)	420/10 515	1 600/4 789	15 304
11	基本车间耗用数量/分配金额(小时/元、公里/元、元)	150/3 755.40	900/2 694	6 449.40
12	管理部门耗用数量/分配金额(小时/元、公里/元、元)	80/2 002.80	1 100/3 292.3	5 295.10
13	销售部门耗用数量/分配金额(小时/元、公里/元、元)	36/901.30	1 200/3 592	4 493.30

根据表 4-6,编制会计分录:

(1) 交互分配。

借:辅助生产成本——运输车间　　　　　　　　　　　248.10
　　贷:辅助生产成本——机修车间　　　　　　　　　　248.10
借:辅助生产成本——机修车间　　　　　　　　　　　295.80
　　贷:辅助生产成本——运输车间　　　　　　　　　　295.80

(2) 对外分配。

借:基本生产成本——甲产品　　　　　　　　　　　22 858.20
　　基本生产成本——乙产品　　　　　　　　　　　15 304
　　制造费用——基本生产车间　　　　　　　　　　6 449.40
　　管理费用　　　　　　　　　　　　　　　　　　5 295.10
　　销售费用　　　　　　　　　　　　　　　　　　4 493.30
　　贷:辅助生产成本——机修车间　　　　　　　　　33 447.70
　　　　辅助生产成本——运输车间　　　　　　　　　20 952.30

此法优点:计算结果较为客观准确,但手续较为复杂。适用于各辅助生产车间相互提供产品、劳务较多的情况。

☆辅助生产费用计划成本分配法要点

分两步进行:第一步按辅助生产费用的计划单位成本和实际耗用劳务数量,向所有受益单位分配,并计算出计划总成本;第二步计算出各辅助生产车间的实际总成本(等于本车间直接发生的费用加上其他辅助车间按计划成本分配转入费用),与辅助生产车间的计划总成本比较,确定成本差异额,直接追加计入管理费用。计算公式:

各单位应分配费用＝该单位耗用的劳务数量×辅助生产费用计划单位成本

某辅助生产车间计划总成本＝该辅助车间提供劳务总量×劳务计划单位成本

$$\begin{matrix}某辅助生产车间\\实际总成本\end{matrix}=\begin{matrix}该辅助生产车间\\直接发生的费用\end{matrix}+\begin{matrix}其他辅助生产车间\\分配转入的计划成本\end{matrix}$$

某辅助生产车间成本差异＝该辅助生产车间实际总成本－该辅助生产车间计划总成本

假如该企业机修的计划单位成本为 26 元/小时,运输的计划单位成本为 2.8 元/公里。根据表 4-4 所示资料,采用计划成本分配法分配表 4-2、表 4-3 归集的辅助生产费用,计算分配过程如表 4-7 所示。

表 4-7　辅助生产费用分配表(计划成本分配法)

编制单位:东方有限公司　　　　　　2018 年 3 月

序号	辅助生产费用分配过程	机修①	运输②	金额合计
1	待分配辅助生产费用(元)	33 400	21 000	54 400
2	劳务供应总量(小时、公里)	1 346	7 100	
3	计划单位成本(元/小时、元/公里)	26	2.8	
4	机修车间耗用数量/分配金额(公里/元、元)	—	100/280	280

续 表

序 号	辅助生产费用分配过程	机修①	运输②	金额合计
5	运输车间耗用数量/分配金额(小时/元、元)	10/260	—	260
6	甲产品耗用数量/分配金额(小时/元、公里/元)	650/16 900	2 200/6 160	23 060
7	乙产品耗用数量/分配金额(小时/元、公里/元)	420/10 920	1 600/4 480	15 400
8	基本车间耗用数量/分配金额(小时/元、公里/元)	150/3 900	900/2 520	6 420
9	管理部门耗用数量/分配金额(小时/元、公里/元)	80/2 080	1 100/3 080	5 160
10	销售部门耗用数量/分配金额(小时/元、公里/元)	36/936	1 200/3 360	4 296
11	按计划成本分配金额合计(=2行×3行)	34 996	19 880	54 876
12	辅助生产车间实际总成本(12行①列=1行①列+4行②列;12行②列=1行②列+5行①列)	33 680	21 260	54 940
13	辅助生产车间成本差异(13行=12行-11行)	−1 316	+1 380	+64

根据表4-7,编制会计分录:

借:辅助生产成本——运输车间 260
　　辅助生产成本——机修车间 280
　　基本生产成本——甲产品 23 060
　　基本生产成本——乙产品 15 400
　　制造费用——基本生产车间 6 420
　　管理费用 5 160
　　销售费用 4 296
　　贷:辅助生产成本——机修车间 34 996
　　　　辅助生产成本——运输车间 19 880

结转成本差异额:

借:管理费用 64
　　贷:辅助生产成本——机修车间 1 316
　　　　辅助生产成本——运输车间 1 380

此法优点:不需要计算费用分配率,费用分配相对简化,且利于企业考核各辅助生产车间成本计划完成情况。但需具备比较准确的劳务计划单位成本。适用于实际成本较稳定、计划成本较准确的企业。

★ 制造费用归集与分配

制造费用归集通过设置"制造费用"账户进行。按生产车间设置明细账,按费用项目设专栏,根据有关付款凭证和前述各种费用分配分录,记入该账户及其明细账的有关费用项目中。

制造费用常用分配标准有:实际生产工时比例、生产工人工资比例、机器工时比例、定额工时比例、耗用原材料的数量或成本比例、直接成本(直接材料、直接人工之和)比例、产品产量比例等。

月末,根据制造费用明细账归集的费用合计数及选定的分配标准,在各产品之间进行分配,费用结转后,制造费用账户应无余额。

【例4-2】 假设东方有限公司2018年3月制造费用明细账如表4-8所示。该企业3月生产的甲、乙产品实际生产工时分别为8 000小时、4 000小时。要求：采用实际生产工时比例法，分配3月的制造费用109 450元，编制制造费用分配表及会计分录。

表4-8 东方有限公司制造费用明细账

车间名称：基本生产车间

年		凭证号	摘 要	物料消耗	燃料动力	工资费用	折旧费	其他费用	辅助车间转入	合 计
月	日									
略	略	略	材料分配(表3-3)	22 000						22 000
			动力分配(表3-4)		1 000					1 000
			工资分配(表3-5)			22 000				22 000
			折旧分配(表3-6)				55 200			55 200
			其他费用(表3-7)					2 800		2 800
			辅助费用(表4-5)						6 450	6 450
			合计	22 000	1 000	22 000	55 200	2 800	6 450	109 450
			分配转出(表4-9)	22 000	1 000	22 000	55 200	2 800	6 450	109 450

该公司制造费用分配，如表4-9所示。

表4-9 制造费用分配表

编制单位：东方有限公司　　　　　　　　2018年3月

产品名称	分配标准(生产工时)	分配率	分配金额(元)
甲产品	8 000		72 967
乙产品	4 000		36 483
合 计	12 000	9.121	109 450

根据表4-9，编制会计分录：
借：基本生产成本——甲产品　　　　　　　　　　　72 967
　　　　　　　　——乙产品　　　　　　　　　　　36 483
　　贷：制造费用——基本生产车间　　　　　　　　109 450

★ 生产损失的归集与分配

生产损失是指企业在生产过程中，由于计划调整、停电、待料、设备故障、自然灾害以及生产技术和生产组织等问题所导致的各种损失。按产生的原因分为废品损失和停工损失两大类。可设置"废品损失""停工损失"账户核算，并在"基本生产成本"账户下增设"废品损失""停工损失"成本项目核算。如生产损失不大，对产品制造成本影响较小，可不设置"废品损失""停工损失"成本项目，而将"废品损失""停工损失"明细账户归集的生产净损失直接转至"基本生产成本"明细账中对应的某产品"制造费用"成本项目内。

在表4-10生产损失的归集与分配表中，包含了废品损失与停工损失的细分概念，其含义如下：

(1) 可修复废品损失是指可修理且经济合算的废品所产生的损失。

(2) 不可修复废品损失是指无法修理或即使可修理但经济不合算的废品所产生的损失。

(3) 季节性停工损失是指季节性生产企业在停工期间所产生的费用,由开工期间所生产的产品负担。

(4) 非季节性停工损失是指非季节性生产企业在生产期间因停电、待料、设备故障、自然灾害、计划减产等原因所产生的费用,由未履约供货单位,或过失人,或保险公司,或开工生产的产品负担,或列作营业外支出。

至此,企业发生的应由当期产品和当期损益负担的各项生产费用,均记入了"基本生产成本""管理费用""销售费用""财务费用"等账户。对于期间费用,期末转入"本年利润"账户,以便确定当期损益。对于"基本生产成本"归集的各项生产费用,仍需继续计算、分配,以便确定当期完工产品成本。

表4–10 生产损失的归集与分配表

类别	细分	归集	分配
废品损失	可修复废品损失	废品成本不需转入"废品损失",只需将修复费用计入"废品损失"。借记废品损失——某产品,贷记原材料、应付职工薪酬、制造费用。如有过失人赔款,借记其他应收款,贷记废品损失——某产品	修复完毕,结转损失,借记基本生产成本——某产品(废品损失),贷记废品损失——某产品
废品损失	不可修复废品损失	废品只能当作"废料"处理,废品成本需从各成本项目中全部转出,转入"废品损失",借记废品损失——某产品,贷记基本生产成本——某产品(直接材料、直接人工、制造费用)。废品残值、过失人赔款、保险公司赔款皆冲减废品损失,借记原材料、其他应收款,贷记废品损失——某产品	结转净损失,借记基本生产成本——某产品(废品损失),贷记废品损失——某产品
停工损失	季节性停工损失	借记停工损失,贷记应付职工薪酬、银行存款、累计折旧等	结转损失,借记基本生产成本——某产品(停工损失),贷记停工损失——某产品
停工损失	非季节性停工损失	费用发生时,借记停工损失,贷记应付职工薪酬、银行存款、累计折旧等。应由过失人或保险公司或开工生产的产品负担或营业外支出列支,借记其他应收款、营业外支出、基本生产成本——某产品(停工损失),贷记停工损失——某产品	结转净损失,借记基本生产成本——某产品(停工损失),贷记停工损失——某产品

第五章 成本计算法:品种法

完工产品成本的计算,关键要采用适当的方法确定期末在产品的产量,继而将归集在基本生产成本明细账中的生产费用在完工产品与在产品之间进行分配。常用的分配方法,如表5–1所示。

表 5-1　生产费用在完工产品与在产品之间分配方法比较表

序号	分配方法名称	分配方法要点	适用范围
1	在产品不计算成本法	本月归集的生产费用全部由完工产品负担	适用月末在产品数量很少情形
2	在产品成本按年初数固定计算法	某产品当月发生的各项生产费用之和就是当月该种完工产品成本;年终盘点在产品数量,重新计算确定下年各月固定的在产品成本	适用各月末在产品数量较少,或较多但各月间变动较小情形
3	在产品成本按所耗原材料计算法	月末只计算在产品耗用的直接材料费用,在产品所耗费的直接人工和制造费用全部由完工产品负担	适用直接材料占产品成本比重较大,且在产品数量较大情形
4	在产品数量按完工产品计算法	月末将在产品视同完工产品。完工产品与在产品数量直接相加作为分配生产费用标准	适用在产品接近完工或已完工尚未包装或尚未验收入库情形
5	在产品成本按定额成本计算法	先按在产品实际结存数量与各项消耗定额计算出在产品定额成本,后从生产费用合计数中扣除在产品定额成本,即得完工产品成本	适用在产品各项消耗定额较准确、在产品数量较稳定的情形
6	定额比例分配法	直接材料成本按完工产品与在产品的定额消耗量或定额成本的比例分配;直接人工和制造费用采用定额工时比例	适用定额管理基础较好,各项消耗定额或费用定额较准确、稳定,各月末在产品数量变动较大情形
7	约当产量法(参见下页例题)	将月末在产品数量按照完工程度折算为相当于完工产品的产量,然后按照完工产品数量与月末在产品约当产量比例,分配计算完工产品费用和月末在产品费用	适用月末在产品数量较大,各月末数量变动也较大,且产品成本中直接材料与直接人工及制造费用所占比重相差不大情形

★ 在产品约当产量

在产品约当产量计算公式如下:

$$在产品约当产量＝月末在产品数量×在产品完工程度$$

☆在产品完工程度

在产品完工程度,是指在产品在各项费用上的完工程度。因加工程度、投料程度不一定相同,应区别确定。

☑加工程度的确定。在产品在燃料动力费用、直接人工费用、制造费用等各加工费用上的完工程度就是在产品的加工程度,即在产品在各项加工费用上的完工程度是一致的,都是按在产品加工程度和数量计算在产品的约当产量。

(1) 如果产品加工只经过一道工序,则该种在产品的加工程度计算公式为:

$$某种在产品加工程度＝该种在产品累计工时定额÷该产品的工时定额$$

(2) 如果产品生产经过几道工序,则不同工序中的在产品加工程度也不相同。其计算公式为:

$$某工序在产品加工程度＝(前面各道工序累计工时定额＋本工序工时定额×在产品在本工序中的加工程度)÷该产品的工时定额$$

(3) 如在产品在某工序分布的数量较均衡,则该工序中在产品平均加工程度按 50% 计算。计算公式改为:

某工序在产品加工程度＝(前面各工序累计工时定额＋本工序工时定额×50%)÷该产品的工时定额

【例 5-1】 东方有限公司甲产品顺序经过三道工序制成,工时定额为 50 小时(一、二、三道工序的工时定额分别为 20 小时、10 小时、20 小时)。各工序中的在产品加工程度均按 50% 计算。2018 年 3 月末甲在产品 290 件(一、二、三道工序中的在产品分别为 140 件、100 件、50 件)。要求:计算各工序在产品加工程度。

解: 各工序在产品加工程度计算如下:

第一道工序在产品加工程度＝20×50%÷50×100%＝20%

第二道工序在产品加工程度＝(20+10×50%)÷50×100%＝50%

第三道工序在产品加工程度＝(20+10+20×50%)÷50×100%＝80%

在产品约当产量的计算如表 5-2 所示。

☑投料程度的确定。在产品在原材料费用上的完工程度即是在产品的原材料投料程度。因原材料的投料方式不同,其在产品投料程度的确定方法也不同。

(1) 原材料在各道工序开始时一次投入,则月末在产品投料程度计算公式为:

某工序在产品投料程度＝(前面各工序累计原材料消耗定额＋本工序原材料消耗定额)÷单位完工产品原材料消耗定额

月末某工序在产品约当产量＝月末该工序在产品数量×该工序在产品投料程度

【例 5-2】 按[例 5-1]资料,假设东方有限公司甲产品原材料在各工序开始时一次投入,当月投产 1 290 件,当月完工 1 000 件,单位甲产品原材料消耗定额为 100 千克(一、二、三道工序分别为 50 千克、30 千克、20 千克),2018 年 3 月末在产品 290 件(一、二、三道工序中的在产品分别为 140 件、100 件、50 件)。要求:计算各工序在产品投料程度。

解: 各工序在产品投料程度计算如下:

第一道工序在产品投料程度＝50÷100×100%＝50%

第二道工序在产品投料程度＝(50+30)÷100×100%＝80%

第三道工序在产品投料程度＝(50+30+20)÷100×100%＝100%

在产品约当产量的计算如表 5-2 所示。

表 5-2 东方有限公司在产品约当产量计算表

产品名称:甲产品　　　　2018 年 3 月 31 日　　　　投产:1 290 件　　　　完工:1 000 件

加工工序	在产品数量/件	材料消耗定额/千克	定额工时/小时	投料程度	加工程度	分配原材料费用的在产品约当产量/件	分配加工费的在产品约当产量/件
	①	②	③	④	⑤	⑥=①×④	⑦=①×⑤
1	140	50	20	50%	20%	70	28
2	100	30	10	80%	50%	80	50
3	50	20	20	100%	80%	50	40
合计	290	100	50	—	—	200	118

(2) 原材料按生产进度陆续投入,若投料程度与加工程度基本一致,即原材料费用和加工费用的完工程度相同,则月末分配原材料费用与加工费用的在产品约当产量也相同(计算公式相同);若投料程度与加工程度不一致,则各工序的投料程度皆按 50% 计算。计算公式为:

某工序在产品投料程度＝(前面各工序累计原材料消耗定额＋本工序原材料消耗定额×50%)÷单位完工产品原材料消耗定额

月末某工序在产品约当产量＝月末该工序在产品数量×该工序在产品投料程度

(3) 原材料在产品生产开始时一次全部投入,则月末每件在产品与每件完工产品所消耗的原材料相同,即在产品的投料程度是 100%。

月末在产品约当产量＝月末在产品数量

【例 5-3】 假如东方有限公司乙产品顺序经过三道工序制成,原材料在第一道工序开始时一次全部投入,当月投产 600 件,当月完工 500 件,一、二、三道工序工时定额、在产品数量分别为 10 小时、20 小时、20 小时、20 件、40 件、40 件。要求:计算乙在产品约当产量。计算过程如表 5-3 所示。

表 5-3 东方有限公司在产品约当产量计算表

产品名称:乙产品　　　　　　2018 年 3 月 31 日　　　　投产:600 件　　　　完工:500 件

加工工序	在产品数量/件	材料投入数量	定额工时/小时	投料程度	加工程度	分配原材料费用的在产品约当产量/件	分配加工费的在产品约当产量/件
	①	②	③	④	⑤	⑥＝①×④	⑦＝①×⑤
1	20	100%	10	100%	10%	20	2
2	40	—	20	100%	40%	40	16
3	40	—	20	100%	80%	40	32
合计	100	100%	50	—	—	100	50

【例 5-4】 假如已知东方有限公司甲、乙产品 2018 年 3 月初在产品成本项目资料如表 5-4、表 5-5 所示,2018 年 3 月末,根据基本生产成本明细账归集的生产费用及甲、乙在产品约当产量计算表 5-2、表 5-3 资料,编制产品成本计算单(见表 5-6、表 5-7),根据产品成本计算单,按照产品类别、品种、规格汇总,编制完工产品成本汇总表 5-8。

表 5-4 基本生产成本明细账

生产车间:基本生产车间　　　　2018 年 3 月　　　　产品名称:甲产品　　　　单位:元

年		凭证号	摘要	直接材料	燃料和动力	直接人工	制造费用	合计
月	日							
略	略	略	月初在产品成本	124 016	7 746	76 402	13 816	221 980
			材料费用分配(表 3-3)	640 000				640 000
			外购动力分配(表 3-4)		16 000			16 000

· 120 ·

续 表

年		凭证号	摘 要	直接材料	燃料和动力	直接人工	制造费用	合 计
月	日							
			工资费用分配(表3-5)			392 000		392 000
			辅助生产费用分配(表4-5)		22 850			22 850
			制造费用分配(表4-9)				72 967	72 967
			本月生产费用发生额	640 000	38 850	392 000	72 967	1 143 817
			生产费用合计	764 016	46 596	468 402	86 783	1 365 797
			结转完工产品成本(表5-6)	636 680	41 680	418 960	77 620	1 174 940
			月末在产品成本(表5-6)	127 336	4 916	49 442	9 163	190 857

注：表5-4中结转完工产品成本、月末在产品成本数据皆来源于表5-6。同理，表5-5中结转完工产品成本、月末在产品成本数据皆来源于表5-7。

表5-5 基本生产成本明细账

生产车间：基本生产车间　　　　　2018年3月　　　　　产品名称：乙产品　　　　　单位：元

年		凭证号	摘 要	直接材料	燃料和动力	直接人工	制造费用	合 计
月	日							
			月初在产品成本	60 100	2 275	18 500	3 938	84 813
略	略	略	材料费用分配(表3-3)	320 000				320 000
			外购动力分配(表3-4)		8 000			8 000
			工资费用分配(表3-5)			196 000		196 000
			辅助生产费用分配(表4-5)		15 300			15 300
			制造费用分配(表4-9)				36 483	36 483
			本月生产费用发生额	320 000	23 300	196 000	36 483	575 783
			生产费用合计	380 100	25 575	214 500	40 421	660 596
			结转完工产品成本(表5-7)	316 750	23 250	195 000	36 745	571 745
			月末在产品成本(表5-7)	63 350	2 325	19 500	3 676	88 851

表5-6 产品成本计算单

产品名称：甲产品　　　　　2018年3月　　　　　完工产量：1 000件　　　　　单位：元

项 目	直接材料	燃料和动力	直接人工	制造费用	合 计
月初在产品成本	124 016	7 746	76 402	13 816	221 980
本月发生生产费用(表5-4)	640 000	38 850	392 000	72 967	1 143 817
生产费用合计	764 016	46 596	468 402	86 783	1 365 797
完工产品数量/件(表5-2)	1 000	1 000	1 000	1 000	—

续 表

项 目	直接材料	燃料和动力	直接人工	制造费用	合 计
在产品约当产量/件(表5-2)	200	118	118	118	—
约当产量合计	1 200	1 118	1 118	1 118	—
生产费用分配率	636.68	41.68	418.96	77.62	1 174.94
完工产品成本	636 680	41 680	418 960	77 620	1 174 940
期末在产品成本	127 336	4 916	49 442	9 163	190 857

表5-7 产品成本计算单

产品名称:乙产品　　　　　　　2018年3月　　　　　　完工产量:500件　　　　单位:元

项 目	直接材料	燃料和动力	直接人工	制造费用	合 计
月初在产品成本	60 100	2 275	18 500	3 938	84 813
本月发生生产费用(表5-5)	320 000	23 300	196 000	36 483	575 783
生产费用合计	380 100	25 575	214 500	40 421	660 596
完工产品数量/件(表5-3)	500	500	500	500	—
在产品约当产量/件(表5-3)	100	50	50	50	—
约当产量合计	600	550	550	550	—
生产费用分配率	633.5	46.5	390	73.49	1 143.49
完工产品成本	316 750	23 250	195 000	36 745	571 745
期末在产品成本	63 350	2 325	19 500	3 676	88 851

表5-8 完工产品成本汇总表

编制单位:东方有限公司　　　　　　2018年3月　　　　　　　　　　单位:元

产品名称	产量(件)	成本项目				完工产品总成本	单位成本(元/件)
		直接材料	燃料和动力	直接人工	制造费用		
甲产品	1 000	636 680	41 680	418 960	77 620	1 174 940	1 174.94
乙产品	500	316 750	23 250	195 000	36 745	571 745	1 143.49
合 计	1 500	953 430	64 930	613 960	114 365	1 746 685	—

第六章　结转费用

从费用的确认、归集、分配,到对象化费用即产品成本的计算,再到完工对象的转移入库,都是费用结转链条上各个重要的节点。结转费用的意义有两个,一是将期末固化在完工入库产品的总生产费用即总成本,从"生产成本"账户转入待销售待抵扣的"库存商品"账户中,便于考核生产环节绩效;二是将一个期间内归集非生产费用的"销售费用""管理费用""财务费用"账户余额,全部转入本期损益账户,便于考核销售环节、管理环节责任。

结转费用,实质上就是编制会计分录。结转完工产品成本,借记"库存商品",贷记"生产成本";同时结转期间费用,借记"本年利润",贷记"销售费用""管理费用""财务费用"。

2018年3月末,东方有限公司根据完工产品成本汇总表5-8,编制会计分录,将完工产品成本从"基本生产成本"账户结转入"库存商品"账户。

借:库存商品——甲产品　　　　　　　　　　　　　　　　1 174 940
　　库存商品——乙产品　　　　　　　　　　　　　　　　571 745
　贷:基本生产成本——甲产品　　　　　　　　　　　　　1 174 940
　　　基本生产成本——乙产品　　　　　　　　　　　　　571 745

以上介绍即是最常用的产品品种法核算过程,此过程涵盖了以下程序:① 确定成本计算对象(如要求分别计算出甲产品、乙产品成本)。② 确定成本项目(如通常设置直接材料、直接人工、制造费用三个成本项目,如遇废品且数额较大,可增设废品损失成本项目,如遇停工,可将停工损失放在制造费用中归集)。③ 确定成本计算期(即按月还是按件或按批计算一次完工产品成本。大批、大量生产下,应定期按月计算,特点是成本计算期与会计核算期一致;单件、小批量生产下,一般按件按批在产品完工时计算,特点是成本计算期与生产周期一致)。④ 设置成本核算账户(一般设置基本生产成本、辅助生产成本、制造费用)。⑤ 审核归集生产费用(审核各项支出,确定计入产品成本、期间费用金额,编制会计分录,登记相关账户,归集生产费用)。⑥ 分配生产费用(期末根据辅助生产成本、制造费用账户汇总额编制分配表,记入基本生产成本账户)。⑦ 计算完工产品和在产品成本(月末根据在产品成本计算方法,计算在产品约当产量,确定完工产品、在产品成本)。⑧ 结转完工产品成本(将完工产品成本从基本生产成本账户转出,记入库存商品账户)。

概括起来即5个关键词,辨别、归集、分配、计算、结转。

第七章　成本计算法:分批法

制造企业产品成本计算常用方法有品种法、分批法、分步法。其内容如表7-1所示。

表7-1　产品成本计算的基本方法

方法名称	生产组织特点	生产工艺流程和成本管理要求	成本计算期	成本计算对象	适用企业
品种法	大量大批单步骤生产或大量大批多步骤生产	管理上不要求分步也不要求分批计算产品成本	定期每月末计算	产品品种	采掘、发电、供水、酿酒、钢铁、水泥、砖瓦、面粉、食糖、化肥等

续 表

方法名称	生产组织特点	生产工艺流程和成本管理要求	成本计算期	成本计算对象	适用企业
分批法	单件小批单步骤生产或多步骤生产	管理上不要求分步但要求分批计算产品成本	完工月份计算（不定期）	产品批别或订单	船舶、专用设备、重型机械、新品试制、服装、家具、工具模具等
分步法	大量大批多步骤生产	管理上要求分步计算产品成本	同品种法	各步骤半成品及最终产成品	冶金、纺织、汽车、机床、造纸、化工等

品种法已在前面几章介绍过，以下重点介绍分批法和分步法。

★ 分批法

由于小批单件生产的企业或车间在同一月份投产和完工的产品批数多，人工、制造等间接费用在完工与在产品之间分配工作非常繁重，且企业为简化计算，多采用简化分批法即累计间接费用分配法，因此以下仅介绍简化分批法的主要程序。

（1）按产品批别开设"基本生产成本"明细账和"基本生产成本"二级账（各批全部产品总成本）。

（2）明细账在各产品完工前只按月登记直接费用（如材料费用）和生产工时，完工后当月结转全部直接费用、生产工时，以及产品直接人工、制造费用。

（3）二级账簿按月汇总登记明细账归集的直接费用、生产工时，以及全部产品各项间接费用（如直接人工、制造费用）。

（4）二级账簿在成批产品完工的月份，按所有产品累计间接费用除以累计生产工时的分配率与各批别完工产品生产工时相乘，分配间接费用，并计算结转所有完工产品成本，余额保留在二级账中，向下滚动分配给完工产品，不计算不分配月末各批在产品成本。

（5）各明细账登记当月完工产品直接材料、生产工时、间接费用转出数，未完工产品直接材料、生产工时保留在明细账上向下滚动，直至完工分配结转。

（6）二级账簿中直接材料、生产工时月末余额及本月发生数等于各明细账中直接材料、生产工时相应月份月末余额、本月发生数合计。

【例 7-1】 大创制造企业小批生产多种产品，由于产品批数多，为了简化成本计算工作，采用简化的分批法——累计间接费用分配法计算成本。该企业6月份产品批号有：

0410号：甲产品10件，4月投产，本月完工；
0522号：乙产品6件，5月投产，尚未完工；
0524号：丙产品20件，5月投产，本月完工；
0612号：丁产品4件，6月投产，尚未完工。

假设该企业设立的"基本生产成本"二级账（各批全部产品总成本）和甲、乙、丙、丁产品"基本生产成本"明细账记录如表7-2至表7-6所示。要求：计算各批完工产品单位成本和月末在产品成本。

解：全部产品累计人工费用分配率＝305 269÷89 785＝3.4（元/小时）
全部产品累计制造费用分配率＝233 441÷89 785＝2.6（元/小时）

表7-2 基本生产成本二级账(各批全部产品总成本)

单位:元

月	日	摘 要	直接材料	生产工时	直接人工	制造费用	合 计
5	31	月末余额	318 340	54 080	200 720	115 350	634 410
6	30	本月发生	250 195	35 705	104 549	118 091	472 835
6	30	累计	568 535	89 785	305 269	233 441	1 107 245
6	30	全部产品累计间接费用分配率			3.4	2.6	
6	30	本月完工产品转出(表7-3,表7-5)	436 790	77 615	263 891	201 799	902 480
6	30	月末余额	131 745	12 170	41 378	31 642	204 765

表7-3 基本生产成本明细账

产品批号:0410　　　　　购货单位:前进公司　　　　　投产日期:4月
产品名称:甲产品　　　　批量:10件　　　　　　　　　完工日期:6月

月	日	摘 要	直接材料	生产工时	直接人工	制造费用	合 计
4	30	本月发生	50 760	11 640			
5	31	本月发生	150 980	20 640			
6	30	本月发生	61 440	9 568			
6	30	累计数及累计间接费用分配率	263 180	41 848	3.4	2.6	
6	30	本月完工产品转出	263 180	41 848	142 283.20	108 804.8	514 268
6	30	完工产品单位成本	26 318		14 228.32	10 880.48	51 426.80

表7-4 基本生产成本明细账

产品批号:0522　　　　　购货单位:新程公司　　　　　投产日期:5月
产品名称:乙产品　　　　批量:6件　　　　　　　　　　完工日期:

月	日	摘 要	直接材料	生产工时	直接人工	制造费用	合 计
5	31	本月发生	17 980	2 050			
6	30	本月发生	35 200	3 780			

表7-5 基本生产成本明细账

产品批号:0524　　　　　购货单位:丰润公司　　　　　投产日期:5月
产品名称:丙产品　　　　批量:20件　　　　　　　　　完工日期:6月

月	日	摘 要	直接材料	生产工时	直接人工	制造费用	合 计
5	31	本月发生	98 620	19 750			
6	30	本月发生	74 990	16 017			
6	30	累计数及累计间接费用分配率	173 610	35 767	3.4	2.6	
6	30	本月完工产品转出	173 610	35 767	121 607.80	92 994.20	388 212
6	30	完工产品单位成本	8 680.5		6 080.39	4 649.71	19 410.60

表7-6 基本生产成本明细账

产品批号:0612　　　　购货单位:宁安公司　　　　投产日期:6月
产品名称:丁产品　　　　批量:4件　　　　　　　　完工日期:

月	日	摘　要	直接材料	生产工时	直接人工	制造费用	合　计
6	30	本月发生	78 565	6 340			

第八章　成本计算法:分步法

分步法在生产费用的归集和分配方法上,基本上与品种法相同,不同的主要是各步骤半成品成本的结转方式,可根据成本管理不同要求,分别采用逐步结转和平行结转。

逐步结转分步法又称顺序结转分步法,是以各步骤半成品及最终产成品为成本计算对象,按照产品加工步骤顺序,逐步计算结转半成品成本,上一步骤所产半成品的成本要随着半成品实物转移而结转,直至最后一个步骤计算出产成品成本的一种方法。

平行结转分步法又称平行汇总分步法,其特点是:各步骤只核算本步骤发生的各种生产费用,半成品成本不计算也不因实物转移而结转,月末计算各步骤应由完工产品负担的费用(即份额),并从各步骤成本计算单中转出,平行汇总成本项目计算出最终完工产成品成本的一种方法。它是以各步骤应由完工产品负担的成本"份额"及最终产成品为成本计算对象。

分步法细分,如表8-1所示。

表8-1 分步法细分

按半成品结转方法分类	适用对象	按半成品成本在下一步骤基本生产成本明细账中列示方法不同分类
逐步结转法	又称"计算半成品成本法",半成品有独立经济意义且可外销,适用于管理上要求计算半成品成本的连续式多步骤大量大批生产企业,如棉纱厂	综合结转:将所耗上步骤半成品成本直接以"半成品"列示在产品成本明细账中,但半成品成本需还原为原始成本项目。此法在实际中多被采用
		分项结转:将所耗半成品成本按成本项目列示在成本明细账中,半成品成本不需要还原。此法在实际中很少被采用。
平行结转法	适用于大量大批多步骤装配式生产企业,如机器制造企业。此类企业半成品无独立经济意义,一般不外销,管理上不要求计算半成品成本	不计算各步骤生产或所耗半成品成本,半成品实物转移与其成本结转不同步,完工产品耗用各步骤半成品成本份额按完工数量计算,成本份额平行结转求出完工产品实际成本

分步法计算产品成本的四个步骤,如表8-2所示。

表8-2 分步法计算产品成本的四个步骤

步骤	做法
第一步	按各生产步骤设置每种产品(包括半成品或产成品)成本计算单
第二步	每月按生产步骤及产品归集和分配生产费用(同品种法),登记成本计算单
第三步	月末将成本计算单归集的生产费用在完工产品和在产品之间分配
第四步	计算并结转各步骤完工产品成本(或计入产成品成本份额)和在产品成本

实务中,综合结转方式下对半成品收发领用有两种处理方法,一种是直接结转半成品项目,不通过半成品库,下一步骤领用全部上步骤的半成品项目;另一种是各步骤自制半成品通过半成品仓库收发,各步骤需通过"自制半成品"账户核算,验收入库时,借记"自制半成品——××",贷记"基本生产成本";下一步骤领用时做相反会计分录。

【例8-1】 假设某公司生产甲产品经过三个步骤,对应由三个车间完成。下一步骤领用全部上步骤的半成品,各步骤完工半成品成本及在产品成本计算单如表8-3所示。一车间生产A半成品直接转入二车间,二车间将A半成品加工成B半成品又直接转入三车间,三车间将B半成品加工成甲产品。材料在生产开始时一次投入,加工费用陆续均衡发生,各步骤在产品的加工程度均按50%计算。该企业2018年8月份有关成本计算资料如表8-4及表8-5所示。要求计算综合结转方式下完工半成品成本、产成品成本、月末在产品成本,并以两种方法进行成本还原。

按题意,依次编制表8-6、表8-7、表8-8。

表8-3 逐步结转分步法下产品成本计算表

单位:元

成本内容	第一步骤	第二步骤	第三步骤
月初在产品成本	725	2 600	4 312.40
本月发生的费用	10 225	8 264	7 866
上步骤转入半成品成本	—	9 500	19 025.60
本月完工半成品成本	9 500	19 025.60	27 396
月末在产品成本	1 450	1 338.40	3 808

表8-4 8月份各车间产量资料表

单位:件

生产车间产品产量	第一车间	第二车间	第三车间
月初在产品数量	20	40	60
本月投产或上车间转入数量	220	200	220
本月完工转出数量	200	220	240
月末在产品数量	40	20	40

表 8-5　8月份各车间生产费用汇总表

单位:元

生产车间成本内容	半成品	直接材料	直接人工	制造费用	合　计
第一车间月初在产品成本		500	125	100	725
第一车间本月发生的费用		5 500	2 625	2 100	10 225
第二车间月初在产品成本	1 900		400	300	2 600
第二车间本月发生的费用			5 200	3 064	8 264
第三车间月初在产品成本	2 300		1 200	812.40	4 312.40
第三车间本月发生的费用			4 711	3 155	7 866

表 8-6　甲产品一车间成本计算单

产品名称:A半成品　　　2018年8月　　　完工产量:200件　　　单位:元

项　目	直接材料	直接人工	制造费用	合　计
月初在产品成本	500	125	100	725
本月发生的费用	5 500	2 625	2 100	10 225
生产费用合计	6 000	2 750	2 200	10 950
本月完工产品数量(件)	200	200	200	—
月末在产品约当产量(件)	40	20	20	—
约当产量总计(件)	240	220	220	—
费用分配率	25	12.5	10	47.50
完工半成品成本	5 000	2 500	2 000	9 500
月末在产品成本	1 000	250	200	1 450

表 8-7　甲产品二车间成本计算单

产品名称:B半成品　　　2018年8月　　　完工产量:220件　　　单位:元

项　目	A半成品	直接人工	制造费用	合　计
月初在产品成本	1 900	400	300	2 600
本月发生的费用	9 500	5 200	3 064	17 764
生产费用合计	11 400	5 600	3 364	20 364
本月完工产品数量(件)	220	220	220	—
月末在产品约当产量(件)	20	10	10	—
约当产量总计(件)	240	230	230	—
费用分配率	47.5	24.35	14.63	86.48
完工半成品成本	10 450	5 357	3 218.60	19 025.60
月末在产品成本	950	243	145.40	1 338.40

表 8-8　甲产品三车间成本计算单

产品名称：甲产品　　　　2018 年 8 月　　　　完工产量：240 件　　　　单位：元

项　目	B 半成品	直接人工	制造费用	合　计
月初在产品成本	2 300	1 200	812.40	4 312.40
本月发生的费用	19 025.60	4 711	3 155	26 891.60
生产费用合计	21 325.60	5 911	3 967.40	31 204
本月完工产品数量（件）	240	240	240	—
月末在产品约当量（件）	40	20	20	—
约当产量总计（件）	280	260	260	—
费用分配率	76.16	22.73	15.26	114.15
完工产成品成本	18 278.40	5 455.20	3 662.40	27 396
月末在产品成本	3 047.20	455.80	305.00	3 808

表 8-6、表 8-7、表 8-8 中：

在产品材料费用约当产量＝完工数量＋月末在产品数量

在产品加工费用约当产量＝完工数量＋月末在产品数量×50％

☑综合结转方式计算出的完工产品成本，不能直观反映成本项目各部分构成，需将"半成品"项目分解还原为"直接材料""直接人工""制造费用"。方法一：项目比重还原法，即以上一步骤半成品项目占比来分解还原本步骤耗用上一步骤的半成品。方法二：总额占比还原法，即以本步骤耗用上一步骤半成品占上一步骤所产半成品的总比例与上一步骤半成品项目逐一相乘来分解本步骤半成品。利用表 8-6、表 8-7、表 8-8 资料进行成本还原，其过程如表 8-9、表 8-10 所示。

表 8-9　甲产品成本还原计算表（项目比重法）

2018 年 8 月　　　　产量：240 件　　　　单位：元

项　目	B 半成品	A 半成品	直接材料	直接人工	制造费用	合　计
①还原前甲产品成本	18 278.40			5 455.20	3 662.40	27 396
②B 半成品成本结构		$\frac{10\,450}{19\,025.6}=0.55$		$\frac{5\,357}{19\,025.6}=0.28$	$\frac{3\,218.60}{19\,025.60}=0.17$	
③B 半成品成本还原	−18 278.4	10 053		5 118	3 107.40	0
④A 半成品成本结构			$\frac{5\,000}{9\,500}=0.53$	$\frac{2\,500}{9\,500}=0.26$	$\frac{2\,000}{9\,500}=0.21$	
⑤A 半成品成本还原		−10 053	5 328	2 613.80	2 111.20	0
⑥还原后产品总成本			5 328	13 187	8 881	27 396
⑦还原后单位成本			22.20	54.95	37	114.15

表 8-10　甲产品成本还原计算表(总额占比法)

2018 年 8 月　　　　　　产量:240 件　　　　　单位:元

项　目	B 半成品	A 半成品	直接材料	直接人工	制造费用	合　计
① 还原前甲产品成本	18 278.40			5 455.20	3 662.40	27 396
② B 半成品成本	$\dfrac{18\,278.40}{19\,025.60}=0.96$	10 450		5 357	3 218.60	19 025.60
③ B 半成品成本分解	−18 278.40	10 032		5 143	3 103.40	0
④ A 半成品成本		$\dfrac{10\,032}{9\,500}=1.06$	5 000	2 500	2 000	9 500
⑤ A 半成品成本分解		−10 032	5 300	2 650	2 082	0
⑥ 还原后产品总成本			5 300	13 248.20	8 847.80	27 396
⑦ 还原后单位成本			22.08	55.20	36.87	114.15

需要说明的是:表 8-9 与表 8-10,比率计算仅保留两位小数,且都进行了四舍五入,导致两种成本还原法中间计算结果都产生了一定的误差。

☑分项结转分步法是以原始成本项目逐步向下步骤结转,可以真实准确反映产品成本构成水平。此法除第一车间与综合结转方法完全一致外,以后各车间皆在"直接材料""直接人工""制造费用"项目中开设专栏反映"上步骤转入数""本步骤发生数"。至于各步骤完工半成品成本及在产品约当产量计算皆与综合结转分步法相同,鉴于实务中此法很少采用,故举例略。

☑平行结转分步法不设置"自制半成品"账户,要求平行汇总计算各步骤计入最终产成品的成本"份额"。"份额"之和,即为产成品总成本,各步骤结存的生产费用即为各步骤广义在产品成本。这里的广义在产品不仅包括狭义在产品,还包括本步骤已完成加工任务并转入以后步骤进一步加工或转入半成品库等待进一步加工的半成品;对应的狭义在产品仅指本步骤尚未完成加工任务的在产品。

$$\text{某步骤应计入产成品成本的份额} = \text{产成品数量} \times \dfrac{\text{单位产成品耗用该步骤半成品数量}}{} \times \text{该步骤半成品单位成本}$$

【例 8-2】 按[例 8-1]资料,若其他因素不变,假设每件甲产品耗用各步骤半成品均为 1 件,各车间产量记录如表 8-4 所示,各车间生产费用汇总如表 8-11 所示。要求采用平行结转分步法计算完工产品总成本和单位成本。

表 8-11　8 月份各车间生产费用汇总表

单位:元

生产车间及成本内容		直接材料	直接人工	制造费用	合　计
第一车间	月初在产品成本	500	125	100	725
	本月发生的费用	5 500	2 625	2 100	10 225
第二车间	月初在产品成本		400	300	700
	本月发生的费用		5 200	3 064	8 264

续表

生产车间及成本内容		直接材料	直接人工	制造费用	合 计
第三车间	月初在产品成本		1 200	812.40	2 012.40
	本月发生的费用		4 711	3 155	7 866

依题意,首先根据给定的表8-4资料列表计算各车间约当产量(见表8-12),然后分车间计算各步骤平行结转计入完工产品成本份额(见表8-13、表8-14、表8-15),最后计算完工产品总成本和单位成本。

表8-12 8月份各车间约当产量计算汇总表

单位:件

项 目	产品细分	第一车间	第二车间	第三车间
各车间甲产品产量	狭义在产品(本步骤)	40	20	40
	半成品(本步骤以后步骤)	60	40	—
	产成品(最终完工)	240	240	240
分配材料约当产量	狭义在产品(本步骤)×100%	40×100%=40	—	—
	半成品(本步骤以后步骤)	60	—	—
	产成品(最终完工)	240	—	—
	合计	340	—	—
分配工费约当产量	狭义在产品(本步骤)×50%	40×50%=20	20×50%=10	40×50%=20
	半成品(本步骤以后步骤)	60	40	—
	产成品(最终完工数量)	240	240	240
	合计	320	290	260

表8-13 甲产品一车间成本计算单

产品名称:A半成品　　　　2018年8月　　　　完工产量:240件　　　　单位:元

项 目	直接材料	直接人工	制造费用	合 计
月初在产品成本	500	125	100	725
本月发生的费用	5 500	2 625	2 100	10 225
生产费用合计	6 000	2 750	2 200	10 950
约当产量(件)	340	320	320	—
费用分配率	17.647	8.594	6.875	33.116
应计入240件完工产品份额	4 235.28	2 062.56	1 650	7 947.84
月末在产品成本	1 764.72	687.44	550	3 002.16

表 8-14　甲产品二车间成本计算单

产品名称：B半成品　　　2018 年 8 月　　　完工产量：240 件　　　单位：元

项目	直接材料	直接人工	制造费用	合计
月初在产品成本		400	300	700
本月发生的费用		5 200	3 064	8 264
生产费用合计		5 600	3 364	8 964
约当产量（件）		290	290	—
费用分配率		19.31	11.60	30.91
应计入240件完工产品份额		4 634.40	2 784	7 418.40
月末在产品成本		965.60	580	1 545.60

表 8-15　甲产品三车间成本计算单

产品名称：甲产品　　　2018 年 8 月　　　完工产量：240 件　　　单位：元

项目	直接材料	直接人工	制造费用	合计
月初在产品成本		1 200	812.40	2 012.40
本月发生的费用		4 711	3 155	7 866
生产费用合计		5 911	3 967.40	9 878.40
约当产量（件）		260	260	—
费用分配率		22.735	15.259	37.994
应计入240件完工产品份额		5 456.40	3 662.16	9 118.56
月末在产品成本		454.60	305.24	759.84

根据表 8-13、表 8-14、表 8-15 计算结果，平行汇总各步骤应计入完工产成品成本的份额，计算产成品成本，编制"甲产品成本汇总计算单"，如表 8-16 所示。

表 8-16　甲产品成本汇总计算单

产品名称：甲产品　　　2018 年 8 月　　　完工产量：240 件　　　单位：元

项目	直接材料	直接人工	制造费用	合计
第一车间	4 235.28	2 062.56	1 650	7 947.84
第二车间		4 634.40	2 784	7 418.40
第三车间		5 456.40	3 662.16	9 118.56
总成本	4 235.28	12 153.36	8 096.16	24 484.80
单位成本	17.647	50.639	33.734	102.02

根据表 8-16，结转完工产品生产成本，编制会计分录：

借：库存商品——甲产品　　　　　　　　　　　　　　24 484.80
　　贷：基本生产成本——一车间　　　　　　　　　　 7 947.84
　　　　基本生产成本——二车间　　　　　　　　　　 7 418.40
　　　　基本生产成本——三车间　　　　　　　　　　 9 118.56

成本会计学练习题

一、大华公司有两个基本生产车间,分别生产甲、乙两种产品。为简化核算,在进行产品成本核算过程中,只将为生产产品发生的直接材料费、直接人工费,按其发生地点和用途分别计入各相关产品生产成本中,其余的全部记入"管理费用"账户中。本会计期间内记入"管理费用"账户的各有关项目包括:

(1) 各生产车间机器设备折旧费 45 000 元,其中,第一车间 20 000 元,第二车间 25 000 元。办公设备折旧费 5 000 元。

(2) 支付各生产车间管理人员薪酬 8 000 元,其中,第一车间 3 000 元,第二车间 5 000 元。支付厂部管理人员薪酬 12 000 元。

(3) 第一车间经营性租入固定资产发生租赁费 4 000 元。

(4) 本期支付水电费 8 600 元,其中,第一车间 4 600 元,第二车间 3 000 元,其余 1 000 元为厂部耗用。

(5) 本期支付推销以前产品的广告费用 34 000 元。

(6) 支付各项厂部办公用品费 5 200 元。

(7) 计提坏账准备 3 000 元。

(8) 本期计提短期借款利息 2 500 元。

(9) 本期摊销印花税 1 000 元。

(10) 专设销售机构发生佣金支出 15 000 元。

上述处理符合现行的《企业会计准则》和成本开支范围的规定吗?如不符合,请你指出错误之处,并给出正确处理方法。

二、某企业在本会计期间内发生的部分经济业务内容如下:

(1) 为制造产品消耗材料费 250 000 元,消耗的全部材料均为前期储备材料。

(2) 为制造产品支付职工薪酬 150 000 元。

(3) 生产设备和生产用房屋计提折旧费 80 000 元,行政管理部门办公设备和办公用房屋计提折旧费 30 000 元。

(4) 生产过程中发生废品损失 5 000 元。

(5) 购买新的生产设备,用银行存款支付 500 000 元。

(6) 租用生产用厂房,以银行存款支付本月租金 9 000 元。

(7) 对外投资支付现金 20 000 元。

(8) 向投资者分配利润 30 000 元。

(9) 以现金支付财务部门的办公费用 4 000 元。

(10) 以银行存款支付广告费 50 000 元。

(11) 因违反税法有关规定被处罚,支付现金 6 000 元。

(12) 支付全厂半年财产保险费 8 000 元。

(13) 支付本期利息支出 600 元。

(14) 支付生产车间水电费 1 000 元。

(15) 向长期合作单位捐赠现金 40 000 元。

该企业将上述各项支出,全部直接分别记入了当期生产的甲、乙两种产品的"基本生产成本"明细账户中。这样处理正确吗,为什么?请逐笔分析,给出正确处理方法。

三、甲公司为皮具生产企业,其基本生产车间生产 A、B 两种皮具,A 种皮具主要为熟练的工人手工生产,B 种皮具主要为机器加工生产。本月基本生产车间共发生制造费用 280 000 元。根据以往记录,基本生产车间制造费用中 60% 为折旧费等与机器设备有关的费用。本月 A、B 两种产品相关耗费和产量资料如下表所示。

甲公司 A、B 产品相关耗费发生表

项　目	A 产品	B 产品
直接材料(元)	58 000	82 000
生产工人工时(小时)	700	300
机器工时(小时)	1 000	4 000
产量(件)	100	300

请采用多种标准分配本月发生的制造费用,并比较不同结果之间的差异,分析甲公司基本生产车间最适宜的分配方法。

四、小李是某木材加工厂的成本会计,该工厂生产大、小两种课桌,9 月份耗用木材等原材料共计 62 400 元。本月完工大课桌 220 张、小课桌 256 张。单张课桌原材料费用定额为:大课桌 120 元,小课桌 100 元;本月共耗电 40 000 度,每度电的成本为 0.40 元,生产车间生产产品共耗电 23 000 度;大课桌生产工时 36 000 小时,小课桌生产工时 24 000 小时。根据本月工资结算凭证汇总表汇总的工资费用为 100 000 元,其中生产大、小课桌的工人计时工资共计 48 000 元。

请你帮助小李分配这些费用,并计算完工大、小课桌总成本和单位成本。

五、某企业生产 A、B、C、D、E、F 六种产品。20×1 年 5 月份,该企业的具体生产情况如下:

(1) A 产品各月月末在产品数量很小且生产稳定。本月初在产品成本为 0,本月发生生产费用 20 000 元。

(2) B 产品各月月末在产品数量较多但各月之间在产品数量变化较小。本月初在产品成本 3 000 元,本月发生生产费用 30 000 元。

(3) C 产品月末在产品已完工,但还没有验收入库。本月完工产品数量为 800 件,在产品数量为 200 件,月初在产品成本和本月生产费用之和为 20 000 元。

(4) D 产品各月月末在产品数量较大,各月在产品数量变化也较大,但原材料在成本中所占比重较高。已知本月完工产品 3 000 件,月末在产品 1 000 件,材料于生产开始一次投入。本月初在产品成本为 8 000 元,本月发生生产费用为:直接材料 32 000 元,直接人工 2 000 元,制造费用 3 000 元。

(5) E 产品各类消耗定额资料比较准确且各月月末在产品数量变化较小。本月月初在产品成本为 10 000 元,本月发生生产费用 50 000 元,已知本月完工产品的定额总成本为 40 000 元,月末在产品定额总成本为 15 000 元。

(6) F 产品各类消耗定额资料比较准确但各月之间月末在产品数量变化较大。本月初在产品成本 16 000 元,本月发生生产费用 50 000 元,已知本月完工产品的定额总成本为 40 000 元,月末在产品定额总成本为 20 000 元。

请你分别确定 A、B、C、D、E、F 六种产品最适合的完工产品成本计算方法,并按该方法分别计算确定上述六种产品 5 月份的完工产品成本。

六、小李同学 2018 年年初成立一家制造公司,专门生产其自己研发的一种遥控装置。年末公司会计因病无法完成年末的财务报表,但该会计已经正确地计算了年末存货的数据。

其中,年末原材料存货成本 230 000 元,年末在产品存货成本 157 500 元,年末 3 000 个产成品存货成本 442 500 元。

小李急于想知道当年盈亏情况,就自己找资料计算。计算结果如下:

全年销售净额 3 053 000 元;已销售产品的成本包括购买的原材料 905 000 元,支付生产工人的工资 550 000 元,发生的制造费用 850 000 元,发生的销售费用 353 000 元,管理费用 660 000 元。当年净亏损 265 000 元。

小李对公司的经营成果非常不满意。他说:今年公司不但亏损了 26 万多,而且产品单位成本太高,销售了 1 万件产品,总成本是 3 318 000 元,平均单位成本 331.8 元,而竞争对手的平均单位成本只有 175 元。不用会计我也知道今年的经营成果糟透了。

针对小李的说法,请你回答:公司全年完工产品总成本是多少元?单位产品成本是多少元?公司所得税税率为 25%,当年有无利润?如有,是多少?小李在计算过程中犯了哪些错误?

七、小王于 2016 年 9 月从原来的企业辞职,应聘到一家纺织厂做成本会计员。财务部原成本会计赵师傅向小王介绍了企业的基本情况。该纺织厂规模较大,共有三个纺纱车间,两个织布车间。另外,还有若干个为纺纱、织布车间服务的辅助生产车间。

该厂第一纺纱车间的产品全部对外销售;第二纺纱车间的产品供第一织布车间使用;第三纺纱车间的产品供第二织布车间使用。纺纱和织布的工序包括清花、粗纺、并条、粗纱、细纱、捻线、织布等。各工序生产的半成品直接供下一工序使用,不经过半成品库。

该厂现行的成本计算模式是:第一纺纱车间采用品种法计算成本;第二纺纱车间和第一织布车间采用品种法计算成本;第三纺纱车间和第二织布车间采用逐步结转分步法计算成本。

为了加强企业的成本管理,纺织厂财务部对各车间生产的半成品均要进行考核。另外,主管部门还要对半成品成本情况进行评比和检查。

赵师傅问小王:"我厂成本计算方法的选择是否合理?如果不合理,应如何改进?"

请你根据所学知识,代小王回答这个问题。

成本会计学练习题参考答案

一、

大华公司的会计处理不符合现行《企业会计准则》和成本开支范围的规定。

错误的地方是"管理费用"账户不应列支以下内容:(1)各生产车间折旧费45 000元;(2)各生产车间管理人员薪酬8 000元;(3)车间租赁费4 000元;(4)车间水电费7 600元;(5)广告费34 000元;(6)计提坏账准备3 000元;(7)计提短期借款利息2 500元;(8)专设销售机构支出15 000元。

正确处理方法:(1)各生产车间折旧费45 000元应计入"制造费用"账户;(2)各生产车间管理人员薪酬8 000元应计入"制造费用"账户;(3)车间租赁费4 000元应计入"制造费用"账户;(4)车间水电费7 600元应计入"制造费用"账户;(5)广告费34 000元应计入"销售费用"账户;(6)计提坏账准备3 000元应计入"资产减值损失"账户;(7)计提短期借款利息2 500元应计入"财务费用"账户;(8)专设销售机构支出15 000元应计入"销售费用"账户。

上述各项支出中

应计入产品成本64 600元(=45 000+8 000+4 000+7 600);

应计入销售费用49 000元(=34 000+15 000);

应计入资产减值损失3 000元;

应计入财务费用2 500元。

管理费用账户归集24 200元(=5 000+12 000+1 000+5 200+1 000)。

二、

1. 该企业本期经济业务处理有错误,因为所计成本超出了成本开支范围。

2. 本案例的处理涉及成本开支范围问题。

(1)为制造产品消耗的材料费用250 000元,虽然消耗的全部材料均为前期储备材料,但因在本期中用于产品生产,符合产品成本开支范围的规定,故应计入产品成本中。

(2)为制造产品支付的工资费用150 000元,符合产品成本开支范围的规定,故应计入产品成本中。

(3)对于生产设备和生产用房屋计提的折旧费用80 000元,符合产品成本开支范围的规定,故应计入产品成本中;而行政管理部门办公设备和办公用房屋计提折旧费用30 000元,应计入管理费用,从当期利润中一次扣除,与产品成本没有关系。

(4)对于生产过程中发生的废品损失5 000元,虽然它不能形成产品的价值,但为了划清责任加强成本核算,应当将其计入产品成本中。

(5)购买新生产设备支付的银行存款500 000元,是一项资本性支出,不能计入当期产品成本中,而应在该项资产投入使用后,按照合理的方式分期摊入各期的产品成本中。

(6)支付本月生产用厂房租金9 000元,属于生产车间发生的管理和组织生产的费用,支付时先记入"制造费用"账户,月末计算完工产品成本时选择合理的分配标准摊入产品生产成本中。

(7) 对外投资支付的现金20 000元,不符合产品成本开支范围的规定,故不应计入产品成本中。

(8) 向投资者分配的利润30 000元,属于企业利润分配,与生产过程没有关系,不符合产品成本开支范围的规定,故不应计入产品成本中。

(9) 以现金支付财务部门办公费用4 000元,应计入管理费用,而不能计入产品成本中。

(10) 以银行存款支付广告费50 000元,应计入销售费用,而不能计入产品成本中。

(11) 因被罚款支付的现金6 000元,应计入营业外支出中,与产品成本没有关系。

(12) 支付全厂半年财产保险费8 000元,应计入管理费用中,不能计入产品生产成本中。

(13) 支付本期利息支出600元,应计入财务费用,不能计入产品成本中。

(14) 支付生产车间水电费1 000元,符合产品成本开支范围的规定,故应计入产品成本中。

(15) 向长期合作单位捐赠的现金40 000元,与产品成本没有关系,不应计入产品成本中,应计入营业外支出中。

三、

1. 制造费用采用生产工时为分配标准时,A产品负担196 000元[=280 000÷(700+300)×700]、B产品负担84 000元[=280 000÷(700+300)×300];采用机器工时为分配标准时,A产品负担56 000元[=280 000÷(1 000+4 000)×1 000]、B产品负担224 000元[=280 000÷(1 000+4 000)×4 000];采用产量为分配标准时,A产品负担70 000元[=280 000÷(100+300)×100]、B产品负担210 000元[=280 000÷(100+300)×300]。

若28万元的40%部分以生产工时为分配标准、28万元的60%部分以机器工时为分配标准,则A产品负担112 000元[=280 000×40%÷(700+300)×700+280 000×60%÷(1 000+4 000)×1 000];B产品负担168 000元[=280 000×40%÷(700+300)×300+280 000×60%÷(1 000+4 000)×4 000]。

2. 根据该生产车间耗费的成本动因情况判断,采用上述第四种分配方法,分配结果较为准确。

四、

该厂生产的大小课桌成本由三部分构成:材料费用、电费、工人工资。

材料费用按定额进行分配:

大课桌材料成本=220×120=26 400(元)

小课桌材料成本=256×100=25 600(元)

电费按产品的生产工时比例分配:

大课桌电费成本=23 000×0.4÷(36 000+24 000)×36 000=5 520(元)

小课桌电费成本=23 000×0.4÷(36 000+24 000)×24 000=3 680(元)

工人工资按产品的生产工时比例分配:

大课桌工资费用＝48 000÷(36 000＋24 000)×36 000＝28 800(元)

小课桌工资费用＝48 000÷(36 000＋24 000)×24 000＝19 200(元)

所以,大课桌总成本＝26 400＋5 520＋28 800＝60 720 元,单位成本＝60 720÷220＝276 元/张;小课桌总成本＝25 600＋3 680＋19 200＝48 480 元,单位成本＝48 480÷256＝189.375 元/张。

五、

1. A、B、C、D、E、F 六种产品应分别采用"在产品不计算成本法""在产品按年初数固定计算法""在产品按完工产品计算法""在产品成本按所耗原材料计算法""在产品按定额成本计算法""定额比例法"计算完工产品成本。

2. (1) 在产品不计算成本法下,完工产品成本为 20 000 元。

(2) 在产品按年初数固定计算法下,完工产品成本为 30 000 元。

(3) 在产品按完工产品计算法下,完工产品成本为 16 000 元[＝20 000÷(800＋200)×800]。

(4) 在产品成本按所耗原材料计算法下,完工产品成本为 35 000 元[＝(8 000＋32 000)÷(3 000＋1 000)×3 000＋2 000＋3 000]。

(5) 在产品按定额成本计算法下,完工产品成本为 45 000 元[＝(10 000＋50 000)－15 000]。

(6) 定额比例法下,完工产品成本为 44 000 元[＝(16 000＋50 000)÷(40 000＋20 000)×40 000]。

六、

该公司当年完工产品总成本＝(905 000＋550 000＋850 000)－(230 000＋157 500)＝1 917 500(元)

或该公司当年完工产品总成本＝442 500÷3 000×(10 000＋3 000)＝1 917 500(元)

该公司单位产品成本＝442 500÷3 000＝147.50(元)

该公司当年有利润。

税前利润＝3 053 000－147.5×10 000－353 000－660 000＝565 000(元)

税后利润＝565 000×(1－25%)＝423 750(元)

从上述的计算可以看出,小李同学关于公司没有盈利以及单位成本远高于竞争对手的说法是错误的。小李同学在计算过程中有五个错误:

(1) 将销售费用和管理费用等期间费用作为产品成本;

(2) 将当期购买的原材料全部算作当期的生产成本;

(3) 将已销售产品的成本等同于当期全部支出;

(4) 混淆了当期生产费用与完工产品成本之间的关系;

(5) 按销售数量计算产品的单位成本。

七、

该厂第一纺纱车间由于生产的产品直接对外销售,不为其他生产车间使用,因此,可以采用品种法计算成本;第二纺纱车间向第一织布车间提供半成品,为了进行成本考核和分析,应计算该步骤半成品的成本,所以,采用逐步结转分步法比较合适;第三纺纱车间与第二织布车间已经采用逐步结转分步法了,所以,可以不改变。

第三部分 管理会计 8 大类方法

第一章 导论

管理会计,是从西方引进的一门新兴学科。西方管理会计的核心是为改进企业经营管理,提高经济效益服务。我国应结合国情有选择地消化吸收其理论与方法技术的精华,想方设法应用到现代化建设的实践中。

管理会计,着重对传统会计提供的历史成本信息进行再分析加工和利用,借以预测未来,决策方案取舍,控制成本,实现有限资源最优化配置,其作用具有前瞻性、决策性、控制性。

管理会计,从研究成本习性入手,掌握成本与业务量之间联系的规律性,为分析本、量、利三者关系,求得边际贡献,为单种或多种产品保本点预测、安全边际的计算以及销售、成本、利润的预测,提供了理论与技术支撑;并利用财务会计信息以及各种预测分析资料,根据企业自身条件,借助成本效益分析原理和专门方法和技术,对备选的短期经营方案和长期投资方案进行决策;通过编制全面预算、制定标准成本制度,实现对企业经济活动和业绩进行控制和评价。

本部分主要介绍四大块内容,共八章。第一块共三章介绍三类分析方法:成本习性分析、本量利分析、预测分析;第二块共两章介绍两类决策方法:短期经营决策、长期投资决策;第三块共两章介绍两类控制方法:全面预算、标准成本;第四块仅一章介绍一类评价方法:绩效考核方法。简言之,3 分析 2 决策、2 控制 1 评价。至于战略管理会计、质量成本会计、人力资源会计等,作为管理会计发展新领域,因其理论尚未成熟、方法与技术尚未被广泛应用,本教材不做介绍。

第二章 三类分析方法之一:成本习性分析

本章主要涉及以下概念和内容:成本习性、变动成本的内容、固定成本的内容、混合成本及其细分、混合成本分解、变动成本法与完全成本法比较。

★ 成本习性

成本习性,是指成本总额对业务量(即产量或销售量)的依存关系。成本总额是指为取得营业收入而发生的营业费用,含全部生产成本和期间费用。这种依存关系是客观存在的,具有固有的性质,故称之为习性,亦可称为成本性态。按照成本的习性,管理会计将企业的全部成本分为变动成本、固定成本和混合成本三大类。

★ 变动成本的内容

变动成本，是指在一定时期和一定业务量范围内，总额与业务量成正比例变动关系的成本。而从产品的单位成本看，变动成本是保持不变的。

变动成本，主要由变动生产成本、变动推销费用、变动管理费用、变动财务费用构成，其中变动生产成本包含直接材料、直接人工、变动制造费用，即是变动成本法下产品成本三项内容，与完全成本法下产品成本（即基础会计、成本会计中产品成本计算）相比，少一项固定制造费用，两法在计算税前净利润时所形成的差额，皆因产品成本是否包含固定制造费用引起，皆由固定制造费用结转与余存多少造成。需要特别注意的是，管理会计在实际运用中的变动成本与本教材后面所涉及的变动成本，内涵和范围是一致的，不仅包含变动成本法下的产品成本，还包含变动推销费用、变动管理费用及变动财务费用。

★ 固定成本的内容

固定成本，是指在一定时期和一定业务量范围内，总额不受业务量变动影响而固定不变的成本。从产品单位成本看，固定成本与业务量成反比例变动关系。

固定成本，主要由固定制造费用、固定推销费用、固定管理费用、固定财务费用构成。变动成本法下将固定制造费用归入固定成本，而完全成本法下将固定制造费用算作产品成本组成。变动成本法下固定成本内容包括折旧费、管理人员薪酬、房屋租金、保险费、房产税、办公费、差旅费、研发费、广告费、职工培训费、可资本化借款利息等。按固定成本能否增减，细分为约束性固定成本、酌量性固定成本。

☆约束性固定成本，是指管理当局决策基本上不能改变其发生数额的固定成本，主要包括折旧费、管理人员薪酬、房屋租金、保险费、房产税等。如管理当局硬性削减，将影响企业生产经营能力、成本以及盈利能力。

☆酌量性固定成本，是指管理当局决策基本上可以改变其发生数额的固定成本，主要包括办公费、差旅费、研发费、广告费、职工培训费等。如管理当局通过预算以及方案和决策的选择，以达到降低总额的目的是可能的。

★ 混合成本及其细分

混合成本，是指介于变动成本与固定成本之间，随业务量变动而变动但不成比例变动的成本。按混合成本变动趋势细分为半变动成本、半固定成本、延期变动成本、曲线变动成本四种类型。

☆半变动成本

半变动成本，是指在初始的基数上随业务量正比例增长的成本，因其由明显的固定和变动两部分成本合成，故又称标准式混合成本，如电话费、水电费、暖气费、机器维保费、销售人员薪酬等。其数学模型可表达为：$y=a+bx$，y 表示混合总成本，a 表示固定成本，b 表示单位变动成本，x 表示业务量，此式可作为混合成本分解公式。

☆半固定成本

半固定成本，是指在一定业务量范围内成本发生额是固定的，当业务量增长超过一定范围，其发生额就跳跃到新的水平，并在新的业务量变动范围内保持不变，直到出现另一个新的跳跃为止，由于此种成本的习性模型呈阶梯状，故又称阶梯式变动成本，如化验员、质检员、运货员、保养工、领班等人员工资。因变动范围无规律性,较难用数学模型表示,但可根据业务量变动范围,分段确定归属于固定成本或变动成本。

☆延期变动成本

延期变动成本,是指在一定业务量范围内成本总额不随业务量而变动,当业务量超出一定临界点后,成本总额会随着业务量变动呈正比例变动,表现为变动成本,如计时工资制下加班工资支付,按加班长短计酬。此种延期变动成本与半变动成本的区别是,在一定业务量范围内表现为固定成本,超过临界点业务量后表现为变动成本(延期变动),而半变动成本业务初始量为零时表现为固定成本。

☆曲线变动成本

曲线变动成本,通常有一个初始量,一般不变,相当于固定成本;在这个初始量基础上,成本随业务量增加而增加,但并不呈正比例直线关系,而呈非线性曲线关系。可细分为递减型混合成本,递增型混合成本。如需预热的电炉所耗费的成本,初始时成本属于固定成本,预热后随着产品热处理量增加,成本逐步下降;又如累进计件工资,在约定产量达到前,工资是固定不变的,当超过约定产量时,计件工资就逐步递增。

值得注意的是,固定成本、变动成本的划分是基于一定时间和一定业务量范围的。超出相关范围,固定成本也将发生变化。如产量超出现有设备最大生产能力时,就需要增加设备,相应折旧费用将增加。因此各项成本性态划分是相对的、暂时的、可转化的。同理,混合成本在相关范围内也具有暂时性,线性关系的保持也是有条件的。

实际工作中,为了预测、规划经济活动,也为了更好地控制成本,管理会计需按成本习性将全部成本划分为变动成本和固定成本两类。这样就需要对前述的混合成本进行分解,归入变动成本和固定成本两类中。

★ 混合成本分解

常用的方法有账户分析法、合同确认法、技术测定法、数学分解法。

☆账户分析法

账户分析法,就是对各个成本账户所归集的内容进行分析,根据经验判断其特征更接近固定成本还是变动成本,并直接划分确定变动成本项目和固定成本项目。

如制造费用中归集的修理费、机物料消耗、劳保费、停工损失等可归入变动成本;制造费用中生产车间间接人工、折旧费用、无形资产摊销费用、保险费用、设备租金、办公费等可归入固定成本。

销售费用中运输装卸费、包装费、保险费、展览费、业务费等可归入变动成本;销售费用中折旧费、销售网点、售后服务网点等职工薪酬等可归入固定成本。

管理费用中物料消耗、低值易耗品摊销、诉讼费、技术转让费、修理费等可归入变动成本;管理费用中开办费、行政管理部门职工薪酬、办公费、差旅费、工会经费、董事会成员津贴、会议费、招待费、房产税、车船使用税、土地使用税、印花税等可归入固定成本。

财务费用中筹资费用、发生或收到的现金折扣、票证工本费等可归入变动成本;财务费用中为购建或生产而满足资本化条件发生的应予以资本化的借款费用、手续费用、融资租入固定资产发生的融资租赁费用等可归入固定成本。

此法是分解混合成本最为简便的一种,也是决策分析应用较广泛的一种。

☆合同确认法

合同确认法,就是对制造费用、销售费用、管理费用、财务费用中经账户分析后余下的暂未归类费用,根据相关合同以及原始凭证进行逐一分析估算,认定归属固定成本和变动成本的项目和数额,如水电费、广告费、研发费、咨询费、排污费、利息净支出、汇兑损益等。此法一般需配合账户分析法使用。

☆技术测定法

技术测定法,又称为工程分析法,就是从投入产出关系入手,通过观察和分析,运用工业工程研究方法直接测定一定的生产流程、工艺水平和管理水平条件下应达到的各种材料和人工成本消耗标准的方法。

此法实施的具体步骤是:

第一步,研究确定混合成本项目。

第二步,观察分析生产成本形成过程。

第三步,确定最佳生产工艺流程和标准。

第四步,安排工程技术人员测定各种材料、工时的消耗量。

第五步,管理会计人员分析测算混合成本项目与业务量之间的关系,估算出固定成本和变动成本。

热处理电炉预热及产品正常生产时耗电费用的分解计算可采用此法。

此法分析结果具有客观性、科学性和先进性。据此可建立各种消耗数据库,一方面来划分固定成本和变动成本,另一方面促使企业各种经济资源最优化利用。但对工程技术要求较高,分析成本较高。

☆数学分解法

数学分解法,就是借助数学方法对以前若干期间形成的实际成本和业务量历史数据进行分解的方法。主要适用于生产流程和工艺设计不变的情况下的决策。常用的有高低点法、散点图法和回归直线法。

☑高低点法,是以某一定期间内的最高业务量(高点)的混合成本与最低业务量(低点)的混合成本之差,除以最高业务量与最低业务量之差,先计算出单位变动成本,后代入高点或低点混合成本公式,通过移项计算出混合成本中变动成本和固定成本数额的方法。求解公式即半变动成本的数学模型。此法仅采用了所观测的历史数据中最高点及最低点的业务量和混合成本,没有全面考虑所有历史成本资料,分解结果难免具有一定的偶然性。

☑散点图法,又译作布点图法,是把过去某一定期间混合成本的历史数据逐一标记在横轴表示业务量(x)、纵轴表示混合成本金额(y)的坐标图上,然后通过目测,在各成本点之间画一条能反映成本变动的平均趋势直线,并尽量要求该直线上下各成本点与直线之间正负误差之和为 0,据以确定混合成本中的固定成本和变动成本金额的一种图示方法。图中直线与 y 轴交点上,纵坐标即纵截距为固定成本 a,直线斜率即单位变动成本 b 等于所选业务量对应的混合成本与 a 之差除以所选业务量 x,据此可得到混合成本公式:$y=a+bx$。各业务量下的变动成本通过代入对应业务量即得。此法直观,易于理解,但具有较大的主观臆断性。

☑回归直线法,是指利用微分极值原理对若干期(n)全部业务量(x)与成本(y)资料进行处理,并据以推算出混合成本(y)中的固定成本(a)和单位变动成本(b)的一种成本性态分析方法。假设混合成本符合总成本性态模型：$y=a+bx$，列表计算 $\sum x$、$\sum y$、$\sum xy$、$\sum x^2$、$\sum y^2$ 的值，根据公式计算 a、b 的值：

$$b=\frac{n\sum xy-\sum x\cdot\sum y}{n\sum x^2-(\sum x)^2}$$

$$a=\frac{\sum y-b\sum x}{n}$$

但运用回归分析法分解混合成本的前提条件是，只有当业务量与成本之间存在一定相关度时，通过回归方程描述成本变动趋势才基本符合实际。相关度用相关系数 r 衡量，其表达式为：

$$r=\frac{n\sum xy-\sum x\sum y}{\sqrt{[n\sum x^2-(\sum x)^2]\times[n\sum y^2-(\sum y)^2]}}$$

当 $r=1$ 时，说明 x 与 y 完全正相关；$r=-1$，说明 x 与 y 完全负相关；$r=0$，说明 x 与 y 无任何联系。现实应用中一般认为 $0.85\leqslant r\leqslant 1$ 时，方可建立回归方程，分解混合成本。

上述三种数学分解方法均包含估计的成分，有一定程度的假定性。所以，西方国家的中小企业对混合成本在相关范围内变动不大时，为简化手续不做分解，直接把混合成本全部归入固定成本。

★ 变动成本法与完全成本法比较

☆ 两种方法应用前提不同

☑ 变动成本法的应用前提是成本性态分析，即将全部成本划分为变动成本和固定成本两部分，尤其是将具有混合成本性质的制造费用分解为变动制造费用和固定制造费用两部分。

☑ 完全成本法是财务会计核算成本的基本方法。完全成本法的前提是将成本按其经济职能或经济用途分为生产成本和非生产成本。凡发生在生产领域为制造产品服务的成本归属于生产成本，即产品成本；凡发生在流通、管理、服务领域的销售费用、管理费用、财务费用归属于非生产成本，即期间费用。

☆ 两种方法所提供的信息用途不同

☑ 变动成本法是为强化企业内部管理，满足企业未来决策需要而产生的。它揭示了成本、业务量和利润之间的规律，有助于企业加强成本管理，强化预测、决策、计划、控制和业绩考核等职能，促进以销定产，减少或避免因盲目生产而带来的损失。

☑ 完全成本法是适应企业内部事后将间接成本分配给各种产品的需要，反映产品发生的全部资金耗费。它提供的成本信息可以确定产品实际成本和利润，并满足对外提供报表的需要，有助于企业估价存货、确定损益、制定价格，因而被广泛接受。

☆ 两种方法下产品成本和期间费用构成不同

☑ 变动成本法下，生产成本即产品成本包含直接材料、直接人工、变动制造费用，不包含固定制造费用，将区分出的固定制造费用归入期间费用，即非生产成本包含固定制造费用、销售费用、管理费用和财务费用。

☑完全成本法下,制造费用没有变动和固定之分,全部归入生产成本,即产品成本包含直接材料、直接人工、制造费用,非生产成本即期间费用,包含销售费用、管理费用和财务费用。

两种方法下生产成本对应产品成本、非生产成本对应期间费用,但各自包含的内容不同,如图2-1所示。

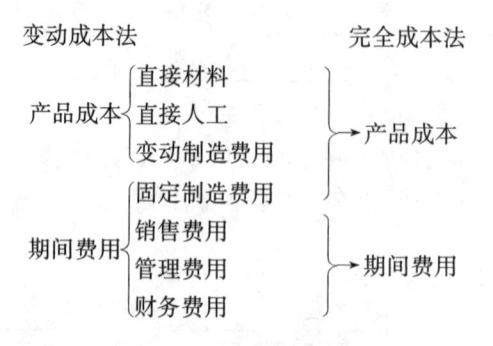

图2-1 产品成本与期间费用的构成对比图

【**例2-1**】 假设某企业只生产一种甲产品,销售单价50元/件。单位产品耗费直接材料18元、直接人工8元、变动制造费用4元。全年固定制造费用50 000元;全年固定推销及管理费70 000元;第一年至第三年变动推销及管理费用依次为18 000元、20 000元、22 000元。第一年至第三年产量皆为10 000件,销量依次为10 000件、8 000件、12 000件。

要求:分别应用两种成本法计算该企业三年的产品成本和期间费用。其计算结果,如表2-1所示。

表2-1 两种成本法下产品成本和期间费用计算表

单位:元

成本项目		变动成本法			完全成本法		
		第一年	第二年	第三年	第一年	第二年	第三年
产品成本	直接材料	180 000	180 000	180 000	180 000	180 000	180 000
	直接人工	80 000	80 000	80 000	80 000	80 000	80 000
	变动制造费用	40 000	40 000	40 000	40 000	40 000	40 000
	固定制造费用	—	—	—	50 000	50 000	50 000
	合计	300 000	300 000	300 000	350 000	350 000	350 000
期间费用	固定制造费用	50 000	50 000	50 000	—	—	—
	变动推销及管理费用	18 000	20 000	22 000	18 000	20 000	22 000
	固定推销及管理费用	70 000	70 000	70 000	70 000	70 000	70 000
	合计	138 000	140 000	142 000	88 000	90 000	92 000

由计算结果可以看出,按完全成本法计算的产品总成本均高于变动成本法计算的产品总成本;而完全成本法下的期间费用却低于变动成本法下的期间费用。这种差异主要源于两种方法对固定制造费用的处理不同。

☆两种方法下本期销售成本和期末存货成本构成成分不同

☑ 变动成本法下,本期销售成本和期末存货成本不包括任何固定制造费用,也不包括变动期间费用。

☑ 完全成本法下,单位产品成本包括固定制造费用,当期末存货不为零时,本期发生的固定制造费用需要在本期销售成本和期末存货成本之间分配,被销售成本吸收的固定制造费用计入本期损益,被期末存货吸收的固定制造费用递延到下期。

两种方法下销售成本和存货成本计算公式如下。

在变动成本法下：

$$本期销售成本＝单位变动生产成本×本期销售量$$

$$本期存货成本＝单位变动生产成本×存货数量$$

在完全成本法下：

$$本期销售成本＝期初存货成本＋本期发生产品成本－期末存货成本$$

$$本期存货成本＝单位完全生产成本×存货数量$$

【例 2-2】 根据[例 2-1]资料,要求:分别按变动成本法和完全成本法确定期末存货成本和本期销售成本。其计算结果,如表 2-2 所示。

表 2-2　本期销售成本及期末存货成本计算表

单位:元、件

项　目	变动成本法			完全成本法		
	第一年	第二年	第三年	第一年	第二年	第三年
期初存货成本	0	0	60 000	0	0	70 000
期初存货数量	0	0	2 000	0	0	2 000
本期生产数量	10 000	10 000	10 000	10 000	10 000	10 000
本期产品成本	30	30	30	35	35	35
本期销售数量	10 000	8 000	12 000	10 000	8 000	12 000
期末存货数量	0	2 000	0	0	2 000	0
期末存货成本	0	60 000	0	0	70 000	0
本期销售成本	300 000	240 000	360 000	350 000	280 000	420 000

由表 2-2 计算结果可知,按完全成本法计算的第二年期末存货成本比按变动成本法计算的第二年期末存货成本高 10 000 元。其原因是:在完全成本法下期末存货成本 70 000 元中,除了包含变动生产成本 60 000 元(＝2 000×30)之外,还包含 10 000 元(＝2 000×5)的固定制造费用。同样,在完全成本法下的三年销售成本 350 000 元、280 000 元、420 000 元中,除了包含 300 000 元、240 000 元、360 000 元的变动生产成本外,还包含 50 000 元、40 000 元(还有 10 000 元被期末存货吸收)、60 000 元(包含上年存货吸收的 10 000 元)的固定制造费用。由此可得出结论,对固定制造费用的处理方法的不同,使得按完全成本法计算的期末存货成本和本期销售成本均高于按变动成本法计算的成本水平。

☆两种方法计算损益的程序不同

☑ 变动成本法下，所有成本项目必须按照成本性态分为变动成本和固定成本，按贡献式损益确定程序计算损益。计算步骤如下：

第一步，计算边际贡献。边际贡献，即销售收入总额超出"变动成本"总额后的余额。具体内容详见第三章"三类分析方法之二：本量利分析"。这里"变动成本"包含变动生产成本、变动销售费用、变动管理费用和变动财务费用。

边际贡献＝销售收入－变动成本
　　　　＝产品单价×销售量－变动生产成本－变动期间费用
　　　　＝产品单价×销售量－单位变动生产成本×销售量－变动销售费用－变动管理费用－变动财务费用

注意：这里的变动期间费用要全额扣除，不因销售量多少影响。

第二步，计算利润总额。

利润总额＝边际贡献－固定成本
　　　　＝边际贡献－固定制造费用－固定销售费用－固定管理费用－固定财务费用

☑ 完全成本法下，损益计算也有两个步骤。

第一步，计算销售毛利。

销售毛利＝销售收入－本期已销售产品的生产成本
　　　　＝产品单价×销售量－（期初存货成本＋本期生产成本－期末存货成本）

第二步，计算利润总额。

　　利润总额＝销售毛利－期间费用总额
　　　　　　＝销售毛利－（销售费用＋管理费用＋财务费用）

这里的期间费用总额包括全部变动的期间费用和固定的期间费用。

【例2-3】 根据[例2-1]资料，要求：分别按两种方法编制三年损益计算表并加以比较。

变动成本法下：

第一年，边际贡献＝(50×10 000)－(30×10 000＋18 000)＝182 000(元)

利润总额＝182 000－(50 000＋70 000)＝62 000(元)

第二年，边际贡献＝(50×8 000)－(30×8 000＋20 000)＝140 000(元)

利润总额＝140 000－(50 000＋70 000)＝20 000(元)

第三年，边际贡献＝(50×12 000)－(30×12 000＋22 000)＝218 000(元)

利润总额＝218 000－(50 000＋70 000)＝98 000(元)

完全成本法下：

第一年，销售毛利＝(50×10 000)－(0＋35×10 000－0)＝150 000(元)

利润总额＝150 000－(18 000＋70 000)＝62 000(元)

第二年，销售毛利＝(50×8 000)－(0＋35×10 000－35×2 000)＝120 000(元)

利润总额＝120 000－(20 000＋70 000)＝30 000(元)（注意：此处减除的期间费用是当年产生的全部推销管理费用，而不是减除按销售数量8 000件计算的变动推销管理费用）

第三年，销售毛利＝(50×12 000)－(35×2 000＋35×10 000－0)＝180 000(元)

利润总额＝180 000－(22 000＋70 000)＝88 000(元)

将上述计算结果编入表 2-3 中。

表 2-3　两种成本法下三年损益计算表

单位:元

变动成本法	第一年	第二年	第三年	完全成本法	第一年	第二年	第三年
销售收入	500 000	400 000	600 000	销售收入	500 000	400 000	600 000
减:变动成本				减:销售成本			
变动生产成本	300 000	240 000	360 000	期初存货成本	0	0	70 000
变动推销管理费用	18 000	20 000	22 000	加:本期生产成本	350 000	350 000	350 000
本期变动成本合计	318 000	260 000	382 000	可供销售产品成本	350 000	350 000	420 000
边际贡献	182 000	140 000	218 000	减:期末存货成本	0	70 000	0
减:固定成本				本期销售成本合计	350 000	280 000	420 000
固定制造费用	50 000	50 000	50 000	销售毛利	150 000	120 000	180 000
固定推销管理费用	70 000	70 000	70 000	减:期间费用			
本期固定成本合计	120 000	120 000	120 000	推销管理费用	88 000	90 000	92 000
税前利润	62 000	20 000	98 000	税前利润	62 000	30 000	88 000

从上述计算的结果看,两种方法计算出的三年利润出现三种情形:第一年相同,第二年变动成本法下计算出的利润比完全成本法下计算出的利润少 10 000 元,第三年变动成本法下计算出的利润比完全成本法下计算出的利润多 10 000 元。

这是因为在完全成本法下第二年将期末存货 2 000 件中每件包含的固定制造费用 5 元,共 10 000 元结转至第三年,导致完全成本法下结转的销售成本比变动成本法下结转的变动成本少 10 000 元,因而完全成本法下的税前利润比变动成本法下的税前利润多 10 000 元。

同理,完全成本法下第三年将期初存货 2 000 件中每件包含的固定制造费用 5 元,共 10 000 元转入本年销售成本,较变动成本法下多结转了 10 000 元费用,使本年税前利润比变动成本法下的税前利润少 10 000 元。

总之,损益计算存在差异,源于两者对固定制造费用的不同处理。变动成本法下,总是将本期的固定成本以及变动期间费用全额扣除;而完全成本法下,总是将本期的期间费用全额扣除,将期初存货吸收的固定制造费用结转至下期。导致本期损益计算存在差异。上述差异可以描述为以下三种情形:

第一种,当期末存货等于期初存货时,采用变动成本法和采用完全成本法计算出的税前利润相同。

第二种,当期末存货大于期初存货时,采用变动成本法计算的税前利润小于按完全成本法计算的税前利润。

第三种,当期末存货小于期初存货时,采用变动成本法计算的税前利润大于按完全成本法计算的税前利润。

☆ **变动成本法的优缺点**

■ **变动成本法的优点**

一是能为企业提供有用的管理信息,为规划未来和参与决策服务。如后面章节介绍的利用变动成本、固定成本的划分，进行保本点分析、目标利润预测、短期经营决策和编制弹性预算等。

二是便于分清各部门经济责任，有利于进行成本控制与业绩评价。一般说来，变动制造成本的高低最能反映出生产部门和供应部门的工作业绩。如果直接材料、直接人工和变动制造费用节约或超支，就会立即从产品的变动制造成本指标上反映出来，它们可以通过制定标准成本和建立弹性预算进行日常控制。至于固定制造成本的高低责任一般不在生产部门，通常应由管理部门负责，管理部门可以通过制定费用预算的办法进行控制。

三是促进管理当局注重销售，防止盲目生产。企业管理部门的主要职责是实现预定的目标利润，而实现目标利润的关键是销售目标的实现。因此，一般认为，企业产品销售越多，管理部门的业绩越好。但在完全成本法下，有时却不能正确地反映经营业绩，相反会产生一些令人费解的现象。而变动成本法将利润的变动趋势与销售量的变动趋势直接相联系，在销售单价、单位变动成本、销售结构不变的情况下，企业的净利润将随销售量同向变动。这样，就会促使管理当局重视销售环节，并把注意力放在研究市场动态、搞好销售预测，做到以销定产，防止盲目生产。

四是当销售不佳时，容易将问题暴露出来。在完全成本法下，当企业的产品产销不对路而大量积压时，大部分固定制造费用都作为产成品存货成本而列作企业的资产，因而销售不佳情况不易暴露。但变动成本法计算利润时，由于所有的固定制造费用都作为当期的期间费用在营业收入中扣减，所以销售情况不佳时，问题比较容易暴露。

五是简化成本计算工作，有助于加强日常控制。采用变动成本法时，将固定制造费用全额列作期间费用，不计入产品成本，可以省略许多间接费用的分配。这不仅使得成本计算中的费用分配大为简化，避免间接费用分摊中的主观随意性，而且可以使会计人员从繁重的事后核算工作中解放出来，将工作重点向事前预测、事中控制方面转移。

■变动成本法的缺点

一是不便于编制对外会计报表。按照会计准则的要求，产品成本应能反映产品在生产过程中的所有耗费，包括变动制造费用和固定制造费用。但是，变动成本法下只反映了其中的变动部分，由于其存货计价的不正规而引起的对资产计量和收益计量的影响，从而不便于编制对外财务报表。

二是不能适应长期投资决策的需要。因为长期投资决策要解决的是生产能力和生产规模的问题。从长期看，由于技术进步和通货膨胀等因素的影响，企业的生产能力和生产规模的变化，单位变动成本和固定制造费用总额不可能一成不变，因此，采用变动成本法难以适应诸如增加或减少生产能力、扩大或缩小经营规模等长期投资决策的需要，只能为短期经营决策提供选择最优方案的信息资料。

三是不能直接据以进行产品定价决策。一般认为，固定制造费用是为了制造产品而支出的，应该由有关产品负担，计入产品成本中。由于变动成本法提供的产品成本资料不包括固定制造费用部分，因而不能直接据以进行定价决策。

四是改变成本计算法可能会影响有关方面的利益。由于对外报表不能以变动成本法为基础而只能以完全成本法为基础进行编制，而在改用变动成本计算法时，一般都会降低存货的计价，减少当期的利润，从而减少所得税的上缴和投资者的投资收益，因而会影响有关方面的利益。

尽管变动成本法有一定的局限性，但它在加强企业内部经营管理方面的重要作用是不容置疑的，因此变动成本法的应用已日益广泛。

第三章　三类分析方法之二：本量利分析

本章主要涉及以下概念和内容：本量利分析、边际分析、盈亏平衡分析、安全边际分析、盈亏平衡敏感性分析等。

管理会计在分析研究成本与业务量之间的关系之后，还将利润因素纳入一并研究，分析成本、业务量、利润三者之间的关系。

★ 本量利分析

本量利分析，是建立在成本性态分析基础上对成本、业务量、利润三者之间关系的一种定量分析方法。目前在西方和我国实际工作中，本量利分析法都得到了广泛应用，特别是在规划、决策、控制等领域具有广阔前景，如在保本点预测、目标利润下销售量销售额预测、利润敏感性分析、生产决策、定价决策、规划目标利润、编制利润预算、评价全面预算等方面都得到了充分应用。

本量利分析，必须建立在一定的假设条件基础上，否则将影响分析结果的精确性，进而导致决策者做出错误的预测和决策。这些假设条件主要有：

第一，假定企业全部成本均已按照成本习性合理地划分为固定成本和变动成本两部分。

第二，假定一定时期一定业务量下销售单价、单位变动成本皆为常数，销售收入与销售量、变动成本总额与业务量都成正比例关系，固定成本总额保持不变，不受业务量变动影响，总成本函数表现为一个线性方程，销售收入函数也表现为一个线性方程。

第三，假定当期产量与销量一致，产销平衡，不存在期初、期末存货且产品品种结构稳定。

第四，假定产品成本按变动成本计算，包括变动生产成本、变动销售费用、变动管理费用、变动财务费用。

第五，假定本量利分析中的利润特指销售收入扣除变动成本和固定成本后的营业利润，不考虑营业外收支净额以及投资净收益。

在以上基本假设前提下，本量利的基本关系可表示为：

$$利润 = 销售收入总额 - 总成本$$

其中，　　　　$$销售收入总额 = 单价 \times 销售量$$

$$总成本 = 固定成本总额 + 变动成本总额 = 固定成本总额 + 单位变动成本 \times 销售量$$

据此，可得到：

$$利润 = 单价 \times 销售量 - (单位变动成本 \times 销售量 + 固定成本总额)$$
$$= (单价 - 单位变动成本) \times 销售量 - 固定成本总额$$

假设销售单价为 p，销售量为 x，固定成本总额为 a，单位变动成本为 b，利润为 P，则上式可用代码表示为：

$$P = px - (a + bx) = (p - b) \cdot x - a$$

上述公式中涉及五个因素，只要知道其中四个因素参数，即可求得未知因素的数值。以下是上式四种变换形式。

销售量＝（利润＋固定成本总额）÷（单价－单位变动成本）

单价＝单位变动成本＋（利润＋固定成本总额）÷销售量

单位变动成本＝单价－（利润＋固定成本总额）÷销售量

固定成本总额＝（单价－单位变动成本）×销售量－利润

★ 边际分析

在企业营运管理中，本量利分析工具还衍化出边际分析工具。边际分析工具方法主要有边际贡献分析、安全边际分析。

☆边际贡献分析

边际贡献，是边际分析工具中的一个重要概念，也称贡献边际、贡献毛益、创利额，是指产品的销售收入超出其变动成本的金额。即销售收入补偿了变动成本后还创造了边际贡献，只要边际贡献大于固定成本，产品就赢利。

边际贡献，有两个指标：单位边际贡献（cm）和边际贡献总额（Tcm）。$cm = p - b$，反映单位产品的盈利能力，表示每增加一个单位产品销售可提供的毛益。$Tcm = (p - b) \cdot x = cm \cdot x =$ 固定成本＋营业利润 $= a + P$，反映企业已销售产品对营业利润所做贡献大小。

【例 3-1】 某企业仅生产甲产品，单价 200 元，单位变动成本 120 元，全年固定成本 100 000 元，当年产销量 2 000 件。要求：计算甲产品边际贡献、营业利润。

解： 甲产品单位边际贡献（cm）＝$p - b$＝200－120＝80（元）

边际贡献总额（Tcm）＝$px - bx$＝200×2 000－120×2 000

＝80×2 000＝160 000（元）

营业利润（P）＝$Tcm - a$＝160 000－100 000＝60 000（元）

上例，说明了边际贡献总额与固定成本及营业利润之间的关系。边际贡献补偿了固定成本后，才能为企业提供利润，如不足以补偿固定成本，企业将发生亏损。因此，边际贡献大小直接反映产品盈利能力高低。在企业短期经营决策分析中，一般都以备选方案提供最大值的边际贡献总额作为择优标准。

在用边际贡献绝对数反映产品盈利能力的同时，还可以用边际贡献相对数表示每百元销售额中边际贡献所占比重。

☆边际贡献率

边际贡献率（cmR），又称贡献毛益率或贡献边际率，是指单位边际贡献除以销售单价的百分率或边际贡献总额占销售收入的百分比。两者计算结果相同，计算公式为：

$$cmR = Tcm \div px = (px - bx) \div px = (p - b) \div p$$

【例 3-2】 按[例 3-1]资料。要求：计算甲产品边际贡献率。

解： $cmR = (200 - 120) \div 200 \times 100\% = 80 \div 200 \times 100\% = 40\%$。

上式,说明在相关范围内,如果固定成本保持不变,企业每增加 1 元销售收入,边际贡献将增加 0.4 元(=1×40%)。

由此得出如下边际贡献率与销售单价和销售量之间的关系:

单位边际贡献=销售单价×边际贡献率=$p \cdot cmR = p \cdot (p-b) \div p = p-b = Tcm \div x$

边际贡献总额=销售收入总额×边际贡献率=$px \cdot cmR = px \cdot (p-b) \div p$
$= (p-b) \cdot x =$ 固定成本+营业利润=$a+P$

销售单价=单位边际贡献÷边际贡献率=$cm \div cmR = (p-b) \div [(p-b) \div p] = p$

销售收入总额=边际贡献总额÷边际贡献率=$Tcm \div cmR = px \cdot cmR \div cmR = px$

销售量=边际贡献总额÷单位边际贡献
=边际贡献总额÷(销售单价×边际贡献率)
=$Tcm \div cm = Tcm \div p \cdot cmR$

与边际贡献率形成互补关系的概念是变动成本率(bR)。

变动成本率,是指单位变动成本除以销售单价的百分比,或以变动成本总额除以销售收入总额的百分比,两者计算结果相同。计算公式为:

$$bR = b \div p = bx \div px$$

【例 3-3】 按[例 3-1]资料。要求:计算甲产品变动成本率。

解:$bR = b \div p = 120 \div 200 \times 100\% = 60\%$,或 $bR = 1-40\% = 60\%$。

上例结论:边际贡献率+变动成本率=1。

这表明边际贡献率高的企业,变动成本率低,创利能力强;反之亦然。

实务中,还需利用利润求解公式($P = Tcm - a$)进行盈亏平衡分析。

★ 盈亏平衡分析

盈亏平衡分析,也称保本分析,即分析测定盈亏平衡点及有关因素变动对盈亏平衡点的影响。原理是:通过计算企业在利润为零时处于盈亏平衡的销售量,分析项目对市场需求变化的适应能力。

☆盈亏平衡点

盈亏平衡点,又称盈亏临界点或保本点或损益两平点,是指在一定期间,销售收入总额与成本总额相等时的销售量或销售额。

由 $P = Tcm - a$,假设 $P=0$,则 $Tcm - a = 0$

即盈亏平衡点销售量×$(p-b) - a = 0$

盈亏平衡点销售量=$a \div (p-b) = a \div cm$

盈亏平衡点销售额=$[a \div (p-b)] \cdot p = a \div cmR = a \div (1-bR)$

【例 3-4】 按[例 3-1]资料。要求:计算甲产品保本点销售量及销售额。

解:盈亏平衡销售量=100 000÷(200-120)=1 250(件)

盈亏平衡销售额=100 000÷(200-120)×200
=1 250×200=250 000(元)

以上是单一品种产品的盈亏平衡点的计算。但当企业同时生产多种产品时,因计量单位不同,销售量不能直接相加,所以保本点的计算需要选用销售额指标。

多产品保本点的确定常用加权平均法。其计算步骤是:

第一步,计算各产品边际贡献率。

第二步,计算各产品销售收入占比。

第三步,计算加权平均边际贡献率。

第四步,计算综合保本点销售额。

第五步,计算各产品保本销售额。

第六步,计算各产品保本销售量。

【例3-5】 某企业生产的甲、乙、丙三种产品年销售量各为2 000件、400台、400套,单价分别是200元、500元、1 000元,单位变动成本分别为120元、400元、850元,全年固定成本总额208 000元。要求:计算各产品保本销售量。

解:第一步计算各产品边际贡献率。

$cmR_{甲}=(200-120)\div 200\times 100\%=40\%$

$cmR_{乙}=(500-400)\div 500\times 100\%=20\%$

$cmR_{丙}=(1\,000-850)\div 1\,000\times 100\%=15\%$

第二步计算各产品销售收入占比。

$W_{甲}=2\,000\times 200\div(2\,000\times 200+400\times 500+400\times 1\,000)\times 100\%=40\%$

$W_{乙}=400\times 500\div(2\,000\times 200+400\times 500+400\times 1\,000)\times 100\%=20\%$

$W_{丙}=400\times 1\,000\div(2\,000\times 200+400\times 500+400\times 1\,000)\times 100\%=40\%$

第三步计算加权平均边际贡献率。

$\Delta cmR=40\%\times 40\%+20\%\times 20\%+15\%\times 40\%=26\%$

第四步计算综合保本点销售额。

$\Delta S_{BEP}=208\,000\div 26\%=800\,000(元)$

第五步计算各产品保本销售额。

$S_{BEP甲}=800\,000\times 40\%=320\,000(元)$

$S_{BEP乙}=800\,000\times 20\%=160\,000(元)$

$S_{BEP丙}=800\,000\times 40\%=320\,000(元)$

第六步计算各产品保本销售量。

$V_{BEP甲}=320\,000\div 200=1\,600(件)$

$V_{BEP乙}=160\,000\div 500=320(台)$

$V_{BEP丙}=320\,000\div 1\,000=320(套)$

由此得出,综合保本点销售额高低由加权平均边际贡献率决定,而加权平均边际贡献率的高低则主要由销售比重大、边际贡献率高的产品决定。因此,企业应提高边际贡献率高的产品销售比重,以降低综合保本点销售额,获取更大的利润空间。

★ 安全边际分析

在确定盈亏平衡点后,企业也应关注产品安全边际指标。

☆安全边际

安全边际,是指实际(或预计)销售量(或销售额)与盈亏平衡点销售量(或销售额)之间的差额,反映企业生产经营活动的安全程度。安全边际越大,企业发生亏损的可能性越小。安全边际计算公式为:

$$安全边际销售量(额)=实际或预计销售量(额)-盈亏平衡点销售量(额)$$

上式为安全程度绝对指标,但还要计算相对指标:安全边际率。

☆安全边际率

安全边际率,是指安全边际与实际或预计销售量(额)之比。表示每1元销售所能提供的安全边际。安全边际率计算公式为:

$$安全边际率=安全边际\div实际或预计销售量(额)\times100\%$$

企业经营安全程度还可用反指标——盈亏平衡点作业率反映。

☆盈亏平衡点作业率

盈亏平衡点作业率,又称保本作业率或危险率,是盈亏平衡点销售量(额)与实际或预计销售量(额)之比。表明企业要达到不盈不亏的状态,开工率必须达到的百分比。该指标越小,企业盈利能力越强,经营安全程度越高。

盈亏平衡点作业率计算公式为:

$$盈亏平衡点作业率=盈亏平衡点销售量(额)\div实际或预计销售量(额)\times100\%$$

【例3-6】 按[例3-1]资料。要求:计算甲产品保本作业率和安全边际率。

解: 盈亏平衡点作业率=100 000÷(200-120)÷2 000×100%=62.5%

或盈亏平衡点作业率=(1 250×200)÷(2 000×200)×100%=62.5%

安全边际率=(2 000-1 250)÷2 000×100%=37.5%

或安全边际率=[(2 000-1 250)×200]÷(2 000×200)×100%=37.5%

不难发现,盈亏平衡点作业率+安全边际率=1。

由此得出,盈亏平衡点销售量只能收回固定成本,安全边际所提供的边际贡献形成利润。安全边际为正值,则盈利;安全边际为负值,则亏损;安全边际为0,则利润为0。盈亏平衡点越小,安全程度越高;盈亏平衡点越大越危险。同理,安全边际率越大,安全程度越高;安全边际率越小越危险。

利润与安全边际量、单位边际贡献之间的关系可用公式表达为:

$$利润=安全边际量\times单位边际贡献$$
$$=安全边际量\times单价\times单位边际贡献\div单价$$
$$=安全边际额\times边际贡献率$$

等式两边同除以销售收入,得:

$$销售利润率=安全边际率\times边际贡献率$$

该等式不仅提供了求解销售利润率的新方法,而且指明了企业提高销售利润率的途径:一是提高安全边际率（即降低盈亏平衡点作业率）；二是提高边际贡献率（即降低变动成本率）。

由[例3-1]资料得：销售利润率＝37.5％×40％＝15％。

由于企业所处的生产经营环境复杂多变，假定不变的因素可能无法实现，每个因素甚至多个因素可能会同时变动，这样就有必要进行因素变动后的盈亏平衡敏感性分析。

★ 盈亏平衡敏感性分析

盈亏平衡敏感性分析，是指对影响盈亏平衡目标实现的因素变化进行量化分析，以确定各因素变化对实现盈亏平衡目标的影响及其敏感程度。该分析可以分为单因素盈亏平衡敏感性分析和多因素盈亏平衡敏感性分析。

☆ 单因素盈亏平衡敏感性分析

单因素盈亏平衡敏感性分析中，主要包括单价、单位变动成本、固定成本、产销结构等单一因素的变动对盈亏平衡的影响。

【例3-7】 按[例3-1]资料，若其他因素不变，单价由200元提高到220元。要求：计算甲产品单位边际贡献、边际贡献率、盈亏平衡点销量和营业利润。

解： 单位边际贡献＝220－120＝100（元）

边际贡献率＝100÷220×100％＝45.45％

盈亏平衡点销量＝100 000÷(220－120)＝1 000（件）

营业利润＝2 000×(220－120)－100 000＝100 000（元）

计算结果表明：在其他因素保持不变的情况下，单价提高，会使单位边际贡献和边际贡献率提高，企业盈亏平衡点则会相应降低，安全程度提高；反之，则会提高盈亏平衡点，安全程度降低。故单价与盈亏平衡点呈反方向变动。

【例3-8】 按[例3-1]资料，若其他因素不变，单位变动成本由120元提至130元。要求：计算甲产品单位边际贡献、边际贡献率、盈亏平衡点销量和营业利润。

解： 单位边际贡献＝200－130＝70（元）

边际贡献率＝70÷200×100％＝35％

盈亏平衡点销量＝100 000÷(200－130)＝1 428.6（件）

营业利润＝2 000×(200－130)－100 000＝40 000（元）

计算结果表明：在其他因素保持不变的情况下，单位变动成本提高，会使单位边际贡献和边际贡献率下降，盈亏平衡点相应提高，安全程度降低；反之，则会降低盈亏平衡点，安全程度提高。因此，单位变动成本与盈亏平衡点呈同方向变动。

【例3-9】 按[例3-1]资料，若其他因素不变，固定成本由100 000元提高到105 000元。要求：计算甲产品盈亏平衡点销量和营业利润。

解： 盈亏平衡点销量＝105 000÷(200－120)＝1 312.5（件）

营业利润＝2 000×(200－120)－105 000＝55 000（元）

计算结果表明：在其他因素保持不变的情况下，固定成本提高，会使盈亏平衡点提高，安全程度降低；反之，则会降低盈亏平衡点，安全程度提高。所以，固定成本与盈亏平衡点呈同方向变动。

【例 3-10】 按[例 3-5]资料,若其他因素不变,目标销量调整为 2 200 件、360 台、380 套。要求:计算该企业在产销结构改变后盈亏平衡点销售额和营业利润。

解:依题意,该企业甲、乙、丙产品边际贡献率保持不动,分别为 40%、20%、15%;全年固定成本仍为 208 000 元。

产销结构改变后各产品销售占比是:

$W_甲 = 2\ 200 \times 200 \div (2\ 200 \times 200 + 360 \times 500 + 380 \times 1\ 000) \times 100\% = 44\%$

$W_乙 = 360 \times 500 \div (2\ 200 \times 200 + 360 \times 500 + 380 \times 1\ 000) \times 100\% = 18\%$

$W_丙 = 380 \times 1\ 000 \div (2\ 200 \times 200 + 360 \times 500 + 380 \times 1\ 000) \times 100\% = 38\%$

产销结构改变后盈亏平衡点的销售额

$= 208\ 000 \div (44\% \times 40\% + 18\% \times 20\% + 38\% \times 15\%)$

$= 208\ 000 \div 26.9\% = 773234.2(元)$

产销结构改变后营业利润

$= 2\ 200 \times (200 - 120) + 360 \times (500 - 400) + 380 \times (1\ 000 - 850) - 208\ 000$

$= 176\ 000 + 36\ 000 + 57\ 000 - 208\ 000 = 61\ 000(元)$

产销结构改变前营业利润

$= 2\ 000 \times (200 - 120) + 400 \times (500 - 400) + 400 \times (1\ 000 - 850) - 208\ 000$

$= 160\ 000 + 40\ 000 + 60\ 000 - 208\ 000 = 52\ 000(元)$

计算结果表明:在其他因素保持不变的情况下,产品产销结构调整,会使盈亏平衡点下降或上升,取决于综合边际贡献率提高或降低。若综合边际贡献率提高,则盈亏平衡点下降,当期营业利润就提高;若综合边际贡献率降低,则盈亏平衡点上升,当期营业利润就降低。该企业综合边际贡献率提高 0.9%(=26.9%−26%),引起盈亏平衡点降低 26 765.8 元(=800 000−773 234.2),营业利润提高 9 000 元(=61 000−52 000)。

☆ **多因素盈亏平衡敏感性分析**

假定单价、单位变动成本和固定成本同时变动,则盈亏平衡点的变动方向取决于上述因素共同作用的结果。可通过盈亏平衡点计算公式得出变动结果。

【例 3-11】 按[例 3-1]资料,若单价提高 5%,单位变动成本降低 5%,固定成本降低 4%。要求:计算甲产品盈亏平衡点销售量和销售额。

解:盈亏平衡点销售量 $= 100\ 000 \times (1 - 4\%) \div [200 \times (1 + 5\%) - 120 \times (1 - 5\%)]$

$= 96\ 000 \div (210 - 114) = 1\ 000(件)$

盈亏平衡点销售额 $= 1\ 000 \times 200 \times (1 + 5\%) = 210\ 000(元)$

计算结果表明:多因素同时变动导致甲产品盈亏平衡点销售量降低 250 件(=1 250−1 000),盈亏平衡点销售额降低 40 000 元(=250 000−210 000)。

盈亏平衡分析,是在假定企业利润为 0 时的本量利分析。但实际工作中,企业生产经营活动的目的是实现目标利润。因此,要进一步研究分析实现目标利润的途径。

☆ **保利分析**

保利分析,又称实现目标利润分析,是盈亏平衡分析的延伸和拓展,是在本量利分析的基础上,计算为实现目标利润需达到的保利点以及保利点变动对目标利润的敏感性分析。

保利点,由保利销售量(简称保利量)和保利销售额(简称保利额)构成。

$$单一产品的保利量=(a+P)\div(p-b)$$

$$单一产品的保利额=(a+P)\div(p-b)\times p$$

$$多品种产品的保利额=(a+P)\div 综合边际贡献率$$

【例 3-12】 按[例 3-1]资料,假定甲产品目标利润 100 000 元,其他条件不变。要求:计算甲产品保利量、保利额。

解:甲产品保利量=(100 000+100 000)÷(200-120)=2 500(件)

甲产品保利额=(100 000+100 000)÷(200-120)×200=500 000(元)

【例 3-13】 按[例 3-5]资料,假定甲、乙、丙三种产品目标总利润 130 000 元,其他条件不变。要求:计算多品种产品共同的保利额及各品种保利额。

解:综合保利额=(208 000+130 000)÷26%=1 300 000(元)

甲产品的保利额=1 300 000×40%=520 000(元)

乙产品的保利额=1 300 000×20%=260 000(元)

丙产品的保利额=1 300 000×40%=520 000(元)

相对于盈亏平衡的敏感性分析,目标利润敏感性分析中的"目标利润"相当于增大了固定成本。因此,目标利润的敏感性分析原理与盈亏平衡敏感性分析相同,区别是增加了目标利润调整前后销售量、销售额的计算分析,本教材不再赘述。

第四章 三类分析方法之三:预测分析

本章主要涉及以下概念和内容:预测分析的基本方法、销售预测、成本预测、利润预测。

★ 预测分析的基本方法

预测分析,是运用一定的专门方法,根据过去与现在来预计未来,根据已知推测未知的过程。

因各种不可预测因素的干扰,企业预测的情况必然与实际情况有所出入。表面上看,不准确的预测会导致企业制订不准确的决策和计划。但是,预测的真正目的在于:盘活各种资源、展示未来前景、制定各种应急策略,提高应对不确定事件的能力,减少不利事件带来的损失,增加利用有利机会带来的收益,增强全员认知水平,做到胸有成竹。

预测分析,分为单项预测分析和综合预测分析。单项预测分析,通常包括销售预测、成本预测、利润预测等方面;综合预测分析,主要是预测企业的资产负债表、利润表和现金流量表。

本章节只介绍单项预测分析,综合预测分析参见全面预算。

(1) 销售预测,是根据历史销售资料,运用一定的方法对有关产品或劳务在未来期间内各种条件下的销售水平及其变动趋势所进行的预计或推测。它是企业预测的起点,是成本预测、利润预测和资金预测的前提和基础。

(2) 成本预测,是指根据企业的经营目标及有关历史成本资料和数据,结合企业未来的发展前景和趋势,并在考虑企业现有的生产技术、生产组织、经营管理能力和影响因素的基础上,采用一定的方法对未来一定时期的成本水平和目标成本进行预计和测算的过程。

(3)利润预测,是指企业在销售预测和成本预测的基础上,根据未来发展目标和其他相关资料,通过综合分析影响利润变化的单价、成本、产销量等因素,预计、推测或估算未来应达到或可望实现的利润水平及其变动趋势的过程。

预测分析的步骤:

第一步,明确预测分析的目的要求。掌握预测内容和项目所需资料以及运用的方法,根据具体要求拟定预测项目,制订预测计划。

第二步,确定预测分析的对象,确定预测分析的内容、范围。

第三步,收集整理所需要的资料,包括经济的、技术的、市场的计划资料和实际资料等,按照一定的方法整理、归纳,从中找出与预测对象有关的各因素之间的相互依存关系。

第四步,选择预测方法。不同的预测对象和内容应当选择不同的预测方法。

第五步,预测分析。根据收集的各种资料,运用选定的预测方法和建立的预测模型,进行定性和定量分析、判断,提出实事求是的预测结果。

第六步,分析预测误差并修正预测值。经过一段时间后,需对上一阶段的预测结果进行验证并分析评价,找出产生误差的原因,运用定性或定量方法及时修正预测结果。

第七步,报告预测结果。根据上一阶段的修正、补充,将最终的预测结果以一定的形式、程序报告给管理当局,以助其进行理性管理决策。

预测分析的方法,分为定性预测分析法和定量预测分析法。

(1)定性预测分析法,即非数量预测分析法,是指依靠预测人员的丰富实践经验和主观分析判断能力,在考虑经济形势、市场变化等诸因素的前提下,结合预测对象的特点进行综合分析,对事物的未来状况和发展趋势进行预计和判断的方法。

特点是简单、方便、费用低,且容易被接受;但此法对预测人员的专业技能和综合分析能力有较高要求。

常用的方法有调查分析法、判断分析法(包括个人判断法、专家会议法、德尔菲法)。

(2)定量预测分析法,又称为数量分析法,是指在掌握与预测对象有关的各种要素定量资料的基础上,运用一定的数学方法进行数据处理,据以建立反映有关变量之间规律性联系的各类预测模型以做出预测的方法体系。

按具体做法不同,分为趋势分析法和因果分析法。

① 趋势分析法,又称为趋势外推法,是以某个指标过去的变化趋势作为预测的依据,把未来看作过去与现在的延伸的一种预测方法。该法认为,以往对有关指标发生影响的各种因素不但在目前而且在将来也会继续起作用,因而可以根据这种作用的延续趋势预测未来的发展和变化。方法有算术平均法、移动平均法、加权平均法、移动加权平均法、平滑指数法和修正的时间序列回归分析法等。

② 因果分析法,是依据所掌握的资料找出所要预测的因变量及与其相关联的自变量之间的关系,建立相应的因果预测模型的一种预测方法,包括回归分析法、投入产出法、经济计量法等。

★ 销售预测

市场经济条件下,企业采取的生产经营基本策略是"以需定销""以销定产",为全面地了解和掌握产品市场需求的基本动态和发展变化规律,更加理性地规划未来经营活动,促使企业的经营活动有效、合理,企业首先要进行销售预测。

☆ 销售定性预测

■ 调查分析法

调查分析法,就是根据对某种产品市场上供需情况变化的详细调查,预测其销售量(或销售额)的一种专门方法。

调查的内容包括产品寿命周期、消费者情况、市场竞争力情况、国内外或本地区经济发展趋势等。对调查资料进行综合、整理、加工、计算,即可对产品的销售做出预测。计算公式如下:

预测销售量=(本区域年需求量+外地年需求量-外地年供应量)×本企业市场占有率

【例 4-1】 2017 年某空调厂对其生产的变频空调销售量情况进行调查。2016 年试销第一年,已拥有本市 100 万户中 1.5 万用户。已知外地从本市订购该型空调 3 000 台,本市从外地订购该型空调 2 000 台,该型空调寿命周期 1~3 年,普及率 1‰~5‰,市场占有率 20%。要求:预测该空调厂 2017 年变频空调销售量。

解:本市该变频空调年均需求量=1 000 000×(5‰-1.5÷100)÷(3-1)=17 500(台)
本企业预测销售量=(17 500+3 000-2 000)×20%=3 700(台)

■ 判断分析法

判断分析法是指在运用判断分析进行销售预测时,选择本企业或企业外部有经验、有分析能力和资源、有责任心的销售员或专家进行分析。选择不同的人员进行预测时,需要对他们的预测结果进行综合分析和平衡。

【例 4-2】 某公司有甲、乙、丙三名经验丰富的销售人员,他们对下一年度公司的销售量的预测结果如表 4-1 所示。要求:根据他们的预测结果预测本公司的销售量。

表 4-1 销售人员预计销售量及概率表

销售人员	销量估计	销售量(吨)	概 率	概率下销售量	平均值
甲销售人员	最大	520	0.1	52	498
	正常	500	0.7	350	
	最小	480	0.2	96	
乙销售人员	最大	550	0.2	110	514
	正常	510	0.6	306	
	最小	490	0.2	98	
丙销售人员	最大	530	0.1	53	519
	正常	520	0.8	416	
	最小	500	0.1	50	

解:本公司销售量的预测值=(498+514+519)÷3=510.33(吨)

☆ 销售定量预测

销售定量预测主要介绍趋势分析法。

■算术平均法

算术平均法又称简单平均法,是直接将过去若干期实际销售数的算术平均值作为销售数预测值的一种预测方法。该方法的原理是无差别化看待期内各期销售数对未来预测销售数的影响。

其计算公式为:

$$预计销售数 = 各期实际销售数之和 \div 总期数$$

【例 4-3】 某企业产销一种产品,2018 年 3 月至 8 月销售量分别为 203 吨、205 吨、192 吨、183 吨、180 吨、165 吨。要求:按算术平均法预测 9 月份的销售量。

解:9 月份销售量的预测值 $= (203+205+192+183+180+165) \div 6 = 188$(吨)

此法优点:计算过程简单。缺点:没有考虑远近各期销售数的变动对预测期销售状况的不同程度的影响,将不同时期资料的差异简单平均化。适用于各期销售数比较稳定的商品预测,如无季节性变动的食品和日常用品等。

■移动平均法

移动平均法是指在掌握 n 期销售量(额)的基础上,按照事先确定的期数(记作 m)逐期分段计算 m 期的算术平均数,并以最后一个 m 期的平均数作为第 $(n+1)$ 期的预测销售数的一种预测方法,即预测值等于最近 m 期销售数的算术平均数。其计算公式为:

$$预计销售数 = 移动期内实际销售数之和 \div 移动期数$$

【例 4-4】 按[例 4-3]的销售量资料,假定 $m=4$。要求:按移动平均法预测 9 月份的销售量。

解:移动平均法下 9 月份销售量 $= (192+183+180+165) \div 4 = 180$(吨)

移动平均法,虽然能够克服算术平均数忽视远近期销售数对预测值影响程度不同的缺点,但仍然存在代表性差的弱点,因为它只考虑了 n 期数据中的最后 m 期的资料。该方法适用于销售业务略有波动的产品预测。

另有观点认为,应对前一期的销售预测平均值进行修正,加或减前两期差额即趋势值。假设趋势值用 b 表示,则:

$$b = 最后移动期的平均值 - 上一个移动期的平均值$$

修正的移动平均法按照以下公式进行预测:

$$预计销售数 = 最后 m 期的算术平均数 + 趋势值 b$$

【例 4-5】 按[例 4-3]的销售量资料。要求:运用修正的移动平均法预测 9 月的销售量。

解:趋势值 $b = 180 - (205+192+183+180) \div 4 = -10$(吨)

则 9 月份的预计销售量是 170 吨。

■加权平均法

加权平均法,是指在掌握全部 n 期销售资料的基础上,按其距离预测期的远近分别赋权,即遵循"近大远小"的原则确定各期权重,并据以计算加权平均销售量(额)的一种预测方法。

"近大远小"的原则,是距离预测期越近的实际资料对其影响越大,距离预测期越远的实际资料对其影响越小。

为计算方便,可令权数之和等于1(权数用 W 表示),即 $\sum W=1$。

若取观测期3个月,远近权数确定为:0.2、0.3、0.5。

若取观测期4个月,远近权数确定为:0.08、0.12、0.3、0.5。

若取观测期5个月,远近权数确定为:0.03、0.07、0.15、0.25、0.5。

若取观测期6个月,远近权数确定为:0.01、0.04、0.08、0.12、0.25、0.5。

加权平均法公式为:

预计销售数＝各期实际销售数分别乘其权数之和

【例 4－6】 按[例 4－3]的销售量资料,假定观测期6个月。要求:采用加权平均法预测9月份的销售量。

解: 假定远近权数分别为 0.01、0.04、0.08、0.12、0.25、0.5,则9月份的预计销售量
$=203\times0.01+205\times0.04+192\times0.08+183\times0.12+180\times0.25+165\times0.5$
$=2.03+8.2+15.36+21.96+45+82.5=175.05$(吨)。

加权平均法的优点:既利用了各期全部历史数据,又考虑了远近期间对未来的不同影响;缺点:不能按照统一、客观的方法确定各期的权数值。

■ 平滑指数法

平滑指数法,是指在占有前期预测销售数和实际销售数的基础上,利用事先确定的平滑指数预测未来销售数的一种预测方法。平滑指数法需要导入平滑系数(一般取值在0.3与0.7之间)进行测算。其计算公式为:

预计销售数＝(平滑系数×上期实际销售数)＋(1－平滑指数)×上期预测销售数

【例 4－7】 按[例 4－3]的销售量资料,假定上期按修正的移动平均法预测销售量为170吨,平滑系数采用0.7。要求:采用平滑指数法预测9月份销售量。

解: 9月份销售量＝$0.7\times165+(1-0.7)\times170=166.5$(吨)。

平滑系数,具有修匀实际数所包含的偶然因素对预测值的影响作用,通常由预测者根据过去销售实际数与预测值之间差异的大小确定,因而有一定的主观因素。平滑系数取值越大,则近期实际值对预测结果的影响就越大;平滑系数取值越小,则近期实际数对预测结果的影响就越小。因此,近期预测或销售量波动较大时预测,应采用较大的平滑系数;长期预测或销售量波动较小时预测,可采用较小的平滑系数。

■ 修正的时间序列回归法

修正的时间序列回归法,是根据 $y=a+bx$ 的直线方程式,按照数学上最小平方法的原理,来确定一条能正确反映自变量 x 与因变量 y 之间具有误差的平方和最小的直线趋势预测分析法。这条直线通常称为回归直线,它的常数项 a 与系数 b 的值可按下列公式计算(参见混合成本的分解公式):

$$a=\frac{\sum y-b\sum x}{n}$$

$$b=\frac{n\sum xy-\sum x\cdot\sum y}{n\sum x^2-(\sum x)^2}$$

销售预测应用回归分析法,可用 y 代表销售量(或销售额),x 代表间隔期(即观测期)。由于观测值按时间顺序排列,间隔期相等,故可采用简捷的办法,令 $\sum x=0$ 来求回归直线。

具体做法是:

若观测期(n)为奇数,则取 x 的间隔期为1,即将0置于所有观测期的中央,其余上下期均以绝对值1为间隔等差递增(按…,$-3,-2,-1,0,1,2,3$,…排列)。

若观测期(n)为偶数,则取 x 的间隔期为2,即将-1和1置于所有观测期当中的上下两期,其余上下期均以绝对值2为间隔等差递增(按…,$-5,-3,-1,1,3,5$,…排列)。

以上两种做法均可使 $\sum x=0$,且使确定 a 与 b 值的公式简化为:

$$a=\sum y \div n$$

$$b=\sum xy \div \sum x^2$$

【例4-8】 按[例4-3]销售资料。要求:采用修正的时间序列回归法预测9月份销售量。

解:列表计算出间隔期 $\sum x$、销售量 $\sum y$、间隔期与销售量之积的和 $\sum xy$、间隔期平方的和 $\sum x^2$,得:

$\sum x=0$

$\sum y=203+205+192+183+180+165=1\ 128$

$\sum xy=(-5\times 203)+(-3\times 205)+(-1\times 192)+(1\times 183)+(3\times 180)+(5\times 165)$
　　　$=-274$

$\sum x^2=70$

$\because a=\sum y \div n=1\ 128 \div 6=188$

$b=\sum xy \div \sum x^2=-274\div 70=-3.91$

预测月的 x 值$=5+2=7$。

$\therefore$ 9月份预计销售量$=a+bx=188+(-3.91)\times 7=160.63$(吨)

■ 因果预测分析法

因果预测分析法,采用的方法较多,最常用而且比较简单的是最小平方法,亦称回归直线分析法。该法优点是简便易行,成本低廉。此法已在混合成本分解中介绍过,这里不再赘述。

★ 成本预测

成本预测,是成本管理的重要内容,也是进行成本管理的起点。

成本预测有利于确定目标成本和选择达到目标成本的最佳途径;有利于制定控制或降低成本的有效措施和方法;有利于合理确定企业的经营方向、产品结构和产品价格。它实质是动员企业内部一切潜力,用最少的人力、物力和财力的消耗完成既定目标的过程。

成本预测同销售预测一样,涉及生产技术、生产组织和经营管理的各个方面。必须占有本企业过去的和现在的以及国内外其他企业同类产品的有关数据,选择采用专门方法,结合当前科学技术的发展情况对本企业的生产、供应、销售、运输等方面可能发生的影响进行比较、计算和分析,最后做出判断。

☆成本预测步骤

通常可按以下四个步骤进行:

第一步,提出目标成本草案,即提出在一定时期内产品成本应达到的标准。其形式有标准成本、计划成本、定额成本。目标成本应当是现实可行的,且应当低于当前的实际成本,一般应按该产品的标准产量或设计生产能力计算。

西方国家一般采用"倒剥皮"办法提出目标成本草案,即在确定目标利润的基础上,通过市场调查,根据该产品在国内或在国际市场上的经济信息,确定一个适当的销售单价,然后减去按目标利润计算的单位产品利润和应交纳的税金,作为该产品的目标成本。此法利于目标成本与目标利润水平保持一致。

我国一般是以产品的某一先进成本水平,或本企业历史最好成本水平,或国内外同行同类产品的先进成本水平,或本企业基期平均成本扣减行业主管下达的成本降低率所算出的数据,作为目标成本。此法缺点是目标成本与目标利润没有挂钩,两者水平不能协调一致。实际工作中多采用西方国家的做法。

第二步,预测成本。采用各种专门方法,建立相应的数学模型,预测当前情况下产品成本可能达到的水平,并计算出预测成本与目标成本的差距。

第三步,拟订降低成本的各种可行性方案,力求缩小预测成本与目标成本的差距。

第四步,制定正式目标成本。对降低成本的各种可行性方案进行技术经济分析,从中优选出经济效益与社会效益最佳的降低成本方案,并据以制定正式目标成本,为做出最优的成本决策提供依据。

☆成本预测方法

主要方法有高低点法、加权平均法与回归分析法三种。此三法皆在前面内容中介绍,此处不再赘述。

★ 利润预测

利润预测,应指目标利润预测,不应指营业利润预测。即营业利润预测不是利润预测的主要内容。因为利润预测是在销售预测、成本预测完成之后进行的,而离开此前提的利润预测基础条件发生了重大变化,产生的误差必然是显而易见的。因此,不可将目标利润预测与营业利润预测混为一谈。

☆目标利润预测的基本步骤

第一步,分析上期利润计划的完成情况,确定利润率标准。可选择的利润率主要有销售利润率、资金利润率、产值利润率等。它们既可以是平均利润率、历史最高水平利润率,也可以是上级指令性利润率。

第二步,计算目标利润基数。根据市场调查、销售预测的有关资料,综合分析测定未来一定期间影响利润的各种因素对目标利润的影响方向和程度,结合相关的利润率标准确定目标利润基数。

$$目标利润基数 = 销售利润率标准 \times 预计产品销售额$$
$$= 产值利润率标准 \times 预计总产值$$

=资金利润率标准×预计资金平均占用额

第三步,对影响目标利润的相关因素敏感性分析,确定目标利润预测值。

第四步,比较目标利润基数与目标利润预测值,确定目标利润修正值。

第五步,确定下期目标利润,层层分解落实纳入预算执行体系,并作为采取相应措施的依据。

最终下达的目标利润＝目标利润基数＋目标利润修正值。

☆利润预测的方法

主要方法有本量利分析法、比率预测法、经营杠杆系数法。

■本量利分析法

其计算公式为:

$$\text{目标利润总额} = \text{预计销售量} \times (\text{预计单价} - \text{预计单位变动成本}) - \text{预计固定成本总额}$$

即

$$TP_1 = x_1 \cdot (p_1 - b_1) - a_1$$

■比率预测法

比率预测法,是在各种预计利润率指标(如销售收入利润率、销售成本利润率、产值利润率等)基础上,预测目标利润的一种方法。

① 销售收入利润率预测法,其计算公式为:

$$\text{目标利润总额} TP_1 = \text{本年实际销售收入} \times (1 + \text{下年度预计销售收入增长率}) \times \text{预计销售收入利润率}$$

② 销售成本利润率预测法,其计算公式为:

$$\text{目标利润总额} TP_1 = \text{本年实际销售成本} \times (1 + \text{下年度预计销售成本增长率}) \times \text{预计销售成本利润率}$$

③ 产值利润率预测法,其计算公式为:

$$\text{目标利润总额} TP_1 = \text{本年实际产品总产值} \times (1 + \text{下年度预计产品总产值增长率}) \times \text{预计产值利润率}$$

■经营杠杆系数预测法

依据成本性态原理,相关范围内产销量的变化不会改变固定成本总额,因而单位固定成本会随着产销量的变化呈反方向变动趋势。当产销量在相关范围内增加时,一方面会直接引起利润的增加;另一方面由于单位产品分摊的固定成本减少,间接使利润再增加,导致利润的变动幅度大于产销量的变动幅度,人们将这种特殊现象称为经营杠杆效应。经济学家称为经营杠杆系数。

经营杠杆系数(DOL),是指在一定业务量的基础上,利润的变动率相当于产销量变动率的倍数,又称经营杠杆率。其计算公式为:

经营杠杆系数＝销售利润变动率÷销售量(额)变动率

＝(计划期利润－基期利润)÷基期利润÷(计划期销售量－基期销售量)÷基期销售量

= (计划期销售量－基期销售量)×(基期单价－基期变动成本)÷基期利润÷(计划期销售量－基期销售量)÷基期销售量

= (基期单价－基期变动成本)×基期销售量÷基期利润

= 基期边际贡献总额÷基期利润

= $Tcm_0 \div TP_0$

【例 4-9】 某企业 2016 年至 2018 年同一产品销售量分别为 120 000 件、160 000 件、180 000 件；单位边际贡献皆为 40 元；固定成本皆为 3 600 000 元。要求：计算 2017 年、2018 年的经营杠杆系数。

解： 2016 年至 2018 年的利润及 2017 年、2018 年利润变动率、销售量变动率、经营杠杆系数计算过程如下：

2016 年利润＝40×120 000－3 600 000＝1 200 000(元)
2017 年利润＝40×160 000－3 600 000＝2 800 000(元)
2018 年利润＝40×180 000－3 600 000＝3 600 000(元)
2017 年利润变动率＝(2 800 000－1 200 000)÷1 200 000×100%＝133.33%
2017 年销售量变动率＝(160 000－120 000)÷120 000×100%＝33.33%
2017 年经营杠杆系数＝133.33%÷33.33%＝4
2018 年利润变动率＝(3 600 000－2 800 000)÷2 800 000×100%＝28.57%
2018 年销售量变动率＝(180 000－160 000)÷160 000×100%＝12.5%
2018 年经营杠杆系数＝28.57%÷12.5%＝2.29

上例可按简化公式计算：

经营杠杆系数＝基期边际贡献总额÷基期利润

即 2017 年的经营杠杆系数＝40×120 000÷1 200 000＝4
2018 年的经营杠杆系数＝40×160 000÷2 800 000＝2.29

经营杠杆系数的变动规律，有三个方面：

① 只要固定成本不等于零，则经营杠杆系数恒大于 1。

② 在前后期单价、单位变动成本和固定成本不变的情况下，产销量越大，经营杠杆系数越小；产销量越小，经营杠杆系数越大。产销量的变动与经营杠杆系数的变动方向相反。

③ 在同一产销量水平上，经营杠杆系数越大，利润变动幅度越大，风险也就越大。

经营杠杆系数在利润预测中的应用：在已知经营杠杆系数、基期利润和产销量变动率的情况下，可按下面公式预测下年利润变动率和利润预测额。

计算公式如下：

下年销售利润变动率＝产销量变动率×经营杠杆系数

下年利润预测值＝基期利润×(1＋下年利润变动率)

【例 4-10】 某企业 2018 年销售量为 10 000 件，利润为 120 000 元，2019 年的经营杠杆系数为 2，预计销售量为 13 000 件。要求：计算 2019 年利润变动率和利润预测值。

解： 2019 年销售量变动率＝(13 000－10 000)÷10 000＝30%

则根据经营杠杆系数公式得：

利润变动率＝2×(＋30％)＝＋60％

2019年利润预测值＝120 000×(1＋60％)＝192 000(元)。

第五章　两类决策方法之一：短期经营决策

本章主要涉及以下概念和内容：决策的概念和种类、决策的程序、经营决策中常用的几组成本概念、经营决策内容及方法、生产决策、定价决策、存货管理决策。

★ 决策的概念和种类

西方管理专家认为：管理的重心在经营，经营的重心在决策。决策就是为了达到一定目标在各种行动方案中进行选择的过程。

管理会计中的决策，是指企业决策者对目前条件下生产经营活动中的某些特殊问题，借助于科学的理论与方法，进行计算分析判断并做出包括是否执行决定，或者从两个或两个以上方案中选择一个最佳方案的过程。

简言之，决策就是选优的过程。决策在管理会计的预测、决策、控制、评价各项职能中处于极其重要的位置。生产经营活动中的决策，包括生产什么、生产多少、何时生产、怎样生产、如何定价、存货如何控制等一系列问题。因此，决策正确与否，关系到企业兴衰成败问题。

☆按目的和时间跨度划分

按目的和时间跨度，决策分为短期决策、长期决策。

☑短期决策，是指决策方案对企业经济效益的影响时间在1年内的生产经营决策。

如产品零部件是自制还是外购的决策、产品品种最优组合的决策、亏损产品是否停产或转产的决策、经济批量决策等。此类决策主要目的是使企业现有资源得到最合理的利用，从而取得最大的经济效益。

☑长期决策，是指决策方案对企业经济效益的影响时间在1年以上的决策。

如固定资产购置决策，更新改造固定资产决策，新产品研发方案决策，扩产能力、生产规模决策等。此类决策主要目的是使企业投入的大额资金取得最大的收益。

短期决策，涉及的业务多、金额小、时间短，一般不考虑货币时间价值，又称为战术性决策。长期决策，涉及的业务少、金额大、时间长，需考虑筹资成本和资金时间价值，又称为战略性决策。

☆按决策条件确定程度划分

按决策条件确定程度，决策分为确定性决策、不确定性决策和风险性决策。

☑确定性决策，是指影响决策的各种因素或客观条件都确定，每种方案通常只会出现一种结果，不存在不确定因素的决策类型。此类决策现实中少见。

☑不确定性决策，是指影响决策的因素不确定，决策结果不确定或结果确定但结果出现的概率又不确定的决策类型。此类决策实际中不多见。

☑风险性决策,是指影响决策的因素有两个以上,且未来状态不确定,但决策的各种结果及出现的概率能运用一定方法计算出来的决策类型。此类决策实际中较常见。如企业下年度目标利润抛出 100 万元、300 万元、500 万元三种版本,需运用一定的数学方法按照事先确定的决策标准求得最佳方案。

除以上分类外,还有一些分类方法,如按决策重要性,分为战略性决策、战术性决策;按决策级别,分为高层决策、中层决策和基层决策;按决策可否计量,分为定量决策和定性决策;按决策目标数多少,分为单目标决策和多目标决策等。

以上分类方法并非相互排斥,而是相互交叉重叠。例如,短期决策,一般是战术性决策或中层决策或基层决策;长期决策,主要是战略性决策或高层决策;高层决策大多是不确定性和风险性决策,基层决策大多是确定性决策,中层决策则是确定性和风险性决策兼而有之等。

★ 决策的程序

经营决策程序,可以概括为五个步骤:

第一步,确定决策目标。明确决策要解决的问题,如新产品最佳售价问题、降低成本多少问题、扩大销售多少问题、新产品研发品种问题、减产产品数量问题等。应尽量使目标数量化、具体化。

第二步,收集相关资料。根据决策目标,有针对性地广泛收集与决策相关的资料和信息,包括财务信息与非财务信息,如预期收入、预期成本数据、国内外经济政治形势、市场状况、产能状况、研发状况等。

第三步,研判各类信息。对收集的各类信息选择适当的专门方法,及时整理加工,从定性、定量两方面做出分析判断,计算预期收入、预期成本,评价各方案的经济合理性、技术先进性、客观可行性、操作方便性。

第四步,提出备选方案。根据整理加工分析判断结果,提出实现目标的若干个可行性备选方案。

第五步,选择最佳方案。可通过专家会议质询论证,或通过其他方式,综合评判备选方案的经济效益、社会效益,从备选方案中选定最佳方案。

★ 经营决策中常用的几组成本概念

☆第一组,差量成本与边际成本

☑差量成本,有广义与狭义之分。

广义的差量成本,是指决策分析时,两个或两个以上备选方案之间预计成本的差异。狭义的差量成本,是指两个或两个以上备选方案之间因产量增减变化而形成的成本差异。

与差量成本相联系的差量收入,是指若干备选方案预期收入之间的差额。

差量收入与差量成本之差即差量收益。

这种通过计算分析各方案间差量成本或差量收益,用于判断方案的优劣过程被定义为差量分析法。它被广泛应用于企业扩建方案选择、零部件外购或自制、生产设备是否更新、工艺方法选择、特殊价格追加订货是否接受等各类经营决策中。例如,某企业扩建,采用 A 方案预计总成本 45 万元,采用 B 方案预计总成本 38 万元,两方案相差 7 万元,即为两方案的差量成本,显然 B 方案较优。

☑边际成本,是指当业务量增减一个经济单位所引起的成本增减额。当业务量的增量为一个、一件或一批时,边际成本实质上就是单位变动成本,等于单位差量成本或一批差量成本。

☆第二组,机会成本与重置成本

☑机会成本,是指在经营决策中,由于选择某一方案而必须放弃其他方案,由此被放弃的备选方案的最大潜在利益即为所选方案的机会成本。

它是一种假计的成本,并非选取方案的实际支出,既不需要企业将来支付,也不需要在会计账簿中反映出来,但机会成本是客观存在的,是经营决策中客观评价方案优劣时必须考虑的相关成本。例如,某企业所需零部件既可以自制也可以外购,已知自制成本需 2 000元,外购需 2 500 元,假定其他因素忽略不计,显然应以自制为宜。若用于生产零部件的厂房及设备也可用于出租,可获租金 800 元,则自制相关成本为 2 800 元(包括其机会成本 800元租金),此时企业应以外购为宜。

☑重置成本,是指按照目前市场价格重新购买现有的某项资产所需支付的成本。

它是相对于历史成本而言,又称现时成本或现时重置成本。由于技术进步、物价变动,用历史成本无法评价现在和未来,在生产经营决策特别是定价决策时,必须考虑现时的重置成本。例如,企业现有一台旧设备,账面价值为 100 万元,市场同性能设备卖价为 150 万元,则该设备重置成本为 150 万元。

机会成本与重置成本,都是假计成本,财务会计账簿都不需反映的成本,但在生产经营决策中又皆需要考虑的成本。

☆第三组,付现成本与沉没成本

☑付现成本,是指企业由于某项决策而必须在未来时期以现金支付的各项成本,又称现金支出成本。

在未来现金短缺、支付能力不足、筹资又十分困难的情况下,对那些急需开工的方案进行决策时,必须比较两个方案付现成本的大小,选择付现成本较低的方案。

☑沉没成本,是指过去已经支出,并不能由现在或将来的任何决策行为加以改变的成本,在财务会计上被称作历史成本,是资产入账成本。

管理会计决策时不考虑沉没成本。如企业 7 年前购置 A 机器一台,价值 5 000 元,已提折旧 3 500 元,折余净值 1 500 元,因生产新产品必须对 A 机器进行技术改造,为此需追加支出 1 000 元,市场上性能与改造后 A 机器相同的 B 机器售价为 2 000 元。由于 A 机器 5 000元买价早已支付,是沉没在账上的成本,尽管该设备账面净值还有 1 500 元,但依然是沉没成本,决策时不应考虑能否变现多少问题,应比较改造 A 机器与购买 B 机器付现成本大小,显然改造要比购买节约 1 000 元,所以,应选择改造方案。

☆第四组,专属成本与共同成本

☑专属成本,是指可以明确归属于企业生产的某种产品,或为企业设置的某个部门而发生的固定成本,如专门生产某种产品的专用设备折旧费、保险费等。

☑共同成本,是指为多种产品的生产或多个部门的设置而发生的,由这些产品或这些部门共同负担的成本,如企业生产过程中几种产品共同的设备折旧费、修理费、辅助车间成本等都是共同成本。

专属成本,归属对象具体明确。共同成本,归属对象不具体且不唯一。在进行方案选择时,专属成本是决策有关的成本,必须予以考虑,而共同成本则是与决策无关的成本,可以不考虑。

☆第五组,可延缓成本与不可延缓成本

☑可延缓成本,是指在企业资源的约束下,已经选定的某方案因推迟执行而未对企业全局产生影响的与该方案相关的成本。例如,为改善办公条件安装空调,因故推迟未影响全局,与安装空调相关的成本就是可延缓成本。

☑不可延缓成本,是指即使受到企业资源的约束,对于已经选定的某一方案也必须立即执行,否则将对企业的全局产生重大影响的相关成本。例如,企业设备出现故障导致停产必须进行大修理,其支出即为不可延缓成本。

☆第六组,可避免成本与不可避免成本

☑可避免成本,是指通过企业决策层的某项决定可以改变其发生数额的成本。一般来说,变动成本和酌量性固定成本,就属于可避免成本。

☑不可避免成本,是指通过企业决策层的某项决定不能改变其发生数额的成本。一般来说,约束性固定成本,就属于不可避免成本。例如,一定条件下的固定资产折旧费、经常性维修费、管理人员薪金、财产保险费等都属于不可避免成本。

☆第七组,相关成本与无关成本

☑相关成本,是指对经营决策方案有影响的未来成本。例如,差量成本、机会成本、边际成本、付现成本、专属成本、重置成本、可延缓成本、可避免成本等,决策时必须考虑。

☑无关成本,是指过去已经发生的对决策方案没有影响的成本。例如,沉没成本、共同成本、不可延缓成本、不可避免成本等,决策时不考虑。

相关成本与无关成本,区分并不是绝对的,有些成本在某一决策方案中是相关成本,在另一决策方案中却可能是无关成本。

★ 经营决策内容及方法

经营决策主要涉及产品生产决策、产品定价决策和存货管理决策内容。

☆生产决策

生产决策,就是在现有生产能力的条件下,为争取更好的经营成果对以下问题做出的决策:一是生产什么、不生产什么;二是生产多少;三是如何组织与实施生产。决策的主要方法有差量分析法、边际贡献分析法、平衡点分析法、相关成本分析法。

■**差量分析法**

差量分析法,就是通过比较两个互相排斥的备选方案之间的差量收入和差量成本,根据差量收益进行生产决策的方法。其计算公式为:

$$差量收益 = 差量收入 - 差量成本$$

若差量收入大于差量成本,则前一个方案较优;若差量收入小于差量成本,则后一个方案较优。

【例 5-1】 假设某企业拟用剩余生产能力 1 000 台时,生产 A 产品或 B 产品。A 产品单件耗 8 台时,单价 30 元,单位变动成本 15 元;B 产品单件耗 2.5 台时,单价 9 元,单位变动成本 3 元。倘若只能生产其中一种产品,应如何选择?

解:A、B 产品间差量收入 = 1 000÷8×30 − 1 000÷2.5×9 = 150(元)

A、B 产品间差量成本 = 1 000÷8×15 − 1 000÷2.5×3 = 675(元)

A 产品与 B 产品差量收益 = 150 − 675 = −525(元)

因为生产 A 产品比生产 B 产品收益要少 525 元,所以应选择生产 B 产品。

■ 边际贡献分析法

边际贡献分析法,是通过分析边际贡献总额大小确定最优方案的一种方法。决策方案取舍的判断标准为:边际贡献总额为正时,边际贡献总额较大的方案较优。

如涉及追加专属成本时,运用剩余边际贡献总额法决策,即比较剩余边际贡献总额的大小,作为方案取舍的判断标准,其计算公式为:

$$剩余边际贡献总额 = 边际贡献总额 − 专属成本$$

【例 5-2】 按[例 5-1]资料,若生产 B 产品需要增加专属设备 1 000 元。要求:采用边际贡献分析法对未增加专属设备前和增加专属设备后决策。

解:未增加专属设备前:

A 产品单位边际贡献 = 30 − 15 = 15(元)

B 产品单位边际贡献 = 9 − 3 = 6(元)

A 产品边际贡献总额 = 1 000÷8×15 = 1 875(元)

B 产品边际贡献总额 = 1 000÷2.5×6 = 2 400(元)

如果以单位边际贡献指标作为评价标准,则应选择生产 A 产品。但如以边际贡献总额指标作为评价标准,则应选择生产 B 产品。

增加专属设备后:

A 产品剩余边际贡献总额 = 1 875 − 0 = 1 875(元)

B 产品剩余边际贡献总额 = 2 400 − 1 000 = 1 400(元)

因为 A 产品剩余边际贡献总额大于 B 产品,所以应选择生产 A 产品。

■ 平衡点分析法

平衡点分析法,又称成本无差别点分析法,是指通过计算分析比较若干可行性方案成本无差别时业务量指标的数额及其性质的基础上,评价有关方案优劣程度的一种决策方法。

当方案 1 的成本 = 方案 2 的成本时:

业务量×单位变动成本 1 + 固定成本 1 = 业务量×单位变动成本 2 + 固定成本 2

即 成本平衡点业务量 = (固定成本 2 − 固定成本 1)÷(单位变动成本 1 − 单位变动成本 2)

或 成本平衡点业务量 = (固定成本 1 − 固定成本 2)÷(单位变动成本 2 − 单位变动成本 1)

由上面公式可知,运用成本平衡点分析法的条件是,方案 1 中固定成本 1 必须大于方案 2 中固定成本 2,同时,方案 1 中单位变动成本 1 必须小于方案 2 中单位变动成本 2。

当业务量大于成本平衡点业务量时,固定成本较高的方案优于固定成本较低的方案。

当业务量小于成本平衡点业务量时,固定成本较低的方案优于固定成本较高的方案。
当业务量等于成本平衡点业务量时,两方案无差别。
此法,通常应用于业务量不确定的零部件取得方式和不同生产工艺技术方案的短期经营决策中。

【例 5-3】 假定某汽车制造厂过去所需用的活塞,一直依赖外购,购入单价为 500 元。现该厂金工车间有无法转移的剩余生产能力可以自制活塞。经技术与会计部门共同估算,自制活塞每年需增加专属固定成本 16 000 元,每个活塞单位成本为 550 元,其中,直接材料 180 元,直接人工 120 元,变动制造费用 120 元,固定制造费用 130 元。要求:做出活塞自制或外购决策。

解:因自制方案是在金工车间有剩余生产能力的情况下进行的,所以固定制造费用属于无关成本,决策时无须考虑。

现假定汽车制造厂全年活塞的成本平衡点为 x 个。则

外购方案预期成本 $y_1 = a_1 + b_1 x = 0 + 500x = 500x$

自制方案预期成本 $y_2 = a_2 + b_2 x = 16\,000 + (180 + 120 + 120)x = 16\,000 + 420x$

令 $y_1 = y_2$,即 $500x = 16\,000 + 420x$,得 $x = 200$(个)

结论:当活塞需要量 = 200 个时,$y_1 = y_2$,两方案成本相同,均可行。

当活塞需要量 > 200 个时,$y_1 > y_2$,自制方案较优。

当活塞需要量 < 200 个时,$y_1 < y_2$,外购方案较优。

【例 5-4】 某企业生产 A 零部件,可采用普通车床和数控车床两种不同设备进行加工。已知普通车床单位变动成本 90 元,固定成本总额 15 000 元;数控车床单位变动成本 60 元,固定成本总额 60 000 元。假定存在下列三种不相关情形:A 零部件年产量 1 200 件;A 零部件年产量 2 000 件;A 零部件年产量 1 500 件。要求:根据不相关情形,做出采用何种设备组织生产的决策。

解:根据资料,计算成本平衡点业务量:$(60\,000 - 15\,000) \div (90 - 60) = 1\,500$(件)

当 A 零部件年产量 1 200 件时,小于平衡点业务量,采用普通车床进行加工可节约成本。

当 A 零部件年产量 2 000 件时,大于平衡点业务量,采用数控车床进行加工成本相对少。

当 A 零部件年产量 1 500 件时,等于平衡点业务量,采用普通车床或数控车床均可,此时两方案总成本相等。

■相关成本分析法

相关成本分析法,是指短期经营决策中,当各备选方案的相关收入相等时,通过比较各方案的相关成本指标,选择最优方案的一种方法。

一般情况下:

$$相关成本 = 增量成本 + 专属成本 + 机会成本$$

相关成本是反指标,以此为标准应选择相关成本最小的方案为最优方案。

该法适用于两个或两个以上方案的决策,如业务量确定的零部件自制或外购的决策、不同生产工艺技术方案的决策等。

【例 5-5】 某企业每年生产甲产品 800 件,有 A、B、C 三种机械化程度不同的设备可

供选择。其中,A、B、C 设备的年专属成本分别为 23 000 元、28 000 元、32 000 元;使用 A、B、C 设备生产时的单位变动成本分别为 210 元、190 元、165 元。要求:做出选择何种设备生产甲产品的决策分析。

解:使用每种设备生产 800 件甲产品的相关成本:

使用 A 设备的相关成本 = 23 000 + 210 × 800 = 191 000(元)

使用 B 设备的相关成本 = 28 000 + 190 × 800 = 180 000(元)

使用 C 设备的相关成本 = 32 000 + 165 × 800 = 164 000(元)

计算结果表明,使用 C 设备相关成本最低,所以应选择 C 设备进行生产。

☆生产决策方法针对六类决策问题

以上介绍的生产决策方法,可以解决生产中六类决策问题:生产何种新产品;亏损产品是否停产或转产;是否接受特殊价格订货;产品是否深加工;零部件自制或外购;不同生产工艺技术方案的选择等。

■**生产何种产品的决策**

新产品开发决策,涉及是否需要追加大量投资开发新产品。

如需追加大量投资,则属于长期投资决策范围;如只需利用现有的剩余生产能力或追加少量专属成本开发新产品,则属于短期经营决策范畴。

此类决策属于互斥方案决策类型,又可分为不需要追加专属成本决策和需要追加专属成本决策。一般采用差量分析法或边际贡献分析法。

■**亏损产品是否停产或转产的决策**

亏损产品停产或者转产的决策分析,主要研究当企业生产多种产品时,如果某一产品的价格低于按会计原则要求计算的单位产品成本时,是否停止该产品的生产或转产。根据剩余生产能力能否转移,分为无法转移和可以转移两种情况。无法转移,即当亏损产品停产后,闲置下来的生产能力无法用于转产,也不能出租,或用于承揽零星加工业务等情况。继续生产亏损产品和停产亏损产品就构成了两个互斥方案。

情形一,剩余生产能力无法转移,亏损产品是否停产决策。判断的标准是,只要亏损产品的单位边际贡献大于 0,即亏损产品单价大于其单位变动成本,就不应当停产。理由是,只要亏损产品的边际贡献为正值,即可补偿一部分固定成本。如停产,亏损产品补偿的固定成本将转嫁由未停产的产品承担,如此则抵减了盈利产品提供的边际贡献,也相当于抵减了亏损产品等量边际贡献的利润。

【**例 5-6**】 某企业产销甲、乙、丙三种产品,其中,乙、丙产品盈利,甲产品亏损。有关资料是:甲、乙、丙销售收入分别为 80 000 元、160 000 元、120 000 元;变动生产成本分别为 34 000 元、44 000 元、30 000 元;变动制造费用分别为 14 000 元、12 000 元、12 000 元;固定制造费用分别为 22 000 元、32 000 元、20 000 元;变动销售管理费用分别为 12 000 元、24 000 元、18 000 元;固定销售管理费用分别为 8 000 元、16 000 元、12 000 元。要求:做出是否停产甲产品的决策。

解:根据资料计算,按照成本性态原理,

甲产品边际贡献 = 80 000 − (34 000 + 14 000 + 12 000) = 20 000(元)

甲产品亏损额 = 边际贡献 − 固定成本 = 20 000 − (22 000 + 8 000) = −10 000(元)

甲产品创造了边际贡献 20 000 元,弥补了固定成本 20 000 元,余下固定成本 10 000 元未弥补则是亏损。如果甲产品停产,弥补的固定成本 20 000 元就只能由乙、丙两种产品负担,如此企业的总利润将减少 20 000 元,所以,在企业生产能力不能转移的情况下,甲产品不能停产。

情形二,剩余生产能力可以转移,亏损产品是否停产决策。判断的标准是,只要继续生产亏损产品所丧失的收益(即机会成本)大于亏损产品所提供的边际贡献,则应该停产,否则可继续生产。机器设备转产或对外出租应获收益就是继续生产亏损产品的机会成本。

【例 5-7】 按[例 5-6]资料,假定其他条件不变,若停产甲产品,其生产设备可对外出租,每年可获租金 25 000 元。要求:做出是否停产甲产品的决策。

解: 由于生产甲产品的边际贡献 20 000 元小于机会成本,即租金收入 25 000 元,对外出租比停产更为有利,故应停产甲产品。

■ 是否接受特殊价格订货的决策

特殊价格,是指低于正常价格甚至低于单位产品成本的价格。是否接受特殊价格订货的决策,是指企业在正常生产经营过程中,为是否安排特殊价格订单生产所做的决策。

企业在接到特殊订单时,应充分考虑特殊订货是否冲击正常生产任务、有无剩余产能以及剩余产能是否可转移等因素,决定是否接受特殊价格的追加订货。大致分为两类:简单条件下是否接受特殊价格订货决策和复杂条件下是否接受特殊价格订货决策。

简单条件下特殊订货,是指订货量小于或等于企业的剩余生产能力,剩余生产能力又无法转移,且不需要追加专属成本。只要特殊订货的单价大于该产品的单位变动成本,即可接受订货。

复杂条件下特殊订货,又可分为以下几种情况:

第一种,特殊订货量小于或等于剩余产能,不会冲击正常生产,剩余产能无法转移,但需追加专属成本。因剩余产能无法转移,所以不考虑机会成本。只要特殊订货的边际贡献大于专属成本,即可接受订货。否则,不接受订货。

第二种,特殊订货量小于或等于剩余产能,不会冲击正常生产,剩余产能可以转移,且不需追加专属成本。应将剩余产能转移带来的收益作为特殊订货机会成本。只要特殊订货的边际贡献大于机会成本,即可接受订货。否则,不接受订货。

第三种,特殊订货量小于或等于剩余产能,不会冲击正常生产,剩余产能可以转移,且需要追加专属成本。应将剩余产能转移带来的收益作为特殊订货的机会成本。只要特殊订货的边际贡献大于机会成本与追加的专属成本之和,即可接受订货。否则,不接受订货。

第四种,特殊订货量大于剩余产能,冲击了正常生产,剩余产能无法转移,不需要追加专属成本。应将由此减少的正常收入作为特殊订货的机会成本。只要特殊订货的边际贡献大于机会成本,即可接受订货。否则,不接受订货。

第五种,特殊订货量大于剩余产能,冲击了正常生产,剩余产能无法转移,但需要追加专属成本。应将由此减少的正常收入作为特殊订货的机会成本。只要特殊订货的边际贡献大于机会成本与追加的专属成本之和,即可接受订货。否则,不接受订货。

第六种,特殊订货量大于剩余产能,冲击了正常生产,剩余产能可以转移,且不需要追加专属成本。应将由此减少的正常收入作为特殊订货的机会成本。只要特殊订货的边际贡献大于机会成本，即可接受订货。否则，不接受订货。

第七种，特殊订货量大于剩余产能，冲击了正常生产，剩余产能可以转移，但需要追加专属成本。应将由此减少的正常收入作为特殊订货的机会成本，且将剩余产能转移带来的收益也作为特殊订货的机会成本。只要特殊订货的边际贡献大于机会成本与专属成本之和，即可接受订货。否则，不接受订货。

【例 5-8】 某企业生产甲产品的年生产能力为 20 000 件，每年生产能力利用率为 80%。正常售价为 80 元，甲产品单位产品成本 65 元，其中，直接材料 23 元、直接人工 20 元、变动制造费用 10 元、固定制造费用 12 元。假设根据往年资料测定产能利用率达 80% 时，单位变动推销管理费用 5 元、单位固定推销管理费用 8 元。产能利用率由 80% 提至 90% 过程中，单位变动制造费用保持在 10.2 元、单位变动推销管理费用保持在 5.1 元、单位固定推销管理费用 8 元。产能利用率由 90% 提至 100% 过程中，单位变动制造费用保持在 10.5 元、单位变动推销管理费用保持在 5.2 元、单位固定推销管理费用 8 元。要求：针对以下不相关情况做出是否接受特殊价格追加订货的决策分析。

① 现有一用户提出订货 2 000 件，每件定价 58 元，剩余生产能力无法转移，该订货不需要追加专属成本。

② 现有一用户提出订货 4 000 件，每件定价 63 元，剩余生产能力无法转移，该订货有特殊要求需购置一台专用设备，年增加固定成本 3 000 元。

③ 现有一用户提出订货 4 500 件，每件定价 65 元，剩余生产能力无法转移，该订货不需要追加专属成本。

④ 现有一用户提出订货 4 500 件，每件定价 70 元，接受订货需追加专属成本 3 000 元；若不接受追加订货可将设备出租，获租金 5 000 元。

解： ① 客户的订货数量不会冲击正常生产，也不需增加专属成本。如接受订货，产能利用率达到 90%[=(20 000×80%+2 000)÷20 000]，单位变动制造费用为 10.2 元、单位变动推销管理费用为 5.1 元。只要定价大于单位变动成本，产生边际贡献，即可接受订货。定价 58 元小于单位变动成本 58.3 元(=23+20+10.2+5.1)，故不接受订货。

② 客户的订货数量等于最大产能，未冲击正常生产，但需要增加专属成本。产能利用率达到 100%[=(20 000×80%+4 000)÷20 000]，单位变动制造费用 10.5 元、单位变动推销管理费用 5.2 元。只要相关收入大于增量成本和专属成本之和，即可接受订货。相关收入 252 000 元(=4 000×63)，增量成本 234 800 元[=4 000×(23+20+10.5+5.2)]，专属成本 3 000 元，差别收益 14 200 元(=252 000−234 800−3 000)，所以，接受订货。

③ 客户的订货数量冲击了正常生产，但不需要增加专属成本。只要相关收入大于增量成本和机会成本之和，即可接受订货。相关收入 292 500 元(=4 500×65)，增量成本 264 150 元[=4 500×(23+20+10.5+5.2)]，机会成本 40 000 元[=(4 500−4 000)×80]，差别收益−11 650 元(=292 500−264 150−40 000)，所以，不接受订货。

④ 客户的订货数量冲击了正常生产，且需增加专属成本。如不接受订货，设备可出租获租金 5 000 元。只要相关收入大于增量成本及专属成本和机会成本之和，即可接受订货。相关收入 315 000 元(=4 500×70)，增量成本 264 150 元[=4 500×(23+20+10.5+5.2)]，机会成本 45 000 元[=(4 500−4 000)×80+5 000]，专属成本 3 000 元，差别

收益 2 850 元(=315 000-264 150-45 000-3 000),故接受订货。

■ 产品是否深加工的决策

某些企业生产的产品加工程序较长,加工到某一程序时,可以半成品、联产品的形态出售,也可以深加工后再出售。因此,此类企业面临直接出售半成品、联产品,还是深加工后再出售的决策问题。

联产品,是指通过对同一种原料按照同一工艺进行加工,产出性质相近、价值相当的多种产品的统称。如石油化工企业对原油进行催化裂化形成的所有产品称为联产品。

在产品加工程度的决策分析中,深加工前的半成品、联产品成本都属于沉没成本,与决策无关,相关成本只包括与深加工直接有关的成本,而相关收入则包括直接出售半成品和深加工后再出售的产品有关收入。

【例 5 - 9】 某炼油厂从原油中提炼出的煤油,既可以直接出售,也可以进一步通过裂化加工为汽油和柴油后再行出售。煤油经过裂化加工的收得率是:汽油80%、柴油15%、自然损耗率为5%。每吨煤油进一步加工需增加变动成本800元。该厂现有煤油400吨,进一步加工需增加固定成本35 000元,每吨煤油售价1 700元,每吨汽油售价3 000元,每吨柴油售价2 200元。要求:做出直接出售煤油还是进一步加工的决策。

解:在决策过程中,联产品汽油、柴油形成前发生的成本为无关成本。

深加工后相关收入=(400×80%)×3 000+(400×15%)×2 200=1 092 000(元)

深加工后相关成本=增量成本+专属成本=400×800+35 000=355 000(元)

直接出售相关收入=400×1 700=680 000(元)

直接出售相关成本=0

差别收益=(1 092 000-680 000)-(355 000-0)=57 000(元)

计算结果表明:深加工比直接出售可多获利润57 000元。因此,应把煤油深加工后再出售。

■ 零部件自制或外购的决策

此类决策属于互斥决策类型。企业零部件不管是自制还是外购,企业的销售收入不会受到影响,决策时只需要考虑相关成本即可。外购中的相关成本,主要是外购单价和机会成本;自制的相关成本,主要包括变动生产成本、专属成本及机会成本。如企业所需零部件数量确定,可采用相关成本分析法;如企业所需零部件数量不确定,则可采用平衡点分析法决策。

■ 不同生产工艺技术方案的决策

此类决策属于互斥决策类型。不同生产工艺技术方案的决策,是指企业在组织生产过程中,对采用何种生产工艺技术方案进行产品生产所做的决策。

一般情况下,采用先进的设备或工艺组织生产,虽固定成本较高,但因劳动生产率提高,人工费用降低,单位变动成本较低;而采用普通设备或工艺组织生产,虽固定成本较低,但其单位变动成本较高。决策分析时,一般不考虑相关收入,只需要考虑各备选方案相关成本。在年产量确定时,可采用相关成本分析法决策。在年产量不确定时,可采用平衡点分析法决策。

☆ 定价决策

定价决策，就是基于供求规律基础上，根据不同的市场类型为其生产的产品确定一个合适的价格，使之能够销售出去，以争取最佳预期经营效益的过程。价格确定得合理，才能提高市场占有率，提高盈利水平。定价决策影响到企业生产经营的全局，关系到企业的长远发展。

影响产品定价决策的因素很多，主要包括产品成本、市场供求关系、竞争对手、顾客、国家价格政策等。

产品定价方法，主要有成本加成法、保本法、保利法、新产品定价策略。

■ 成本加成法

成本加成法有两种：一种是完全成本加成法；另一种是变动成本加成法。

☑ 完全成本加成法，是以产品制造成本为基础，再加上一定的成本加成率来制定。其计算公式为：

产品目标价格＝单位产品制造成本×(1＋制造成本加成率)

单位产品制造成本＝(直接材料＋直接人工＋变动制造费用＋固定制造费用)÷产品产量

制造成本加成率＝(目标利润＋非制造费用总额)÷制造成本总额

【例 5-10】 某公司产销单一产品，预计年产量 1 000 件，目标利润 200 000 元，直接材料费 200 000 元，直接人工费 150 000 元，变动制造费用 100 000 元，固定制造费用 150 000 元，变动推销管理费用 55 000 元，固定推销管理费用 45 000 元。要求：采用完全成本加成定价法确定单位产品目标价格。

解：单位产品制造成本＝(200 000＋150 000＋100 000＋150 000)÷1 000
　　　　　　　　　　　＝600 000÷1 000＝600(元)
非制造成本总额＝55 000＋45 000＝100 000(元)
制造成本加成率＝(200 000＋100 000)÷600 000×100％＝50％
单位产品目标价格＝600×(1＋50％)＝900(元)
因此，单位产品的目标价格确定为 900 元较为合适。

☑ 变动成本加成法，是以单位产品的变动成本为基础，以全部固定成本和目标利润为加成内容的一种定价方法。用公式表示为：

产品目标价格＝单位产品变动成本×(1＋变动成本加成率)

单位产品变动成本＝(直接材料＋直接人工＋变动制造费用＋变动推销管理费用)÷产品产量

变动成本加成率＝(目标利润＋固定成本)÷变动成本总额

【例 5-11】 按[例 5-10]资料。要求：采用变动成本加成法确定单位产品目标价格。
解：单位产品变动成本
＝(200 000＋150 000＋100 000＋55 000)÷1 000＝505 000÷1 000＝505(元)
固定成本总额＝150 000＋45 000＝195 000(元)
变动成本加成率＝(200 000＋195 000)÷505 000×100％＝78.22％
单位产品目标价格＝505×(1＋78.22％)＝900(元)
因此，单位产品的目标价格确定为 900 元较为合适。

■保本定价法

保本定价法,是指在已知成本指标和预计销量的基础上,用销售收入等于固定成本和变动成本时的销售量确定目标价格的一种方法。用公式表示为:

$$销售收入 = 销售成本$$

$$保本价格 = 单位变动成本 + 专属固定成本 \div 保利销售量$$

【例5-12】按[例5-10]及[例5-11]的资料。要求:管理会计人员为参加展销会的销售人员提供销售量500~1 000件、每间隔100件的保本价格报价单,作为洽谈业务依据。

解:管理会计人员提供的保本价格计算过程如下:

当订购量为500件时,保本价格=505+195 000÷500=895(元)

当订购量为1 000件时,保本价格=505+195 000÷1 000=700(元)

其他订购量下保本价格计算过程略。

■保利定价法

保利定价法,是指在已知目标利润、预计销量和相关成本指标的基础上,用保证目标利润实现的销售量来确定保利价格的一种方法。用公式表示为:

$$保证目标利润实现的销售量 = (固定成本 + 目标利润) \div 单位边际贡献$$
$$= (a + TP) \div (保利价格 - 单位变动成本)$$

$$保利价格 = 单位变动成本 + (固定成本 + 目标利润) \div 保利销售量$$

【例5-13】按[例5-10]及[例5-11]的资料。要求:管理会计人员为参加展销会的销售人员提供销售量500~1 000件、每间隔100件的保利价格报价单,作为洽谈业务依据。

解:管理会计人员提供的保利价格计算过程如下:

当订购量为500件时,保利价格=505+(195 000+200 000)÷500=1 295(元)

当订购量为1 000件时,保利价格=505+(195 000+200 000)÷1 000=900(元)

其他订购量下保利价格计算过程略。

■新产品的定价策略

新产品,是指市场上从未出现过或企业从未生产与销售过的产品。新产品销售资料空白,市场需求未知。企业往往通过试销的办法收集市场反应信息进行分析、计量、预测,确定新产品的最终销售价格。主要有两种战略:撇脂定价策略和渗透定价策略。

☑撇脂定价策略,是指新产品投放市场初期制定较高价格,获取初期高额利润,随着销售量增加,竞争加剧,再逐步降低价格的方法。此种手法类似于在水面上撇油,故称"撇油法"或"撇脂法"。

此种策略能使产品投放初期迅速收回成本,但大量竞争者迅速加入又逼迫价格快速回落。这是一种短期的定价策略,多适用于生命周期短、市场易开辟且弹性较小、不易仿制的产品。

☑渗透定价策略,是指新产品投放市场初期以较低价格吸引顾客,迅速打开销路,待稳固市场地位后再逐步提高价格的方法。

此种策略在销售初期能有效排除竞争,利于长期占据市场,并持久获取经济利益。这是一种长期的定价策略,多适用于同类产品差别小、需求大、易仿制、前景好的产品。

以上两种定价策略,各有利弊。实务中,企业常组合使用两种策略,变成折中定价策略。此种策略在新产品进入市场初期价格定位适当,既能吸引顾客,开拓市场,又能在较短时期内回收成本,形成顾客与企业双赢的局面。

☆ 存货管理决策

存货,一般是指企业由外部购入以供生产销售的各种商品材料物资。

存货名目繁多,占用流动资金较大。一般情况下,我国工业企业存货约占资金总额25%~50%左右,商业企业比重更高。

存货管理好坏,对整个企业的财务状况和经营成果的影响极大。存量过高,易使存货过时、毁坏、变质,易使利息费用、仓储费用、保险费用增大;存量过低,易发生停工待料及丧失销货机会等损失。

存货管理决策,可分为两大类:

一类是研究存货控制决策,即怎样把存货的数量控制在最优化水平上。

另一类是探讨存货规划决策,即保持适当的存量下,一年订货几次,每次最经济订购数量是多少?什么情况再订货比较合适?

两类决策的目标是使存货得到最有效使用,所占用的资金最经济、最合理。

■ 存货控制决策

在我国,存货控制最行之有效的方法是 ABC 分析法。

ABC 分析法的基本程序是:

第一步,计算每种存货年均耗用总成本,即年均耗用量乘以其单位成本;

第二步,将每种存货年均耗用总成本按一定金额标准归为 A、B、C 三类;

第三步,统计计算三类存货耗用总数量、耗用总成本;

第四步,计算每类存货耗用总数量、耗用总成本占全部存货百分比;

第五步,根据计算结果分析具体情况,对 A、B、C 存货采取相应控管措施。

☑ 一般对量少价高 A 类存货,重点管控,对经济订购量和再订货点、全年订货次数进行规划决策,对收发、结存数据实行永续盘存制及时登记,对再订货点出现及时发出请购信号,此外,经常进行动态对比分析,经常进行检查。

☑ 对 B 类存货,可以根据自身情况,采用类似 A 类存货的监管办法,计算经济订货量和再订货点,平时登记永续盘存记录,定期进行检查。

☑ 对量大价低 C 类存货,可以实行简易的双货箱法或警告线法进行日常控制。前者适用于铁钉、螺丝、螺母等小件项目,即先将材料物资分装两个货箱,平时仅就其中一箱发放,待第一箱用完,开始取用第二箱时,就提出订货申请。后者适用于液体材料,先在贮存容器外面距底部一定距离处画一条红线,当领用量达到红线时即提出订货申请。

■ 存货规划决策

存货规划决策,即确定 A 类和 B 类存货"经济订货量"和"再订货点",然后据以控制。

经济订货量(Economic Order Quantity,简称 EOQ),是指能使企业存货上所花费的总成本最低的每次订货量。理论上,存货相关总成本应由采购成本、订货成本、储存成本、缺货成本构成。

☑ 采购成本,是指商品材料物资的买价和运杂费所构成的成本。但采购单价一般不随采购数量变动而变动,在经济批量决策中大多属于无关成本,除大批量采购可享受折扣优惠时,才成为相关成本。

☑ 订货成本,是指每次订货业务发生的文件处理和验收成本。可分为两部分:一部分属于变动成本,与订货次数成正比,而与每次订货数量无直接联系,如邮资、电话、文件复印和验收、付款等支出;一部分属于固定成本,是一定期间维持采购部门开展正常活动所必需的支出,如采购部门的管理费、采购人员的工资和差旅费等。

☑ 储存成本,是指存货储存过程发生的各种费用,包括变动成本和固定成本。变动成本与储存量成正比,如仓储费、搬运费、保险费、借款利息等;固定成本,如仓库房屋、机械设备的折旧费、维修费、通风照明费、空调取暖费、房产税、存货过时损失等。

☑ 缺货成本,是指存货供应中断造成生产与销售方面的一切损失。如因材料、零件库存短缺造成停工待料的损失;由于资金不足而丧失折扣损失;因临时采购增加额外运输费用;因拖欠交货而付出的罚金损失等。缺货成本大多属于机会成本,计算比较麻烦。例如,难以计算商业企业短缺一个单位商品一次给企业带来的平均损失;难以计算工业企业短缺一个单位材料造成的人工浪费,也难以计算短缺一个单位材料制成产品的潜在利润丧失。

实际工作中,分两种条件确定经济订货量 EOQ。

第一种,简单条件下经济订货量确定,即假定存货品种单一,全年需要量及单价保持不变,不存在现金折扣,不允许缺货,每批订货均能一次到货,与 EOQ 相关总成本只包括相关订货成本和相关储存成本。该最优订货量,能够使全年订货总成本与全年平均储存总成本之和为最低。计算公式为:

全年总成本 $TC=$ 全年订货总成本$+$全年平均储存总成本$=K \cdot A \div Q + C \cdot Q \div 2$

其中,Q 表示经济订货量;A 表示全年需要量;K 表示每次订货的变动成本;C 表示单位存货全年平均变动储存成本。

当 A、K、C 为常数时,TC 大小取决于 Q。对总成本公式求导运算,令 TC 的导数为 0,得:

$$Q = \sqrt{\frac{2AK}{C}}$$

$$TC = \sqrt{2AKC}$$

由 Q 公式,可求得:

存货年均占用资金额 $W=$ 单位采购成本$\times Q \div 2$

全年最佳进货批次 $N=A \div Q$

【例 5-14】 某企业每年需要耗用甲材料 720 000 千克,该材料的单位采购成本(P)为 10 元,单位年储存成本为 4 元,平均每次进货费用为 400 元。要求:确定甲材料经济订货量、平均资金占用额(W)和最佳进货批次(N)。

解:$Q = \sqrt{\dfrac{2AK}{C}} = \sqrt{\dfrac{2 \times 720\,000 \times 400}{4}} = 12\,000$(千克)

$TC = \sqrt{2AKC} = \sqrt{2 \times 720\,000 \times 400 \times 4} = 48\,000$(元)

$$W = P \times Q \div 2 = 10 \times 12\,000 \div 2 = 60\,000(元)$$
$$N = A \div Q = 720\,000 \div 12\,000 = 60(次)$$

第二种,有数量折扣时经济订货量的确定,需将采购成本作为相关成本考虑。

$$全年总成本\ TC = 全年存货采购成本 + 全年订货总成本 + 年均储存总成本$$

【例 5-15】 某企业甲材料年需要量 16 000 千克,每千克标准价格 20 元,供应商规定,客户每批购买量不足 1 000 千克的,按照标准价格计算;每批购买量 1 000 千克以上、2 000 千克以下的,价格优惠 2%;每批购买量 2 000 千克以上的,价格优惠 3%。已知每批订货成本 600 元,单位材料年储存成本 30 元。要求:做出该企业最佳经济订货量的决策。

解: 先按经济订货批量模式确定经济订货量,然后计算各条件下全年相关总成本,最后比较确定最佳进货量。

$$Q = \sqrt{2 \times 16\,000 \times 600 \div 30} = 800(千克)$$

当每次进货 800 千克时,存货相关总成本 = 采购成本 + 订货成本 + 储存成本 = $16\,000 \times 20 + 16\,000 \div 800 \times 600 + 800 \div 2 \times 30 = 344\,000$(元)

当每次进货 1 000 千克时,存货相关总成本 = $16\,000 \times 20 \times (1-2\%) + 16\,000 \div 1\,000 \times 600 + 1\,000 \div 2 \times 30 = 338\,200$(元)

当每次进货 2 000 千克时,存货相关总成本 = $16\,000 \times 20 \times (1-3\%) + 16\,000 \div 2\,000 \times 600 + 2\,000 \div 2 \times 30 = 345\,200$(元)

显然,在有数量折扣的情况下,每次最佳进货量是 1 000 千克,存货相关总成本最低。

第六章 两类决策方法之二:长期投资决策

本章主要涉及以下概念和内容:长期投资决策种类、长期投资决策程序、长期投资取舍标准、长期投资决策基础、长期投资决策方法、长期投资决策敏感性分析。

★ 长期投资决策种类

长期投资决策,即长期资本决策。与"财务管理"课程部分内容有交叉。长期投资属于资本支出范畴,投资产生的贡献会持续若干期间。如厂房、机器设备等投资,新产品试制开发、新技术引进等。长期投资,具有投资金额大、时间长、风险大、不可逆转等特点。一旦投资即成为沉没成本,中途改变用途不易,变现能力较差,应谨慎科学规划。

长期投资按其在生产中的作用,分为扩充型方案与重置型方案。

☑ 扩充型长期投资,是指在原有生产能力基础上,为扩大生产能力、生产规模进行的投资。它既可以带来现金流入量,也可以带来现金流出量。

☑ 重置型长期投资,是指原有项目的更新改造,即对技术上或经济上不宜继续使用的旧资产,用新的资产更换或局部改造,以达到维持原有生产能力的目的。它多引起现金流出量。

长期投资按投资对象不同,分为固定资产投资、无形资产投资、有价证券投资等。其中固定资产投资又可分为新建、改建、扩建、购置或租赁固定资产投资决策。有价证券投资又可分为股权投资和债券投资。

★ 长期投资决策程序

第一步,提出项目。企业高层提出众多潜在投资项目。

第二步,筛选项目。管理会计分析外部环境与自身条件,评价项目技术和财务可行性,排除不可行项目,提出符合企业全局规划、有价值的可行项目。需要说明的是,本教材所举例题假定投资项目已具备技术可行性,只从投资项目财务可行性评价,含未来的现金流量分析和评价,风险程度的分析和评价等。

第三步,决策项目。依据项目可行性分析报告,测算项目资金概算,并根据概算大小及议事程序,决定应由经理层会议或董事会或股东大会投票表决。

第四步,实施项目。投资项目确定后,应细致地制定项目预算,积极筹措资金,实施投资。

第五步,控制项目。执行中,要对工程节点、工程进度、工程质量、施工成本等进行控制,确定项目偏离预算的差异,查明原因,及时提出整改措施。

第六步,评价项目。应时刻关注国家政策、市场环境、内部环境等方面的重大变化,并及时做出投资项目是否可行的评价;发现投资项目变为不可行时,应立即做出停止投资决策,或采取其他补救措施,以降低损失。

★ 长期投资取舍标准

项目是否可行,是否实施决策,常用时间、收益、风险标准进行评价。

☑ 时间标准。即投资回收时间越短越好。

☑ 收益标准。即投资收益绝对数(报酬额、净现值等)越多越好或相对数(报酬率、收益率等)越高越好。

☑ 风险标准。即风险与收益相伴,二者是否均衡,报酬越高风险越大。

除上述三项标准外,还有将年均成本、现值指数等也纳入评价标准。

★ 长期投资决策基础

基于长期投资的特点,每次决策都应综合考虑各方面的因素,而财务可行性是管理会计研究分析的重点。

涉及财务可行性的基础指标,主要有货币时间价值、投资风险价值、资本成本、现金流量等。

☆ 货币时间价值

货币时间价值,是指货币经过一定时间的投资和再投资后所增加的价值,也称为资金时间价值。其实质是通货膨胀、风险因素、时间因素共同作用的结果。

在投资决策上,常用到货币时间价值的四个计量形式:复利终值、复利现值、年金终值、年金现值。

■ 复利终值

复利终值(通常记作 F),是现在一笔现金在复利计息方式下若干期后的价值,俗称"本利和"。计算公式为:$F=P(1+i)^n$。式中,F 表示本金与利息之和;P 表示本金,又称现值;i 表示利率;n 表示计息期数。其中 $(1+i)^n$ 被称为复利终值系数,用符号 $(F/P,i,n)$ 表示,可查"复利终值系数表"。

■ 复利现值

复利现值(即本金 P),是指未来某一时点上的一定量现金折合到现在的价值。计算公式:$P=F\div(1+i)^n$,P、F、i、n 代表意义同上。其中 $1/(1+i)^n$ 被称为复利现值系数,用符号 $(P/F,i,n)$ 表示,可查"复利现值系数表"。复利终值与复利现值存在着一定的函数关系,互为逆运算。

■ 年金

年金(简记 A),是指在相等时间间隔内,连续收入或支出相等金额的系列款项。在投资决策中经常会出现每年等额付款或收款的情况。如工程项目分几年投资,每年投入相等金额的款项。或投资项目完成后,每年回收等额的净利和折旧等。

年金根据每年收入或支出的具体情况不同,可分为普通年金、预付年金、递延年金和永续年金四种。

☑ 凡每期期末收付等额款项的,称为普通年金,亦称后付年金。

☑ 凡每期期初收付等额款项的,称为预付年金,亦称先付年金。

☑ 若第一次收付款时间不在第一期而在隔若干期后每期末才开始发生系列等额款项收付的,称为递延年金,实质是普通年金的特殊形式。

☑ 若无限期等额系列收付款的,称为永续年金,也可看作普通年金的特殊形式。

以上四种年金形式,以普通年金应用最广泛,其他三种年金都是在普通年金基础上推算出来的。以下只介绍普通年金终值与普通年金现值的计算。

普通年金终值,是一定时期内每期期末等额系列收付款的复利终值之和,记作 F。期限为 n、利率为 i 的普通年金 A 的终值计算公式为:$F=A\cdot[(1+i)^n-1]\div i$。

式中,$[(1+i)^n-1]\div i$ 称为普通年金终值系数,用符号 $(F/A,i,n)$ 表示,可查"一元年金终值系数表"。

【例 6-1】 某企业计划每年年末从税后利润中提取盈余公积金 10 万元存入银行,连存 5 年,年利率 5%。要求:计算第 6 年年末本利和。

解: 查表知 $n=6$、$i=5\%$ 的普通年金终值系数为 6.802。

$F=A\cdot(F/A,i,n)=100\,000\times6.802=680\,200(元)$

该企业第 6 年年末能取出本利和 680 200 元。

普通年金现值,是一定时期内每期期末等额系列收付款的复利现值之和。计算公式为:$P=A\cdot[1-(1+i)^{-n}]\div i$。式中,$[1-(1+i)^{-n}]\div i$ 称为普通年金现值系数,用符号 $(P/A,i,n)$ 表示,可查"一元年金现值系数表"。

【例 6-2】 某企业计划连续 5 年年末从银行取出 10 万元,用于发放职工年终奖,年利率 5%。要求:计算该企业第 1 年年初需一次存入银行金额。

解: 查表知 $i=5\%$、$n=5$ 年的年金现值系数为 4.330。

$P=A\cdot(P/A,i,n)=100\,000\times4.330=433\,000(元)$

该企业第 1 年年初应存入银行 433 000 元。

☆ 投资风险价值

投资风险价值,就是投资者冒风险投资所获的报酬。表现形式有两种:绝对数风险报酬额,即超过正常报酬的那部分额外报酬额;相对数风险报酬率,即额外报酬占原投资额的百分比。

西方国家,常将国家发行的公债或国库券利息或利率,称为没有风险的货币时间价值,其他各种投资报酬率一般是货币时间价值(利率)与投资风险价值(风险报酬率)之和。

因投资风险不易计量,必须利用概率论方法,按未来年度预期收益的平均偏离度来估量,且计算结果具有一定假定性,故而不做介绍。

☆ 资本成本

资本成本,就是筹措和使用资本应负担的成本。通常以百分率表示。

资本来源主要有两个途径:

一是向债权人借入形成的债务资本,如向银行取得长期借款。借款利率即借入资本的成本。

二是自有资金,即发行股票、业主投资形成的股权资本。投资报酬率即股权资本的成本。

资本成本是长期投资方案最低可接受的报酬率,低于此报酬率舍弃投资方案,超出则采纳。

资本成本从整体上区分,主要有个别资本成本和综合资本成本。

个别资本成本,是指各种长期资本的使用成本,等于每种长期资金的年实际占用费与其筹资净额之比。计算公式为:

$$K = D \div [P(1-F)]$$

式中,K 为资本成本率;D 为资金年实际占用费;P 为该资金的筹资总额;F 为筹资费用率。

由上述公式,可以得出各具体资本成本。

① 长期借款的资本成本,是长期借款税后利息与长期借款净额的比值。

② 债券的资本成本,是税后债券利息与债券筹资净额的比值。

③ 优先股的资本成本,是每年每股固定股利与每股筹资净额的比值。

④ 普通股的资本成本,是每年每股固定股利与每股筹资净额的比值,加上普通股年增长率。其计算公式:$K = D \div [P(1-F)] + G$,G 为普通股年增长率。

⑤ 保留盈余的资本成本,与普通股的计算原理一样,只是不存在筹资费用。其计算公式为:

$$K = D \div P + G。$$

⑥ 综合资本成本,是以各类资本在全部资本中所占比重为权数,对各类资本成本进行加权平均后得到的。计算公式为:

$$K = \sum_{j=1}^{n} K_j W_j$$

式中，K 为综合资本成本；K_j 为第 j 类个别资本成本；W_j 为第 j 类个别资本占全部资本的比重。

【例 6-3】 已知某公司所得税税率为 25%。2018 年 1 月 1 日资本总额 2 000 万元，其中长期借款 400 万元，年利率 10%。另有两项筹资方案：计划发行总面额为 200 万元的 10 年期债券，票面利率 12%，发行费率 5%；计划发行普通股 500 万元，优先股 150 万元，预计筹资费率 2%，普通股股利率第 1 年 15%，以后每年增长 1%，优先股固定股利率 20%。计划年末保留未分配利润 50 万元。要求：计算个别资本成本和综合资本成本。

解： 长期借款资本成本 = 400 × 10% × (1 − 25%) ÷ 400 = 7.5%

长期债券资本成本 = 200 × 12% × (1 − 25%) ÷ [200 × (1 − 5%)] = 9.48%

普通股资本成本 = 500 × 15% ÷ [500 × (1 − 2%)] + 1% = 16.31%

优先股资本成本 = 150 × 20% ÷ [150 × (1 − 2%)] = 20.41%

保留盈余资本成本 = 50 × 15% ÷ 50 + 1% = 16%

综合资本成本 = 7.5% × 400 ÷ 2 000 + 9.48% × 200 ÷ 2 000 + 16.31% × 500 ÷ 2 000 + 20.41% × 150 ÷ 2 000 + 16% × 50 ÷ 2 000 = 8.458 8%

☆ 现金流量

现金流量，即现金流动量，是指投资项目在收付实现制下计算期内引起的现金流出量与现金流入量的统称。通常用现金流出量、现金流入量和现金净流量指标来反映长期投资项目的现金流量。它们分别指由于长期投资而引起的现金支出、现金收入及一定时期内收支差额。

现金流量可根据长期投资项目资金来源不同分别确定。

(1) 投入资金为自有资金时，现金流量由建设期和营业期两部分构成。

① 建设期现金流量，包括土地使用费用支出、固定资产投资支出、流动资产投资支出、与固定资产投资相关的职工培训等支出，全部为现金流出量。

② 营业期现金流量，包括年度营业现金流入量、年度营业现金流出量。前者主要由营业收入和该年回收额构成。后者主要由付现成本（即付现的销货成本）和所得税构成。

营业期现金净流量通常可表示为：

营业期现金净流量 = 销售收入 − 付现成本 − 所得税 + 该年回收额

= 销售收入 − (销售成本 − 非付现成本) − 所得税 + 该年回收额

= 营业利润 − 所得税 + 非付现成本 + 该年回收额

= 净利润 + 非付现成本 + 该年回收额

注意：上式中，净利润与财务会计中的净利润计算口径不一致。非付现成本，包括该年折旧额和该年摊销额。该年回收额，主要包括固定资产残值收入或变价收入、原来垫支在各种流动资产上的资金收回、停止使用的土地变价收入等。

(2) 投入资金为借入资金时，应依据全投资假设，不考虑投入资金来源，不考虑借款利息，确定现金净流量。

其方法应与自有资金基本相同。但现行财务会计规则某些规定影响现金净流量计算，应引起注意。如可以构成固定资产、无形资产原值的资本化利息；可以在税前列支的经营期间借款利息支出。两者皆为借款利息,前者资本化,已在非付现成本(该年折旧)中反映,后者费用化,却包含在付现成本中被依据全投资假设减除,所以,营业期现金净流量,必须加上该年的利息费用,即在自有资金计算公式中加入该年利息费用。计算公式为:

营业期现金净流量＝销售收入－付现成本－所得税＋该年回收额＋该年利息费用
　　　　　　　　＝该年净利润＋该年折旧＋该年摊销额＋该年回收额＋该年利息费用

(3) 现金流量的计算。首先应有以下假设:
① 假设只考虑长期投资项目财务可行性,而不考虑项目技术可行性。
② 假设只考虑全部投资都是自有资金,即使借入资金也视为自有资金。
③ 假设全部资金都在建设期投入,生产经营期间没有投入。
④ 假设营业期与固定资产使用年限或折旧年限一致。
⑤ 假设现金流入流出时点皆发生在年初或年末或项目终结点。

其次,应注意以下几个方面的问题:
① 销售收入是指每年的现销收入额与回收以前应收账款合计数。
② 只将投资项目引起的现金流入增加额作为该项目现金流入。
③ 注意区分相关成本和沉没成本,后者不应考虑计入。
④ 对非付现成本的处理,即对该年折旧额和该年摊销额的计算。

【例6-4】 某公司拟贷款建设一条生产线,用贷款在第一年年初投资100万元,项目建设期1年,贷款利率10%,项目建成后又投资10万元用于员工培训,生产线使用期5年,采用直线法折旧,期满残值10万元。经营期预计每年可实现销售收入80万元,每年付现成本40万元,所得税税率为25%。暂不考虑借款本息何时偿还问题。

要求:计算投资项目每年现金净流量。

解:项目计算期＝5＋1＝6(年)

固定资产原值＝100＋100×10%＝110(万元)

项目年折旧额＝(110－10)÷5＝20(万元)

项目税前利润＝80－(40＋20)＝20(万元)

项目税后利润＝20×(1－25%)＝15(万元)

建设期每年现金净流量为:

第一年年初现金净流量＝－100(万元)

第一年年末现金净流量＝0

第二年年初现金净流量＝－10(万元)

营业期每年现金净流量为:

第二年年末至第五年年末每年现金净流量＝15＋20＝35(万元)

第六年年末现金净流量＝15＋20＋10＝45(万元)

★ 长期投资决策方法

正确评价长期投资项目经济效益的好坏,往往需要比较相关指标。

按是否考虑货币时间价值划分:

一类是不考虑货币时间价值的指标,即非贴现评价指标,其求解方法又称静态分析法。

一类是考虑货币时间价值的指标,即贴现评价指标,其求解方法又称动态分析法。

☆静态分析法

静态分析法,是将不同时点的现金流量视为等效。它是投资方案分析评价辅助方法,主要包括非贴现的投资回收期法、非贴现的年均投资报酬率法。

■非贴现的投资回收期法

非贴现的投资回收期法,是利用回收原始投资所需时间评价投资项目的方法。

一般将投资回收期与期望回收期比较。前者越短,风险越小,效果越好,即该方案越有投资价值;否则投资方案不可行。

在多方案决策中,应在可行性方案中选择投资回收期最短的方案。

若营业期每年的现金净流量相等,其回收期的计算公式为:

$$投资回收期 = 原始投资额 \div 每年现金净流量$$

若营业期每年的现金净流量不相等,其回收期的计算公式为:

$$投资回收期 = 累计现金净流量最接近0时负值和正值对应的年份 + 尚未回收投资额 \div 对应年份下一年的现金净流量$$

【例6-5】 假设某企业有甲乙两个投资项目供选择,两个项目期初一次性投入20万元,项目建设期1年,使用期5年。甲投产后每年现金净流量6万元,乙投产后每年现金净流量分别为4万元、6万元、8万元、10万元、8万元。期望回收期4年,期满皆无残值。

要求:计算两个项目投资回收期,分析是否可行,并比较优劣。

解:甲投资回收期=20÷6=3.33(年)

乙投资回收期=3+(20-4-6-8)÷10=3.2(年)

甲乙投资项目回收期都小于期望回收期4年,因此两个投资项目皆可行。但乙项目较甲项目回收期更短,所以乙项目要优于甲项目。

■非贴现的年均投资报酬率法

非贴现的年均投资报酬率法,是以年均投资报酬率大小评价投资项目的方法。

一般将投资报酬率与企业期望报酬率比较。前者高于后者,方案可行;否则,方案不可行。在多方案决策中,应在可行性方案中选择投资报酬率最高的方案。其计算公式为:

$$年均投资报酬率 = 年均净利润 \div 年均投资额$$

或

$$年均投资报酬率 = 年均现金净流量 \div 年均投资额$$

上式中,

$$年均投资额 = 期初期末固定资产平均数 + 流动资金投资额$$

【例6-6】 假设某企业拟投资20万元建设一条生产线,投产后每年净利润为3万元、5万元、6万元、5万元、3万元,有效期5年,期满残值2万元。期望投资报酬率为30%。

要求:计算该项目年均报酬率,并分析是否可行。

解:年均投资额=(20+2)÷2=11(万元)

年均净利润=(3+5+6+5+3)÷5=4.4(万元)

年均报酬率=4.4÷11=40%

该项目投资报酬率大于期望报酬率,因此项目可行。

☆动态分析法

动态分析法,是考虑货币时间价值,先把不同时点上的现金流量折算成同一时点的现金流量,然后再比较的方法。它是分析评价投资方案的主要方法。

最常用指标有净现值、现值指数、内含报酬率。

■净现值

净现值,是指某一投资方案预计未来各期现金流入的现值同其现金流出的现值之间的差额。

净现值大于或等于零,表明投资方案的投资报酬率大于或等于预定的投资报酬率,方案可行;净现值小于零,方案不可行。

在多方案决策中,应在可行性方案中选择净现值最大的方案。

计算公式为:

$$净现值＝现金流入现值－现金流出现值$$

【例6-7】 假设某企业有甲乙两个投资项目,两个项目均需期初一次性投入20万元,项目建设期一年,使用期5年。甲投产后每年税后利润6万元,期满残值2万元;乙投产后每年税后利润分别为4万元、6万元、8万元、10万元、8万元,期满残值1万元。假定该企业采用平均年限法计提折旧,期望报酬率为20%。

要求:采用净现值法进行方案评价。

解:甲项目:年折旧额＝(20－2)÷5＝3.6(万元)

营业现金净流量计算:

第一年年初现金净流量＝－20(万元)

第一年年末现金净流量＝0

第二年年末至第五年年末每年现金净流量＝6＋3.6＝9.6(万元)

第六年年末现金净流量＝9.6＋2＝11.6(万元)

净现值＝－20＋9.6×(P/A,20%,4)×(P/F,20%,1)＋11.6×(P/F,20%,6)
　　　＝－20＋9.6×2.588 7×0.833＋11.6×0.335
　　　＝－20＋20.701 3＋3.886＝4.587 3(万元)

乙项目:年折旧额＝(20－1)÷5＝3.8(万元)

营业现金净流量计算:

第一年年初现金净流量＝－20(万元)

第一年年末现金净流量＝0

第二年年末现金净流量＝4＋3.8＝7.8(万元)

第三年年末现金净流量＝6＋3.8＝9.8(万元)

第四年年末现金净流量＝8＋3.8＝11.8(万元)

第五年年末现金净流量＝10＋3.8＝13.8(万元)

第六年年末现金净流量＝8＋3.8＋1＝12.8(万元)

净现值＝－20＋7.8×(P/F,20%,2)＋9.8×(P/F,20%,3)＋11.8×(P/F,20%,4)＋13.8×(P/F,20%,5)＋12.8×(P/F,20%,6)

$$= -20 + 7.8 \times 0.694 + 9.8 \times 0.579 + 11.8 \times 0.482 + 13.8 \times 0.402 + 12.8 \times 0.335$$
$$= 6.610\,6(万元)$$

计算结果表明,两项目净现值皆大于0,均可行。但甲项目净现值小于乙项目净现值,因此应选择乙项目投资。

净现值,是一个绝对值指标,只反映投资的效益,不反映投资的效率。在原始投资额不同或使用期不同时,不同方案的净现值不可比,无法评价方案优劣。

■ 现值指数

现值指数,又称获利指数,是指某一投资方案预计未来现金流入的现值同其现金流出的现值之间的比率。

现值指数大于或等于1,表示未来报酬大于或等于投资额,方案可行;否则不可行。

在多方案决策中,应在可行性方案中选择现值指数最大的方案。用公式表示为:

$$现值指数 = 现金流入现值 \div 现金流出现值$$

【例6-8】 按[例6-7]的资料。要求:计算甲乙项目的现值指数。

解: 甲项目的现值指数 $= 24.587\,3 \div 20 = 1.229\,3$

乙项目的现值指数 $= 26.610\,6 \div 20 = 1.330\,5$

计算结果表明,甲乙项目现值指数皆大于1,两项目皆可行。但甲项目现值指数小于乙项目现值指数,因此,应选择乙项目投资。

■ 内含报酬率

内含报酬率(Internal Rate of Return,IRR),又称为内部收益率,是指投资项目内在的实际报酬率,即投资项目净现值为零时的折现率。内含报酬率法是指通过计算投资方案的报酬率,与最低投资报酬率(即资本成本)相比较,进行方案取舍的一种投资决策方法。

若内含报酬率大于资本成本,方案可行;否则,投资不能全部收回,方案不可行。

若多个方案内含报酬率均大于资本成本,一般应优先考虑内含报酬率最大的方案。

内含报酬率求解方法,主要有两种:特殊方法、一般方法。

☑ 特殊方法,指可采用年金法计算内含报酬率。

其应用前提:

一是项目的全部投资均于建设起点一次投入。

二是建设期为零,建设起点第0期现金净流量等于原始投资的负值。

三是项目投产后每年现金净流量相等。

四是第1期到第n期每期现金净流量表现为普通年金形式。

其计算过程分三步:

第一步,计算年金现值系数。

$$(P/A, IRR, n) = 原始投资/每年现金净流量 = C$$

第二步,查年金现值系数表。若在期数为n的行中恰好找到等于上述数值C的年金现值系数,则该系数所对应的折现率即为所求的内含报酬率。

第三步,若在年金现值系数表中找不到计算出的系数值C,则在期数为n的行中找出与

C 值相邻的两个临界系数值 C_m、C_{m+1}，及其对应的折现率 i_m、i_{m+1}，采用内插法计算出近似内含报酬率。计算公式为：

$$IRR = i_m + (C_m - C) \div (C_m - C_{m+1}) \times (i_{m+1} - i_m)$$

其中两个对应折现率相差不能大于 5%，否则误差较大。

☑一般方法，是指采用逐次测试逼近法。即在各年现金净流量不相等时，通过多次测试得出所估计的折现率中有两个折现率（利率）之差不大于 5%，且能使总的净现值一个从正数方向逼近 0，一个从负数方向逼近 0，则使净现值等于 0 的内含报酬率一定落在正负数的区间内，可采用内插法求得内含报酬率。这里的正数表示估计利率低于实际利率，负数表示估计利率高于实际利率。

【例 6-9】假设某企业期初投资固定资产 20 万元，资产使用期 5 年。当年投产后每年税后利润 4 万元，期满无残值。要求：计算该项目内含报酬率。

解：固定资产年折旧额 = 20÷5 = 4（万元）

第一年年初现金净流量 = －20（万元）

第一年年末至第五年年末每年现金净流量 = 4＋4 = 8（万元）

因各年现金净流量相等，可采用特殊方法计算内含报酬率。

年金现值系数 = 20÷8 = 2.5

查年金现值系数表：期限为 5、年金现值系数为 2.5 的折现率，$(P/A,28\%,5) = 2.53201$；$(P/A,30\%,5) = 2.43557$。根据内插法计算公式，得：

$IRR = 28\% + (2.53201 - 2.5) \div (2.53201 - 2.43557) \times (30\% - 28\%) = 28.67\%$

即该投资项目内含报酬率为 28.67%。

【例 6-10】按[例 6-7]资料及计算结果。要求：计算项目内含报酬率并评价优劣。

解：经判断，甲、乙两个项目只能采用一般方法计算其内含报酬率。

甲项目内含报酬率计算，一用折现率 26% 测试，得：

净现值 = －20＋9.6×(P/A,26%,4)×(P/F,26%,1)＋11.6×(P/F,26%,6)

= －20＋9.6×2.32019×0.79365＋11.6×0.24991

= －20＋17.6776＋2.899 = 0.5766（万元）

二用折现率 28% 测试，得：

净现值 = －20＋9.6×(P/A,28%,4)×(P/F,28%,1)＋11.6×(P/F,28%,6)

= －20＋9.6×2.24097×0.78125＋11.6×0.22737

= －20＋16.8073＋2.6375 = －0.5552（万元）

甲项目 $IRR = 26\% + (0.5766 - 0) \div (0.5766 + 0.5552) \times (28\% - 26\%) = 27.02\%$

乙项目内含报酬率计算，一用折现率 30% 测试，得：

净现值 = －20＋7.8×(P/F,30%,2)＋9.8×(P/F,30%,3)＋11.8×(P/F,30%,4)＋13.8×(P/F,30%,5)＋12.8×(P/F,30%,6)

= －20＋7.8×0.59172＋9.8×0.45517＋11.8×0.35013＋13.8×0.26933＋12.8×0.20718

= －20＋4.6155＋4.4607＋4.1316＋3.7168＋2.6519 = －0.4235（万元）

二用折现率 28% 测试，得：

净现值 $=-20+7.8\times(P/F,28\%,2)+9.8\times(P/F,28\%,3)+11.8\times(P/F,28\%,4)+13.8\times(P/F,28\%,5)+12.8\times(P/F,28\%,6)$

$=-20+7.8\times0.610\ 35+9.8\times0.476\ 84+11.8\times0.372\ 53+13.8\times0.291\ 04+12.8\times0.227\ 37$

$=-20+4.760\ 8+4.673\ 1+4.395\ 9+4.016\ 4+2.910\ 4=0.756\ 6$（万元）

乙项目 $IRR=28\%+(0.756\ 6-0)\div(0.756\ 6+0.423\ 5)\times(30\%-28\%)=29.29\%$

甲项目内含报酬率 27.02% 低于乙项目内含报酬率 29.29%，故应优先选择乙项目。

★ 长期投资决策敏感性分析

敏感性分析，是管理会计在预测分析和决策分析中常用的一种技术方法。

它主要用来探讨与预测或决策有关的某个因素发生了变动，预期结果将会发生怎样的变动。若某因素在很小幅度内发生变动，就会影响结果的，即表明该因素的敏感性强；若某因素在较大幅度内发生变动，才会影响结果的，即表明该因素的敏感性弱。

长期投资决策中的敏感性分析，通常演变为研究两类问题：

一是在投资报酬率不变的前提下，投资方案现金净流量或固定资产使用年限变化的下限是多少时，方案仍可行，即净现值等于零。

二是在投资方案内含报酬率降至投资报酬率时，现金净流量或固定资产使用年限变化的极值是多少，方案仍可行。

☆ 现金净流量或设备使用年限变动引起净现值变动的敏感性分析

【例 6-11】 假设某公司准备在计划年度一次性投入 100 万元购置一套生产设备，投产后预计设备使用年限 5 年，期满无残值，预计使用该设备每年产生现金净流量 40 万元。预期投资报酬率 24% 保持不变。要求：计算方案净现值并判断是否可行。若方案可行，对固定资产使用年限不变的情况和每年现金净流量不变的情况进行净现值的敏感性分析。

解： 该设备的净现值＝未来报酬总现值－原投资额现值

$=400\ 000\times(P/A,24\%,5)-1\ 000\ 000=400\ 000\times2.745\ 38-1\ 000\ 000$

$=9.815\ 2$（万元）

由于净现值为正数，故方案可行。

在固定资产使用年限不变情况下，每年现金净流量在什么幅度变化时，才能保证方案可行，即需进行净现值等于 0 时的敏感性分析。

设：未来报酬总现值－原投资额现值＝0

则：每年现金净流量＝原投资额现值÷年金现值系数＝$1\ 000\ 000\div2.745\ 38=36.424\ 9$（万元）

这表明，每年现金净流量变动范围是 40 万元至 36.424 9 万元之间，低于 36.424 9 万元，则方案不可行。

在每年现金净流量不变情况下，固定资产使用年限变动范围是多少时，才能保证方案可行，即需进行净现值等于 0 时的敏感性分析。

设：未来报酬总现值－原投资额现值＝0

则：年金现值系数＝原投资额现值÷每年现金净流量＝$1\ 000\ 000\div400\ 000=2.5$

查年金现值系数表，找出 24% 所在栏与系数 2.5 相邻的两个年金现值系数对应的期数：

$(P/A,24\%,4)=2.40428,(P/A,24\%,5)=2.74538$

用内插法计算最低使用年限:$(n-4)\div(5-4)=(2.5-2.40428)\div(2.74538-2.40428)$

得:$n=4.28$(年)

这表明,固定资产使用年限变动范围是5年至4.28年之间,低于4.28年,则方案不可行。

☆ 内含报酬率的变动引起现金净流量和设备使用年限变动的敏感性分析

【例6-12】 按[例6-11]资料,假设投资方案取舍按其内含报酬率是否高于投资报酬率24%来确定。要求:计算方案的内含报酬率,分析内含报酬率降至投资报酬率时,每年现金净流量和固定资产使用年限变化的极限数值及减少幅度。

解:在每年现金净流量和固定资产使用年限不变的情况下,计算方案内含报酬率。

设:未来报酬总现值-原投资额现值=0

则:年金现值系数=原投资额现值÷每年现金净流量=1 000 000÷400 000=2.5

查年金现值系数表,找出第5期所在栏与系数2.5相邻的两个年金现值系数对应的折现率:$(P/A,28\%,5)=2.53201,(P/A,30\%,5)=2.43557$

用内插法计算内含报酬率:

$IRR=28\%+(2.53201-2.5)\div(2.53201-2.43557)\times(30\%-28\%)=28\%+0.67\%=28.67\%$

所以,方案的内含报酬率是28.67%。

当内含报酬率降为24%时,每年现金净流量最低值为36.4249万元;固定资产使用年限最少值为4.28年(见[例6-11])。此时,方案仍可行。

可见,当内含报酬率降低4.67%(=28.67%-24%),会使每年现金净流量及固定资产使用年限分别减少3.5751万元(=40-36.4249)、0.72年(=5-4.28)。

第七章 两类控制方法之一:全面预算

本章主要涉及以下概念和内容:全面预算内涵意义、全面预算编制流程、全面预算编制内容、全面预算编制方法、全面预算编制过程。

★ 全面预算内涵意义

全面预算管理,是将企业战略目标分门别类、层层分解,下达到销售、生产、财务等部门,通过预算、控制、协调、考核,建立一套完整的、科学的数据处理系统,指导全体员工参与物资采购、入库、产品上线、生产、产品下线、销售全流程管理,到人力、财力、物力、信息全方位的财务管理。

全面预算管理,现已被现代大型企业作为标准作业流程广泛采用。它最终体现为一整套预计的财务预算报表、非财务预算报表。财务预算报表是筹措和使用资金预算报表,反映预计长期投资项目的资本支出、现金收支、经营成果和财务状况;非财务预算报表是指业务预算报表,反映企业基本经济行为及长期投资项目专门业务数据。

★ 全面预算编制流程

全面预算编制,涉及方方面面,工作量大,操作复杂,需建立健全相应的组织体系,明确各自职责,统一上下思想,分工协作,各负其责,统筹分析研究企业内外各种情况和因素,包括宏观经济周期、企业发展阶段、战略规划、经营目标、资源状况、组织结构等信息,围绕企业经营目标,注重预算指标的可行性,按照"上下结合、分级编制、逐级汇总"的程序编制。

全面预算管理的组织体系,由预算决策机构、预算组织机构、预算编制机构和预算执行主体四部分构成。

☑ 董事会,是全面预算管理的决策机构。职责是依据公司发展战略,结合股东期望收益、经营环境、经营计划等因素,审议、批准并通过总经理授权全面预算管理委员会组织制订、下达正式年度预算方案及其调整方案。

☑ 全面预算管理委员会,是组织机构,为非常设机构。其成员一般由总经理,分管生产、销售、财务等部门的副总经理和总会计师等人组成。职责主要有:以预算会议形式审议拟定预算管理目标、政策、措施和办法;审议、平衡预算方案,组织下达预算;协调解决预算编制和执行中重大问题;组织审计、考核预算执行情况,并提出考核和奖惩意见,督促完成预算目标。

☑ 全面预算管理办公室,是预算编制机构,为日常机构,多设在财务部。其主任可由财务总监担任,其他成员可依据工作需要适时调整。职责主要有:起草预算管理制度和实施办法,包括预算编制程序、修改办法、控制和考核办法等;组织预算编制,组织实施董事会批准的预算;协调处理预算编制及执行中矛盾;跟踪、监督预算执行过程;定期报告预算执行情况;及时修正和调整预算执行中偏差,确保实现总预算。

☑ 全面预算责任网络,是预算执行主体。是在组织内部具有一定权限和承担不同预算目标责任的各个职能部门。

全面预算编制工作流程是:

第一步,在预测与决策的基础上,由全面预算管理委员会拟定企业预算总方针和总目标及部门分目标,并以书面形式下发到全面预算管理办公室。

第二步,全面预算管理办公室,按照委员会下达的预算目标和政策,与各职能部门协商,要求结合部门特点及执行条件,编制部门预算草案并上报。

第三步,全面预算管理办公室,审查、汇总上报的预算草案,提出综合平衡建议,并责成相关部门修订、调整其预算草案,在反复讨论、调整的基础上,编制年度总预算方案,提交会议审议,报请董事会审定批准。

第四步,董事会审议批准年度总预算方案。财务部在次年三月底前,将其分解成一系列指标体系,由全面预算管理委员会组织下达执行。

★ 全面预算编制内容

全面预算,一般包括业务预算、专门预算和财务预算三大类。

☑ 业务预算,又称日常业务预算,包括销售预算、生产预算、直接材料预算、直接人工预算、制造费用预算、产品成本预算、销售费用及管理费用预算等。

☑ 专门预算,是指为不经常发生的投资决策或经营决策项目临时编制的一次性预算,包括投资决策预算和经营决策预算。前者又称为资本支出预算,涉及长期建设项目资金投放与筹措,除个别项目外一般不纳入业务预算,但其价值量指标编入现金预算表和预计资产负债表。后者常依据短期经营决策确定的最优方案编制,需纳入业务预算体系。

☑财务预算,是指企业在计划期内反映有关现金收支、经营成果和财务状况的预算。主要包括现金预算表、预计利润表和预计资产负债表三种。

财务预算是总预算,各种业务预算和专门决策预算是分预算。总预算报表综合反映各种业务预算和专门决策预算中的价值量指标。

★ 全面预算编制方法

常见的预算编制方法有固定预算法与弹性预算法、增量预算法与零基预算法、定期预算法与滚动预算法等。

☆按业务量基础的数量特征不同划分

按业务量基础的数量特征不同划分为固定预算法与弹性预算法。

■固定预算法

固定预算法,简称固定预算,又称静态预算,是预算的最基本方法。它是根据预算期内正常的、可实现的某一业务量(如生产量、销售量)作为唯一基础编制预算的方法。因其简便易行,传统预算大多采用此法编制。但该法过于机械呆板,可比性差,不利于控制、考核和评价预算执行情况。通常对不随业务量变化的固定成本多采用固定预算法编制,而对变动成本则不采用此法。固定预算法适用业务量稳定的企业或非营利组织。

■弹性预算法

弹性预算法,简称弹性预算,又称动态预算。其原理是:基于成本习性分析,建立业务量与成本和利润间的数量关系等式,在特定业务量区间,编制出相应变动成本、混合成本、固定成本预算。弹性预算法克服了固定预算法的缺点,能在不同的生产经营活动水平下保持其适用性,只要有关的消耗标准、价格标准不变,可在一定范围内只调整变动费用部分,预算可延期使用,不必每月重复编制。实务中,制造费用、推销和管理费用预算及利润预算常用此法。

弹性预算编制,关键是选择适当的业务量计量单位,并确定其有效变动范围。选择的原则是:生产单一产品的部门,选用产品实物量;生产多品种产品的部门,可选用人工工时、机器工时、材料消耗量和直接人工工资等;修理部门选用修理工时等。手工操作为主的企业,应选用人工工时,机械化程度高的企业,宜选用机器工时。业务量区间一般定在正常生产能力的70%~110%,或以历史最高业务量和最低业务量为其上下限。

弹性成本预算编制方法,又分为公式法和列表法。

☑公式法,利用下面公式:

$$y=a+b \cdot x$$

即总成本 y=固定成本 a+单位变动成本 b 与业务量 x 之积。

根据公式求得各项预算成本,编制费用预算。

该法在一定范围内不受业务量波动影响,但混合成本中阶梯成本和曲线成本只能用数学方法修正为直线后才能应用,且逐项分解比较麻烦,求出特定业务量的总成本存在一定误差。

☑列表法,是根据企业历史数据将业务量分成若干水平,再计算每一个业务量的相关收支,最后通过列表的方式来编制预算的方法。

此法简化了阶梯成本和曲线成本分解过程,直接按成本性态模型计算。但列示业务量不连续,不全面,仍需借用内插法来计算实际业务量下的成本。

☆按出发点特征不同划分

按出发点特征不同划分为增量预算法与零基预算法。

■增量预算法

增量预算法,又称调整预算法,是在基期费用水平基础上,结合预算期业务量水平及有关降低成本的措施,通过调整基期项目而编制预算的方法。

增量预算法运用的前提:

一是现有业务活动及业务量水平是正常经营的保证。

二是原有的各项开支都是合理的,都必须予以保留。

三是增加费用预算也是合理合算的。

增量预算,主张遵循以前的预算项目,不需要在预算内容上做较大幅度改动,因而编制工作量较少。但不加分析研判未来实际需要开支的项目,一味地保留或接受基期项目,可能使原本不合理、不必要的开支合理化,滋长预算中"平均主义"和"简单化"倾向,容易主观臆断按成本项目平均削减预算或只增不减,不利于降耗增效。

■零基预算法

零基预算法,全称是以零为基础编制计划和预算的方法。此法不考虑以往期间的费用项目和数额,所有的预算支出均从零开始,即从实际需要与可能出发,逐项审议各项费用内容及开支标准的合理性,综合平衡编制。

其编制程序如下:

第一步,确定预算目标。企业各部门根据年度总目标,在充分讨论的基础上提出本部门具体目标及年度应发生费用项目、金额及未来效果。

第二步,对费用项目开支进行必要性和成本效益分析。由预算管理委员会组织实施,划分为不可避免项目和可避免项目。

第三步,分配资金。优先满足不可避免项目中不可延缓项目开支,对可延缓项目,按照轻重缓急排序,确定开支标准。

此法克服了增量预算缺点,避免了过去不合理费用项目及指标延续到下一个会计期间;可以促使各部门精打细算,量力而行,合理使用有限资金,提高资金使用效益。缺点是编制基础工作量大,编制时间较长。特别适用于产出较难辨认的服务性部门费用预算的编制。

☆按预算期的时间特征不同划分

按预算期的时间特征不同划分为定期预算法与滚动预算法。

■定期预算法

定期预算法,也称阶段性预算,是以固定不变的会计期间(如年度、季度、月度)作为预算期编制预算的方法。优点是预算期与会计年度同步,便于考核和评价预算的执行结果。但因预算期较长,往往"计划赶不上变化",预算结果缺乏准确性,且具有盲目性、滞后性,对远离编制期的生产经营活动只能笼统地估算,指导性不强,不利于企业长期发展。

■ 滚动预算法

滚动预算法,又称连续预算或永续预算,是指在分析上期预算执行情况的基础上,调整和编制下期预算,并将预算期间逐期向后滚动,使预算期始终保持12个月的方法。理论根据是:人们对近期的预计把握较大,对远期的预计把握较小。对近期预算精度相对较高,预算内容相对详细;对远期预算精度相对较低,预算内容相对简单。

具体做法:每过一个季度(或月份),立即根据前一个季度(或月份)的预算执行情况,对以后季度(或月份)进行修订,并增加一个季度(或月份)的预算,如此,逐期向后滚动规划企业未来的经营活动。

与定期预算相比,其优点是根据前一个季度或月份的预算执行情况不断修订调整,使预算更加切合实际,更利于动态管理,更能发挥指导和控制作用,更利于实现总体目标与近期目标。缺点是预算工作量较大。

按其滚动的时间单位不同,分为逐月逐季滚动和混合滚动方式。逐月逐季滚动,是以月份(季度)为编制和滚动单位,每月(季度)调整一次预算。混合滚动,是同时使用月份和季度作为编制和滚动单位,是滚动预算的一种变通方式。

★ 全面预算编制过程

以下将按照全面预算编制内容,主要介绍业务预算和财务预算的编制过程。

☆销售预算

销售预算,是全面预算的起点,必须建立在销售预测的基础上,确定预计销售量和销售单价。同时,应预算包括本期现销和前期赊销本期收现的收入。

【例7-1】 假设东方有限公司2018年计划只生产和销售一种产品,预计各季度的销售数量分别为1 000件、950件、1 050件和1 100件,销售单价均为600元,每季度的销售收入中60%货款于本季度收到,其余40%货款于下季度收到。2018年年初应收账款余额为40万元。该公司编制的2018年度的销售预算如表7-1所示。

表7-1 东方有限公司2018年度销售预算表

单位:件、元

项 目	一季度	二季度	三季度	四季度	合 计
预计销售量	1 000	950	1 050	1 100	4 100
预计销售单价	600	600	600	600	600
预计销售收入	600 000	570 000	630 000	660 000	2 460 000
年初应收账款	400 000				400 000
一季度现销收入	360 000	240 000			600 000
二季度现销收入		342 000	228 000		570 000
三季度现销收入			378 000	252 000	630 000
四季度现销收入				396 000	396 000
现金收入合计	760 000	582 000	606 000	648 000	2 596 000

☆生产预算

生产预算,是在销售预算基础上分品种编制的,是编制直接材料预算、直接人工预算和制造费用预算的依据。主要预计销售量、生产量、期末存货量等指标。

【例7-2】 按[例7-1]资料,假设东方有限公司2018年各季度的期末存货量按下季度销售量的20%计算。2018年年初存货量为300件,2018年年末预计存货量为200件。该公司编制的2018年度的生产预算如表7-2所示。

表7-2 东方有限公司2018年度生产预算表

单位:件

季 度	一季度	二季度	三季度	四季度	全 年
预计销售量	1 000	950	1 050	1 100	4 100
加:预计期末存货	190	210	220	200	200
减:预计期初存货	300	190	210	220	300
预计生产量	890	970	1 060	1 080	4 000

☆直接材料预算

直接材料预算,是以生产预算为基础编制的。主要预计生产需用材料量、采购材料金额、期末材料存货量等指标。

【例7-3】 按[例7-1]及[例7-2]资料,假设东方有限公司单位产品直接材料耗用定额2千克,每千克100元,每季末材料存货量按下季度生产需用量的20%计算。2018年年初材料存货量300千克,年末预计400千克。假设各季度购货款的50%当季付清,另50%下季度付清。2018年年初应付账款余额10 000元。该公司编制的2018年度直接材料预算如表7-3所示。

表7-3 东方有限公司2018年度直接材料预算表

单位:元

项 目	一季度	二季度	三季度	四季度	合 计
预计生产量(件)	890	970	1 060	1 080	4 000
单位产品材料用量(千克)	2	2	2	2	2
预计生产用料总量(千克)	1 780	1 940	2 120	2 160	8 000
加:预计期末存货(千克)	388	424	432	400	400
减:期初存货(千克)	300	388	424	432	300
预计材料采购量(千克)	1 868	1 976	2 128	2 128	8 100
预计采购单价(元/千克)	100	100	100	100	100
预计采购金额	186 800	197 600	212 800	212 800	810 000
年初应付账款	10 000				10 000
一季度购料预计现金支出	93 400	93 400			186 800

续 表

项目	一季度	二季度	三季度	四季度	合 计
二季度购料预计现金支出		98 800	98 800		197 600
三季度购料预计现金支出			106 400	106 400	212 800
四季度购料预计现金支出				106 400	106 400
预计现金支出合计	103 400	192 200	205 200	212 800	713 600

☆直接人工预算

直接人工预算,是以生产预算为基础编制的。预算表包括预计生产量、单位产品耗用工时、每小时人工成本(即小时工资率)、预计人工成本现金支出等内容。

【例7-4】按[例7-3]资料,假设东方有限公司单位产品直接人工工时5小时,小时工资率50元。该公司2018年度直接人工预算如表7-4所示。

表7-4 东方有限公司2018年度直接人工预算表

单位:元

项目	一季度	二季度	三季度	四季度	合 计
预计生产量(件)	890	970	1 060	1 080	4 000
单位产品人工工时(小时)	5	5	5	5	5
预计人工总工时(小时)	4 450	4 850	5 300	5 400	20 000
小时工资率	50	50	50	50	50
预计人工成本现金支出	222 500	242 500	265 000	270 000	1 000 000

☆制造费用预算

制造费用预算,通常分为变动制造费用预算和固定制造费用预算。前者通常以生产预算为基础,根据其预定分配率与预计业务量的乘积预计;后者可在基期水平基础上,结合预期变化逐项预计,扣除折旧后为现金支出数。

【例7-5】按[例7-4]资料,假设东方有限公司预计每工时变动制造费用分配率5元,其中,间接材料费用3元、间接人工费用1.2元、水电费0.6元、修理费0.2元,固定制造费用每季均为20 000元,折旧每季均为6 000元。该公司编制的2018年度制造费用预算如表7-5所示。

表7-5 东方有限公司2018年度制造费用预算表

单位:元

项目	一季度	二季度	三季度	四季度	合 计
预计人工总工时(小时)	4 450	4 850	5 300	5 400	20 000
间接材料费用3元/小时	13 350	14 550	15 900	16 200	60 000
间接人工费用1.2元/小时	5 340	5 820	6 360	6 480	24 000
水电费0.6元/小时	2 670	2 910	3 180	3 240	12 000

续　表

项　目	一季度	二季度	三季度	四季度	合　计
修理费0.2元/小时	890	970	1 060	1 080	4 000
预计变动制造费用	22 250	24 250	26 500	27 000	100 000
预计固定制造费用	20 000	20 000	20 000	20 000	80 000
减：折旧费	6 000	6 000	6 000	6 000	24 000
预计制造费用现金支出	36 250	38 250	40 500	41 000	156 000

☆产品成本预算

产品成本预算，是销售预算、生产预算、直接材料预算、直接人工预算、制造费用预算的汇总。主要包括产品单位成本和总成本等内容。

单位成本数据资料来自直接材料预算、直接人工预算、制造费用预算；生产量、期末存货量来自生产预算；销售量来自销售预算；生产成本、存货成本和销售成本根据单位成本和有关数据计算得出。

该预算必须按照产品品种编制。其程序与存货的计价方法密切相关，不同的存货计价方法，需要采用不同的预算编制方法。

此外，不同的成本核算模式也对单位产品成本构成产生不同的影响：变动成本法下，单位产品成本只包括直接材料、直接人工和变动制造费用，固定制造费用则作为期间费用直接计入当期损益；完全成本法下，单位产品成本除包括变动成本法下三项成本，还包括固定制造费用。

【例7-6】　根据[例7-1]至[例7-5]资料及期初存货单位成本(假定为500元，含单位固定制造费用20元)。要求：采用完全成本法编制东方有限公司2018年度产品成本预算，如表7-6所示。

表7-6　东方有限公司2018年度产品成本预算表

项　目	数量(千克/小时/件)	单位价格(元)	金额(元)	数据来源
直接材料	8 000千克	100	800 000	直接材料预算表(见表7-3)
直接人工	20 000小时	50	1 000 000	直接人工预算表(见表7-4)
变动制造费用	20 000小时	5	100 000	制造费用预算表(见表7-5)
固定制造费用			80 000	制造费用预算表(见表7-5)
合计			1 980 000	
生产成本※	4 000件	495	1 980 000	生产预算表(见表7-2)
期初存货成本※	300件	500	150 000	生产预算表(见表7-2)
期末存货成本	200件	495	99 000	生产预算表(见表7-2)
本期销售成本※	4 100件	495.37	2 031 000	

※注释：生产成本单位价格495元，含变动生产成本475元[=(800 000+1 000 000+100 000)÷4 000]、单位固定制造费用20元[=80 000÷4 000]；期初存货成本单位价格500元，由题意知，含单位固定制造费用20元；本期销售成本495.37元[=2 031 000÷4 100]。

☆销售费用及管理费用预算

销售费用及管理费用预算,是指为了实现产品销售和维持管理活动所必需支付的费用预算。

销售费用预算以销售预算为基础,应用本量利分析法,对过去销售费用实际支出进行分析,区分开变动性和固定性销售费用,并结合促销方式等情况,考察其必要性,按品种、地区、具体用途确定销售费用预算数额。

管理费用预算,同样要对过去实际支出进行分析,区分开变动性和固定性管理费用,并结合企业业绩和经营情况,逐项考察其必要性,确定管理费用预计数额。

【例7-7】按[例7-1]预计销售量数据,另假设东方有限公司预计单位产品变动性销售及管理费用30元,固定性销售及管理费用每季均为25 000元,其中折旧每季均为10 000元。该公司编制的2018年度销售及管理费用预算如表7-7所示。

表7-7 东方有限公司2018年度销售及管理费用预算表

单位:元

项目	一季度	二季度	三季度	四季度	合计
预计销售量(件)	1 000	950	1 050	1 100	4 100
单位变动销售及管理费用	30	30	30	30	30
预计变动销售及管理费用	30 000	28 500	31 500	33 000	123 000
预计固定销售及管理费用	25 000	25 000	25 000	25 000	100 000
预计销售及管理费用	55 000	53 500	56 500	58 000	223 000
减:折旧费	10 000	10 000	10 000	10 000	40 000
预计销售及管理费用现金支付	45 000	43 500	46 500	48 000	183 000

☆现金预算

现金预算,是按照现金流量表主要项目内容编制的,反映预算期内现金收入、现金支出、现金余缺、资金筹措与运用以及期初期末现金余缺情况的预算。

编制的主要目的,是测算预算期间现金收支配比度及余缺的时间与数额,以便合理调度使用资金,降低资金使用成本,盘活多余资金,防止资金短缺,保证经营正常运转。

编制的依据,涉及现金收支的销售预算、直接材料预算、直接人工预算、制造费用预算、销售及管理费用预算、专门决策预算等。

实务中,现金运用或筹措的数额应大于等于现金余缺数与最低现金余额的差;命题时,往往将借入资金时间算作季初或月初,归还借款本息时间算作季末或月末。

【例7-8】按[例7-1]至[例7-7]相关资料,假定东方有限公司2018年年初现金余额4 000元,每季最低现金余额3 000元。若发生向银行借款,季初借,季末还,借款数额为万元的整数倍,年利率6%,利息在还本时一并支付。另据专门预算,决定在第一季度拟购40万元机器;假定每季末预交所得税20 000元,全年预交80 000元。该公司编制的2018年现金预算如表7-8所示。

表 7-8　东方有限公司 2018 年度现金预算表

单位:元

项　目	一季度	二季度	三季度	四季度	合　计
期初现金余额	4 000	6 850	10 300	8 650	4 000
加:销售现金收入(表 7-1)	760 000	582 000	606 000	648 000	2 596 000
可动用现金合计※	764 000	588 850	616 300	656 650	2 600 000
减:直接材料(表 7-3)	103 400	192 200	205 200	212 800	713 600
减:直接人工(表 7-4)	222 500	242 500	265 000	270 000	1 000 000
减:制造费用(表 7-5)	36 250	38 250	40 500	41 000	156 000
减:销售及管理费用(表 7-7)	45 000	43 500	46 500	48 000	183 000
减:预交所得税费用	20 000	20 000	20 000	20 000	80 000
减:购买设备	400 000				400 000
现金支出合计	827 150	536 450	577 200	591 800	2 532 600
现金余缺※	[63 150]	52 400	39 100	64 850	67 400
最低现金余额	3 000	3 000	3 000	3 000	3 000
加:向银行借款(期初)	70 000				70 000
减:还银行借款(期末)		40 000	30 000		70 000
减:支付利息※		2 100	450		2 550
期末现金余额	6 850	10 300	8 650	64 850	64 850

※注释:可动用现金合计栏不等于各季度数额相加;现金余缺栏一季度带框数字为负数,现金余缺合计栏不等于各季度数额相加;第二季度利息 2 100 元[＝70 000×6‰×6÷12],第三季度利息 450 元[＝30 000×6‰×3÷12]。

☆ 预计利润表

预计利润表,是在业务预算、现金预算的基础上,按照权责发生制原则编制的,反映预算期内企业最终盈利情况。该表按完全成本法编制时与实际利润表的格式、内容相同,既可以按季编制,也可以按年编制。

【例 7-9】 按[例 7-1]至[例 7-8]资料。东方有限公司编制的 2018 年利润预算如表 7-9 所示。

表 7-9　东方有限公司 2018 年度利润预算表

单位:元

项　目	数据来源	金　额
预计销售收入	销售预算表(见表 7-1)	2 460 000
减:预计销售成本	产品成本预算表(见表 7-6)	2 031 000
减:预计销售及管理费用	销售及管理费用预算表(见表 7-7)	223 000
减:预计利息费用	现金预算表(见表 7-8)	2 550

续 表

项　目	数据来源	金　额
预计利润总额		203 450
减：预交所得税费用	现金预算表（见表7-8）	80 000
预计净利润		123 450

☆ 预计资产负债表

预计资产负债表，是按照实际资产负债表的内容和格式编制的，综合反映企业期末财务状况。是以预算期期初资产负债表为基础，根据业务预算、现金预算等资料分析编制。因需假设若干期初资产负债表数据，故此处不举例。

第八章　两类控制方法之二：标准成本

本章主要涉及以下概念和内容：标准成本法的概念与分类、标准成本制定、成本差异计算分析与账务处理。

★ 标准成本法的概念与分类

标准成本制度或标准成本会计，是西方管理会计的重要组成部分，是通过对标准成本的制定、执行、核算、控制、考核、差异分析，借以实现对成本控制的一种成本管理制度。

标准成本，是指在已经达到的生产技术水平和有效经营管理条件下，应当发生的单位产品目标成本。制定推行目标成本，是贯彻经济责任制，进一步降低成本，实现目标利润的必要手段。

标准成本按是否现实分为理想标准成本和现实标准成本。

☑ 理想标准成本，是在理想的生产条件下，才能达到的目标成本。此成本不存在生产浪费、机器故障和人为失误，在实际中很难达到，因此很少被采用，往往被作为追求的目标。

☑ 现实标准成本，是基于现实生产条件和历史成本资料制定，能通过合理组织和安排，可以实现的目标成本。它不是历史成本的平均数，而是优于历史最好水平的指标。因其具有客观性、科学性、激励性、稳定性等特点，被广泛使用，是评价业绩、衡量实际成本节约或超支的依据和尺度。

★ 标准成本制定

第一步，研究企业过去成本资料或同行业的成本水平，考虑现实环境的变化和生产技术方法的革新。例如，通货膨胀所引起的原材料价格上涨，个人所得税标准的变化，社会保障费用缴纳比例的调整等。

第二步，组织设计、技术、采购、生产、营销、管理、财务、人事、信息等人员共同调研，分析生产经营的具体条件和市场外部环境，精选工艺、材料，确定技术路线及营销策略，按产品和工序制定正常经营条件下的用量标准和价格标准。

第三步,对于每一种不间断生产的产品或提供的劳务,均设置标准成本卡,详细记录直接材料、直接人工、变动性制造费用、固定性制造费用等内容。

☆直接材料标准成本的制定

直接材料标准成本的制定,要考虑材料的质量、数量和价格。由于材料质量的好坏,直接影响数量消耗和加工时间,故应制定基于质量标准之上的数量消耗标准和采购价格标准。

☑直接材料用量标准,即单位产品耗用原材料及辅助材料的数量,又称材料消耗定额。应根据产品设计、生产和工艺的现状,结合企业经营管理水平和成本降低指标,考虑材料加工中边角余料损耗,制订各种原辅材料的耗用量标准。

☑直接材料价格标准,通常采用计划价格。实务中,多以订货合同价格为基础,并考虑各种采购费用、库存情况和未来各种变化,按材料种类分别确定的目标价格。在卖方市场下,企业应与供应商保持较稳定的购销关系,以保持采购价格的稳定,若市场价格波动幅度较大,应及时修订价格标准。

单位产品直接材料标准成本计算公式如下:

$$单位产品直接材料标准成本 = \sum(直接材料用量标准 \times 直接材料价格标准)$$

【例8-1】 假定某公司甲产品耗用1号、2号、3号三种材料,其用量标准、价格标准已知。要求:计算单位产品直接材料标准成本。计算过程见表8-1所示。

表8-1 甲单位产品直接材料标准成本计算表

单位:千克、元

项 目	1号材料	2号材料	3号材料	合 计
材料用量标准(千克/件)	5	4	3	—
材料价格标准(元/千克)	200	100	60	—
单位产品直接材料标准成本(元/件)	1 000	400	180	1 580

计算结果是,甲单位产品直接材料标准成本为1 580元。

☆直接人工标准成本的制定

直接人工标准成本制定,包括直接人工数量标准和价格标准。

☑直接人工标准工时,即直接人工数量标准,由生产部门、人力资源部门共同测定,包括生产加工工时、必要的停工和间歇工时。

☑直接人工标准工资率,即直接人工价格标准,由人事部门根据相关工资制度确定,分为计时工资和计件工资。标准成本制定时多采用计时工资。

单位产品直接人工标准成本计算公式为:

$$直接人工标准工资率 = 计划生产工人工资总额 \div 标准工时总额$$

$$单位产品直接人工标准成本 = \sum(直接人工标准工资率 \times 该产品直接人工标准工时)$$

【例8-2】 假定某公司甲产品单件耗用A、B、C三个车间的直接人工标准工时分别为8小时、7小时、6小时,直接人工标准工资率分别为35元、40元、38元。要求:计算甲单位产品直接人工标准成本。计算过程如表8-2所示。

表 8-2　甲单位产品直接人工标准成本计算表

单位：小时、元

项　目	A车间	B车间	C车间	合　计
直接人工标准工时（小时/件）	8	7	6	21
直接人工标准工资率（元/小时）	35	40	38	—
单位产品直接人工标准成本（元/件）	280	280	228	788

计算结果是，甲单位产品直接人工标准工时为 21 小时，直接人工标准成本为 788 元。

☆制造费用标准成本的制定

制造费用标准成本制定，包括制造费用数量标准和价格标准。

☑制造费用数量标准，即单位产品直接人工标准工时或机器工作标准工时。

☑制造费用价格标准，即单位产品制造费用分配率。分为单位产品固定制造费用分配率和变动制造费用分配率。

单位产品制造费用标准成本计算公式如下：

固定制造费用标准分配率＝固定制造费用预算总额÷标准总工时

变动制造费用标准分配率＝变动制造费用预算总额÷标准总工时

单位产品固定制造费用标准成本＝单位产品标准工时×固定制造费用标准分配率

单位产品变动制造费用标准成本＝单位产品标准工时×变动制造费用标准分配率

【例 8-3】 假定某公司甲产品单位产品标准加工工时 21 小时，固定制造费用预算 53 550 元、变动制造费用预算 81 900 元，三个车间标准加工总工时 3 150 小时。要求：计算单位产品制造费用标准分配率及单位产品制造费用标准成本。计算过程如表 8-3 所示。

表 8-3　甲单位产品制造费用标准成本计算表

单位：小时、元

项　目	固定制造费用	变动制造费用	合　计
单位产品标准加工工时（小时/件）	21	21	21
直接人工标准总工时（小时）	3 150	3 150	3 150
制造费用总预算（元）	53 550	81 900	135 450
制造费用标准分配率（元/小时）	17	26	43
单位产品制造费用标准成本（元/件）	357	546	903

计算结果是，甲单位产品制造费用标准分配率为 43 元/小时，制造费用标准成本为 903 元/件。

☆单位产品标准成本的制定

单位产品标准成本的制定，是将直接材料、直接人工和制造费用的标准成本按产品加总即可。根据[例 8-1]至[例 8-3]计算结果，甲单位产品标准成本＝1 580 元（见表 8-1）＋788 元（见表 8-2）＋903 元（见表 8-3）＝3 271 元。

★ 成本差异计算分析与账务处理

在标准成本制度下,实际成本与标准成本之间必然存在差异,此差异是在所定义的区间和所定义的产品之间发生的。其通用计算公式如下:

$$成本差异 = 实际成本 - 标准成本 = 价格差异 + 数量差异$$

$$价格差异 = 实际数量 \times 实际价格 - 实际数量 \times 标准价格$$

$$数量差异 = 实际数量 \times 标准价格 - 标准数量 \times 标准价格$$

如果成本差异为正,称为不利差异;如果成本差异为负,称为有利差异。一般将不利差异放在相关账户的借方反映,将有利差异放在相关账户的贷方反映。

成本差异,是日常成本控制的主要依据,也是评价与考核有关责任单位的工作质量和效果的重要参考数据。但成本差异分析应结合企业具体情况,区分差异形成的主客观原因,判明合理性。如果物价上涨,导致材料和人工成本差异,即属于客观存在的不可控差异,管理者应着重关注可控范围内的成本差异。

☆直接材料成本差异的计算分析与账务处理

$$\begin{aligned}
直接材料成本差异 &= 直接材料实际成本 - 直接材料标准成本 \\
&= 实际用量 \times 实际单价 - 标准用量 \times 标准单价 \\
&= 实际用量 \times 实际单价 - 实际用量 \times 标准单价 + 实际用量 \times 标准单价 - 标准用量 \times 标准单价 \\
&= 实际用量 \times (实际单价 - 标准单价) + (实际用量 - 标准用量) \times 标准单价 \\
&= 价格差异 + 用量差异
\end{aligned}$$

$$直接材料实际用量 = 单位产品实际耗用直接材料量 \times 实际产量$$

$$直接材料标准用量 = 单位产品标准耗用直接材料量 \times 实际产量$$

采用标准成本法时,标准成本通过"生产成本"账户核算,实际发生数通过"原材料"账户核算,材料成本差异通过"材料价格差异"和"材料用量差异"账户核算。月末,计算分析材料成本差异后,编制相关会计分录。

【例 8-4】 假设某公司某月甲产品 800 件耗用 1 号材料 3 200 千克,材料实际价格 40 元/千克,标准价格 42 元/千克,标准用量 3.8 千克/件。要求:计算分析直接材料成本差异并做账务处理。

解: 直接材料成本差异 = 3 200 × 40 - 3.8 × 800 × 42 = 128 000 - 127 680 = 320(元)(超支)

直接材料用量差异 = (3 200 - 3.8 × 800) × 42 = 6 720(元)(超支)

直接材料价格差异 = 3 200 × (40 - 42) = -6 400(元)(节约)

计算结果表明,甲产品耗用 1 号材料的实际成本超出标准成本 320 元,是由材料实际用量高于标准用量导致超支 6 720 元和实际采购价格低于标准价格导致节约 6 400 元形成。应加强生产环节管理,同时,应肯定采购部门成绩。

应编制会计分录如下:

借:生产成本——甲产品　　　　　　　　　127 680(=800×3.8×42)

材料用量差异	6 720
贷：原材料——1号材料	128 000
材料价格差异	6 400

☆ **直接人工成本差异的计算分析与账务处理**

直接人工成本差异＝直接人工实际成本－直接人工标准成本
　　　　　　　＝实际工时×实际工资率－标准工时×标准工资率
　　　　　　　＝实际工时×实际工资率－实际工时×标准工资率＋实际工时×标准工资率－标准工时×标准工资率
　　　　　　　＝实际工时×（实际工资率－标准工资率）＋（实际工时－标准工时）×标准工资率
　　　　　　　＝人工工资率差异＋人工效率差异

采用标准成本法时，直接人工成本差异账务处理，除实际发生数通过"应付职工薪酬"账户核算，差异通过"人工工资率差异"和"人工效率差异"账户核算外，其他内容与要求同直接材料成本差异处理。

【例8-5】按[例8-4]资料，假设甲产品800件耗用工时4 800小时，实际工资率22元/小时，标准工资率22.5元/小时，标准工时5.8小时/件。要求：计算分析直接人工成本差异并做账务处理。

解：直接人工成本差异＝4 800×22－5.8×800×22.5＝1 200（元）（超支）
人工效率差异＝（4 800－5.8×800）×22.5＝3 600（元）（超支）
人工工资率差异＝4 800×（22－22.5）＝－2 400（元）（节约）

计算结果表明，直接人工成本超支1 200元，由生产实际工时高于标准工时导致超支3 600元和实际工资率低于标准工资率导致节约2 400元形成。应考虑是否使用了工资级别低、技术水平低的人员。

应编制会计分录如下：

借：生产成本——甲产品	104 400（＝800×5.8×22.5）
人工效率差异	3 600
贷：应付职工薪酬——工资	105 600
人工工资率差异	2 400

☆ **变动制造费用差异的计算分析与账务处理**

变动制造费用差异＝实际变动制造费用－标准变动制造费用
　　　　　　　＝实际工时×实际分配率－标准工时×标准分配率
　　　　　　　＝实际工时×实际分配率－实际工时×标准分配率＋实际工时×标准分配率－标准工时×标准分配率
　　　　　　　＝实际工时×（实际分配率－标准分配率）＋（实际工时－标准工时）×标准分配率
　　　　　　　＝变动制造费用分配率差异＋变动制造费用效率差异

采用标准成本法时，变动制造费用差异账务处理，除实际发生数通过"变动制造费用"账户核算,差异通过"变动制造费用分配率差异"和"变动制造费用效率差异"账户核算外,其他内容与要求同直接材料成本差异处理。

【例8-6】 按[例8-5]资料,假设该公司实际支付变动制造费用24 000元,800件产品实际耗用工时4 800小时,变动制造费用标准分配率5.5元/小时,标准工时5.8小时/件。要求:计算分析变动制造费用差异并做相关账务处理。

解:变动制造费用差异=24 000−5.8×800×5.5=−1 520(元)(节约)

变动制造费用效率差异=(4 800−5.8×800)×5.5=880(元)(超支)

变动制造费用分配率差异=4 800×(24 000÷4 800−5.5)=−2 400(元)(节约)

计算结果表明,变动制造费用节约1 520元,由生产实际工时高于标准工时导致超支880元和变动制造费用分配率低于标准分配率导致节约2 400元形成。应分析生产环节劳动效率,同时,查明费用分配率降低的原因。

应编制会计分录如下:

借:生产成本——甲产品　　　　　　　　　　　　25 520(=800×5.8×5.5)
　　变动制造费用效率差异　　　　　　　　　　　　880
　贷:变动制造费用　　　　　　　　　　　　　　　24 000
　　变动制造费用分配率差异　　　　　　　　　　2 400

☆ 固定制造费用差异的计算分析与账务处理

固定制造费用总差异分析,有二因素分析法和三因素分析法。

☑二因素分析法,是将总差异分解为预算差异和产能差异。前者又称耗费差异或开支差异,等于固定制造费用实际发生数与预算数之差。后者又称生产能力利用差异,是指固定制造费用预算脱离标准的差异,是预计产能下标准工时与实际产量下标准工时之差形成的。两种差异计算公式如下:

固定制造费用差异=预算差异+产能差异

预算差异=固定制造费用实际发生数−固定制造费用预算数

产能差异=固定制造费用预算数−固定制造费用标准成本数
　　　　=(预计产能下标准工时−实际产量下标准工时)×固定制造费用标准分配率

固定制造费用标准分配率=固定制造费用预算数÷预计产能下标准工时

采用标准成本法时,固定制造费用差异账务处理,除实际发生数通过"固定制造费用"账户核算,差异通过"固定制造费用预算差异"和"固定制造费用产能差异"账户核算外,其他内容与要求同直接材料成本差异处理。

【例8-7】 按[例8-5]资料,假设该公司实际支付固定制造费用16 800元,800件产品实际耗用工时4 800小时,预计产能标准总工时4 872小时,固定制造费用预算数17 052元,标准工时5.8小时/件。要求:运用二因素法计算分析固定制造费用差异并做相关账务处理。

解:固定制造费用标准分配率=17 052÷4 872=3.5(元/小时)

固定制造费用产能差异=(4 872−5.8×800)×3.5=812(元)(超支)

固定制造费用预算差异＝16 800－17 052＝－252(元)(节约)
固定制造费用差异＝812＋(－252)＝560(元)(超支)

计算结果表明，固定制造费用超支560元，由产能超支差异812元和预算节约差异252元形成。应分析机器设备产能衰减原因。

应编制会计分录如下：

借：生产成本——甲产品　　　　　　　　　　16 240(＝800×5.8×3.5)
　　固定制造费用产能差异　　　　　　　　　　812
　贷：固定制造费用　　　　　　　　　　　　　　16 800
　　　固定制造费用预算差异　　　　　　　　　　252

☑ 三因素分析法，是将总差异分解为预算差异、能力差异和效率差异三种。其中，预算差异同二因素法，能力差异和效率差异是利用预算工时、实际工时和标准工时对二因素法下产能差异的进一步分解。三种差异计算公式如下：

$$固定制造费用差异＝预算差异＋能力差异＋效率差异$$

能力差异＝(预计产能下标准工时－实际产量下实际工时)×固定制造费用标准分配率

效率差异＝(实际产量下实际工时－实际产量下标准工时)×固定制造费用标准分配率

采用标准成本法时，固定制造费用账务处理，除"固定制造费用产能差异"拆分后通过"固定制造费用能力差异"和"固定制造费用效率差异"账户核算外，其他内容和要求同二因素法。

【例8-8】 按[例8-7]资料。要求：运用三因素法计算分析固定制造费用差异并做相关账务处理。

解：固定制造费用标准分配率＝17 052÷4 872＝3.5(元/小时)
固定制造费用能力差异＝(4 872－4 800)×3.5＝252(元)(超支)
固定制造费用效率差异＝(4 800－5.8×800)×3.5＝560(元)(超支)
固定制造费用预算差异＝16 800－17 052＝－252(元)(节约)
固定制造费用差异＝252＋560＋(－252)＝560(元)(超支)

计算结果表明，三因素法分解结果同二因素法。固定制造费用超支560元，由能力超支差异252元、效率超支差异560元和预算节约差异252元形成。

应编制会计分录如下：

借：生产成本——甲产品　　　　　　　　　　16 240(＝800×5.8×3.5)
　　固定制造费用能力差异　　　　　　　　　　252
　　固定制造费用效率差异　　　　　　　　　　560
　贷：固定制造费用　　　　　　　　　　　　　　16 800
　　　固定制造费用预算差异　　　　　　　　　　252

☆ **期末成本差异结转账务处理**

期末，结转标准成本法下成本差异，将"主营业务成本"账户调整为实际成本。根据[例8-4]至[例8-8]账务处理资料，编制所有差异账户余额结转的会计分录。其中，"主营业务成本"账户金额通过差异账户借贷方余额对抵后确定。

借:主营业务成本	560
材料价格差异	6 400
人工工资率差异	2 400
变动制造费用分配率差异	2 400
固定制造费用预算差异	252
贷:材料用量差异	6 720
人工效率差异	3 600
变动制造费用效率差异	880
固定制造费用能力差异	252
固定制造费用效率差异	560

第九章　一类评价方法:绩效考核

本章主要涉及以下概念和内容:绩效考核评价系统,传统绩效考评工具(责任会计),系统性绩效管理工具(目标管理法、关键绩效指标法、经济增加值法),战略性绩效管理工具(平衡计分卡、绩效棱柱模型)。

★ 绩效考核评价系统

绩效考核,就其字面理解是业绩和效率效果考核之意。实质主要是对成本控制、目标利润、投资收益等财务指标进行的对照标准评价。

业绩评价,是运用数理统计和运筹学的方法,采用特定的指标体系,对照相应的标准,遵循一定的程序,通过定量、定性分析,对企业经营管理业绩做出全面、客观、公正、准确地评价,并据以实施奖惩激励政策。

业绩考核评价系统,由考核评价主体、客体、目标、指标、标准、方法、报告构成。

(1) 主体,是指考核评价工作的组织者和承担者,包括资产所有者、经营管理者、政府部门及利益相关者。

(2) 客体,是指考核评价工作的对象,从责任会计角度讲,就是责任中心,可以是个人、班组、车间、部门,也可以是分公司、事业部、厂部。

(3) 目标,是主体确定的要达成的目的,它是考核评价系统设计指南。

(4) 指标,是考核评价标准、依据,是根据目标制定的,传统考核评价指标有利润、销售利润率、成本费用率、投资收益率等,现在考核评价指标有股东财富最大化、净资产收益率、总价值最大化等。

(5) 标准,是对客体评判的尺度,常见的评价标准有年度预算标准、历史水平标准和竞争对手标准等。

(6) 方法,是评价业绩的具体手段,主要有沃尔综合评分法、利润指标法和杜邦分析法等,目前财务与非财务绩效相结合的综合评价法是最为常用的评价方法。

(7) 报告,是评价结果和结论、存在问题及改进建议的书面文件。

业绩考核评价的作用有四点：

其一，通过对财务报表的分析计算，可以掌握相关财务指标，了解盈利能力、偿债能力、周转能力、营运能力和发展能力。

其二，通过纵横向比较各项指标，找出差距，发现财务状况中存在的问题。

其三，通过总结经营管理中的经验和成绩，发掘资源利用、成本控制、利润上升的空间，为进一步提高经济效益提供信息支撑。

其四，通过预测和判断企业未来发展前景、生产经营能力和偿债水平，为经营决策、股东投资决策、债权人信贷决策提供依据。

★ 传统绩效考评工具（责任会计）

责任会计，是业绩考核评价的一种内部会计控制制度。是20世纪80年代我国从西方引入的概念，是分权管理的产物，是管理会计的重要内容，是为适应企业内部经济责任制的要求，在企业内部设立多个责任中心，并对其分工负责的经济业务进行规划和控制，对其责任落实情况进行考核评价的工具。

☆责任会计的主要内容

一是合理设置责任中心，明确其权责利范围。依据权、责、利相统一原则，将企业划分为管理上有授权、责任上可辨认、业绩上可核算的不同形式的责任中心。

二是编制责任中心预算，确定考核评价标准。按照责任中心权责范围，将全面预算所确定的总体目标和任务进行层层分解，形成责任预算，作为控制和评价其经济活动的主要依据。

三是建立跟踪反映系统，加强过程控制评价。对各责任中心定期提交的业绩报告分析评价，指出报告数与预算数存在的差异及其产生的原因，提出加强控制的部位或环节的建议。

四是实施相应奖惩制度，确保总体目标实现。根据各责任中心的工作业绩兑现奖惩制度，最大限度调动全员积极性，保证总体目标如期实现。

☆责任中心的划分

按照责任范围和权限的大小，责任中心可划分为成本中心、利润中心和投资中心三类。

☑成本中心，是指经理人员仅对其成本负责的责任中心，如仅对成本负责的焊接车间、装配车间。一般来说，凡企业内部有成本发生、需要对成本负责，并能实施成本控制核算的单位，都可以成为成本中心。

☑利润中心，是指经理人员要同时对成本和收入负责的责任中心，如负责生产和销售的分厂、分店、分公司、事业部。

按收入来源的性质不同，利润中心可以分为自然利润中心和人为利润中心。

自然利润中心，是指企业内部的一个责任单位拥有独立的产品销售权、价格制定权、材料采购权和生产决策权，可以直接向企业外部市场销售产品、提供劳务并获得收入赚取利润，其功能与独立企业相近。

人为利润中心，是指仅向企业内部其他单位按照内部转移价格提供产品或劳务，取得内部销售收入计算内部利润的利润中心。工业企业大部分的成本中心都可以转换为人为利润中心，是基于责任单位的成本和收入都能明确划分并受其控制，如家具企业每个生产车间可以通过制定的内部转移价格结算产销成本与收入。

☑投资中心,是指经理人员不仅要对成本和收入负责,还要对投资效果负责的责任中心,如负责控制成本、制定价格、确定投资报酬率的子公司。

在组织形式上,成本中心一般不是独立法人,利润中心可以是也可以不是独立法人,而投资中心一般是独立法人,一般由公司总经理或董事长直接负责。

☆责任中心考核评价

☑成本中心考核评价,是通过对各个成本中心的实际责任成本与预算责任成本比较,确定其成本控制的绩效并做出相应评价。

责任成本实际上应是可控成本。变动成本大多是可控成本,固定成本大多是不可控成本。成本中心的业绩考核评价指标,主要是成本升降额和成本升降率。

$$成本升降额 = 实际责任成本 - 预算责任成本$$

$$成本升降率 = 成本升降额 \div 预算责任成本$$

由于成本的高低会因业务量的不同而不同,因此,当预计产量与实际产量不一致时,应首先按照弹性预算方法调整预算责任成本,然后再计算比较。

【例9-1】 某公司三个成本中心2018年提供的业绩报告数据如表9-1所示。

表9-1 各成本中心业绩报告

单位:件、元

成本中心	预计产量	单位标准成本	实际产量	实际单位成本
甲车间	1 210	215	1 185	214.5
乙车间	4 535	560	4 604	565
丙车间	6 080	620	6 060	618

要求:计算各成本中心责任成本的升降额和升降率,并分析评价其成本控制情况。

解:甲车间责任成本升降额 = 1 185×214.5 - 1 185×215 = -592.50(元)

甲车间责任成本升降率 = -592.5÷1 185÷215 = -0.23%

乙车间责任成本升降额 = 4 604×565 - 4 604×560 = 23 020(元)

乙车间责任成本升降率 = 23 020÷4 604÷560 = 0.9%

丙车间责任成本升降额 = 6 060×618 - 6 060×620 = -12 120(元)

丙车间责任成本升降率 = -12 120÷6 060÷620 = -0.32%

计算结果表明:三个成本中心中,丙车间成本控制业绩最好,实际责任成本较预算责任成本降低12 120元,降低0.32%;甲车间业绩次之,成本降低592.5元,降低0.23%;乙车间成本控制业绩最差,实际责任成本较预算责任成本超支23 020元,升高0.9%,主要因为实际单位成本比标准单位成本超支5元。

☑利润中心考核评价,是通过一定时期内实际利润与责任预算所确定的预计利润对比,剖析差异形成的原因,做出全面客观的评价。

评价责任利润的指标,主要有边际贡献升降额和营业利润升降额。

边际贡献升降额＝实际边际贡献－预算边际贡献

营业利润升降额＝实际营业利润－预算营业利润

【例 9-2】 某公司一自然利润中心业绩报告：销售收入 18 650 元；变动生产成本 7 650 元；变动销售费用 2 500 元；租金折旧等固定成本 3 500 元；公司分配的管理费用 1 500 元。该中心预算数：销售收入 18 100 元；变动生产成本 7 400 元；变动销售费用 2 450 元；租金折旧等固定成本 3 500 元；公司分配的管理费用 1 400 元。要求：计算并评价该利润中心的责任利润指标完成情况。

解：利润中心实际边际贡献＝18 650－（7 350＋2 500）＝8 800（元）

利润中心实际营业利润＝8 800－3 500－1 500＝3 800（元）

利润中心预算边际贡献＝18 100－（7 400＋2 450）＝8 250（元）

利润中心预算营业利润＝8 250－3 500－1 400＝3 350（元）

利润中心边际贡献升降额＝8 800－8 250＝550（元）

利润中心营业利润升降额＝3 800－3 350＝450（元）

该中心边际贡献较预算提高 550 元，是销售收入较预算增加 550 元所致；营业利润较预算提高 450 元，是该利润中心实际边际贡献较预算增加 550 元及公司分配的管理费用增加 100 元所致。

☑ 投资中心考核评价。

投资中心常用的业绩考核评价指标，主要是投资报酬率和剩余收益。

投资报酬率＝息税前利润÷总投资额或总资产占用额

其中，总投资额或总资产占用额应按平均投资额或平均占用额计算。

剩余收益，是指投资中心的利润扣减其最低投资收益后的余额。最低投资收益，是投资中心的投资额按规定或预期的最低报酬率计算的收益。

剩余收益＝息税前利润－资产占用额×规定或预期的最低投资报酬率

其中，规定或预期的最低投资收益率一般按整个企业各投资中心的加权平均收益率计算。

【例 9-3】 某投资中心全部资产年初数 1 508 000 元，年末数 1 415 000 元，全年支付的利息费用 30 000 元。年末税后利润为 95 595 元，所得税税率 25％。企业整体资金成本 10％。假设该投资中心预算息税前利润 155 000 元，预算年均资产总额 1 420 000 元。现面临一项投资抉择：追加投资 350 000 元，投资报酬率 12％。要求：计算该中心追加投资前后的投资报酬率、剩余收益并决策是否接受投资。

解：该中心息税前利润＝95 595÷（1－25％）＋30 000＝157 460（元）

该中心总资产占用额＝（1 508 000＋1 415 000）÷2＝1 461 500（元）

该中心实际投资报酬率＝157 460÷1 461 500＝10.77％

该中心实际剩余收益＝157 460－1 461 500×10％＝11 310（元）

该中心预算投资报酬率＝155 000÷1 420 000＝10.92％

该中心预算剩余收益＝155 000－1 420 000×10％＝13 000（元）

追加投资后投资报酬率＝(157 460＋350 000×12％)÷(1 461 500＋350 000)＝11.01％
追加投资后剩余收益＝(157 460＋350 000×12％)－(1 461 500＋350 000)×10％
＝199 460－181 150＝18 310(元)

计算结果表明：该中心投资报酬率实际数比预算数低0.15％(＝10.92％－10.77％)，剩余收益实际数比预算数少1 690元(＝13 000－11 310)。说明该投资中心既未完成投资报酬率预算指标，也未完成剩余收益指标。追加投资后，投资报酬率既高于本中心的实际投资报酬率，也高于本中心预算投资报酬率及企业整体资金成本，且剩余收益为18 310元，应当选择利用该投资机会。

实际考核工作中，企业应当将投资报酬率和剩余收益两项指标结合起来使用，从相对数和绝对数两个方面综合评价各投资中心的工作业绩和投资效果。

★ 系统性绩效管理工具(目标管理法、关键绩效指标法、经济增加值法)

☆目标管理法(MBO)

目标管理的概念最早是由著名管理大师彼得·德鲁克于1954年提出的。目标管理法，就是依据组织预定的管理目标，对组织领导人及其员工的绩效进行检查、考核、评估的方法。目标管理法和KPI结合，是当前比较流行的一种员工绩效考评方法。

其基本程序为：
(1) 监督者和员工联合制定考评期间要实现的工作目标。
(2) 考评期间，监督者与员工根据业务或环境变化修改或调整目标。
(3) 监督者和员工共同决定目标是否实现，并讨论失败的原因。
(4) 监督者和员工共同制定下一考评期的工作目标和绩效目标。

目标管理法的特点，在于绩效考核人的作用从法官转换为顾问和教练，员工的作用也从消极的旁观者转换为积极的参与者。这使员工增强了满足感和工作的主动性、积极性和创造性，能够以一种更加高涨的热情投入工作，促进工作目标和绩效目标的实现。

采用这种方法时，不能仅仅只关注目标实现的结果，更应关注绩效目标达成的过程，否则容易误导员工将精力更多地放在短期目标的达成上，而忽视企业长期战略目标的实现。

☆关键绩效指标法

关键绩效指标(KPI—Key Performance Indicators)是把企业的战略目标进行分解的工具，是企业绩效管理系统的基础。它通过对企业的战略目标进行鱼骨分析，将战略分解成几个关键领域，并设定关键领域的绩效指标。KPI可以使部门主管明确部门的主要责任，并以此为基础，明确部门人员的业绩衡量指标。

建立明确的、切实可行的KPI体系是做好绩效管理的关键。

确定关键绩效指标时，应把握以下几点：
(1) 把个人和部门的目标同公司的整体战略联系起来，以全局的观点思考问题。
(2) 指标一般应比较稳定，如果业务流程基本不变，则关键绩效指标也不应有较大的变动。
(3) 关键指标应当简单明了，容易被执行者理解和接受。
(4) 应符合"SMART"原则，即：
"S"(Specific)指目标要具体；

"M"(Measurable)指目标要量化,这样才能够衡量;
"A"(Attainable)指制定的目标通过努力能够实现;
"R"(Relevant)指目标要与员工岗位业务相关;
"T"(Time-bound)指完成目标要有具体的时间限制。

KPI通过与MBO、BSC、EVA等绩效管理方法结合,可以组成不同的绩效管理体系,目前在很多企业内得到了很好的运用。

☆经济增加值法(EVA)

经济增加值(Economic Value Added)是业绩度量指标,与大多数其他度量指标的不同之处在于:EVA考虑了给企业带来利润的所有资金成本。EVA等于税后净营业利润减去债务和股本成本,是所有成本被扣除后的剩余收益。它反映的是企业税后净营业利润与全部投入资本成本之间的差额,是对真正"经济"利润的评价。如果税后净营业利润大于全部资本成本,EVA为正值,说明企业为股东创造了价值,增加了股东财富;反之,则表明造成了股东财富的损失;如为零,说明企业只获得金融市场的一般预期,刚好补偿资本成本。

■经济增加值计算方法

方法一:

$$经济利润＝税后净营业利润－全部资本费用$$

方法二:

$$经济利润＝期初投入资本总额×(期初投入资本回报率－加权平均资本成本)$$

式中,

税后净营业利润＝税后净利润＋利息费用＋无形资产摊销＋递延所得税贷方余额的增加＋研发支出的资本化金额－研发支出的资本化金额摊销

全部资本费用＝期初投入资本总额×加权平均资本成本
　　　　　　＝所有者权益＋长期借款＋应付债券＋短期借款＋递延所得税负债－递延所得税资产＋研发支出的资本化金额

$$期初投资资本回报率＝税后净营业利润÷期初投入资本总额$$

【例9-4】 某公司经分析计算2×18年度的会计报表实际数据,得出本期税后净利润为4 500万元,利息费用为600万元,无形资产摊销200万元,研发支出资本化金额60万元,摊销资本化研发支出25万元;期初所有者权益5 200万元,长期负债3 500万元,短期借款1 000万元;企业加权平均资本成本11%。要求:运用经济增加值法计算该公司2×18年度的经营绩效。

解: 该公司经济增加值的计算如下:

税后净营业利润＝4 500＋600＋200＋60－25＝5 335(万元)
期初投入资本总额＝5 200＋3 500＋1 000＋60＝9 760(万元)
经济增加值＝5 335－9 760×11%＝4 261.4(万元)
该公司2×18年度创造的经济增加值为4 261.4万元。

■经济增加值分类

尽管经济增加值的定义很简单,但它的实际计算却较为复杂。为了计算经济增加值,需要解决经营收益、资本成本和占用资本的计量问题。不同的解决办法,形成了含义不同的经济增加值。

☑基本经济增加值是根据公开财务报表的未经调整的税后净利润和总资产计算的经济增加值。

$$基本经济增加值＝税后净利润－加权平均资本成本×报表总资产$$

基本经济增加值的计算很容易。但是,由于"经营利润"和"总资产"是按照会计准则计算的,它们掩盖了企业的真实业绩。但对于会计利润来说,EVA是一个进步,因为它承认了股权资金的成本。

☑披露的经济增加值是利用会计数据进行几项标准的调整计算出来的。这种调整是根据公布的财务报表及其附注中的数据进行的。

☑定制的经济增加值是特定企业根据自身情况,通过对"可控制"项目的调整,使经济增加值更接近公司的市场价值。调整目标是寻求公司的组织结构、业务组合、经营战略和会计政策的最佳平衡。

☑真实的经济增加值是公司经济利润最正确和最准确的度量指标。它要对会计数据做出所有必要的调整,并对公司中每一个经营单位都使用不同的更准确的资本成本,以便更准确地计算部门的经济增加值。这种调整通常是不经济的。

从公司整体业绩评价来看,基本经济增加值和披露经济增加值是最有意义的。公司外部人员无法计算定制的经济增加值和真实的经济增加值,他们缺少计算所需要的数据。

★ 战略性绩效管理工具(平衡计分卡、绩效棱柱模型)

☆平衡计分卡(BSC)

平衡计分卡,是20世纪90年代初由哈佛商学院的罗伯特·卡普兰和戴维·诺顿提出的基于组织绩效管理的一种方法。

它超越了传统的单一使用财务指标衡量业绩评价体系,注重关注有助于企业战略实施和长期发展的各种内部关系平衡,包括短期目标与长期目标的平衡,财务指标与非财务指标的平衡,主观指标与客观指标的平衡,结果指标与动因指标的平衡,外部指标与内部指标的平衡等。

平衡计分卡,从财务、顾客、内部业务流程、学习与成长四个维度,将企业战略规划目标分解转化为具体的相互平衡的业绩考核指标体系,并据此对部门的团队进行绩效管理。

尽管世界500强企业中有80%的企业在应用平衡计分卡,但中国企业真正掌握平衡计分卡精髓并取得成功的并不多,这说明仍需管理专家、企业家们做进一步的探索和研究。

企业应用平衡计分卡,需具备以下条件:① 明确的战略规划;② 良好的组织协同;③ 较完善的管理制度、较高的管理水平;④ 善于创新的企业文化;⑤ 建立由战略管理、人力资源管理、财务管理和外部专家等组成的项目团队;⑥ 建立高效集成的信息系统。

■平衡计分卡系统的主要内容

☑财务维度,反映企业的战略及其实施和执行的结果。评价指标包括收入增长率、销售净利率、净利润、现金流量、投资报酬率、成本降低率、流动资产周转率、固定资产周转率等。

☑顾客维度,致力于为顾客服务,满足顾客需求。企业必须在时间、质量、性能、服务、成本五个顾客需求方面建立清晰的目标,并将其细化为以下具体指标:市场占有率、老顾客保持率、新顾客获得率、顾客满意度等。

☑ 内部业务流程维度，反映企业内部价值链的各个环节是否真正创造价值。在制定财务和顾客方面的目标与指标后，应进行企业价值链流程分析，制定内部业务流程维度的目标与指标。评价指标包括供应商评价、对顾客需求反应时间、生产周期、存货周转率、产品返工率、产品残次率、环保指数、员工健康与安全、研发费用增长率、交货时间等。

☑ 学习与成长维度，反映企业持续发展的动力能量。评价指标有员工满意度、高学历员工比例、员工流失率、员工旷工率、员工人均培训时间、员工的劳动生产率、员工每年专利申请数、新产品开发时间、新产品上市时间等。

上面四个维度相互影响、相互作用。其中，财务是最终目标，顾客是关键，内部业务流程是基础，学习与成长是核心。要围绕核心打好基础、抓住关键，才能实现最终目标。

■ 平衡计分卡指标体系

平衡计分卡指标体系的构建应围绕战略地图，针对财务、顾客、内部业务流程和学习与成长四个维度的战略规划目标，注重多个平衡关系，确定相应的评价指标。每个维度的指标通常为4～7个，总数量一般不超过25个。企业可根据实际情况建立通用类指标库，不同层级单位和部门结合不同战略规划定位、业务特点选择适合的指标体系。

■ 平衡计分卡的优缺点

☑ 优点：一是有效地将战略规划目标逐层分解，转化为组织各层的业绩指标和行动，克服财务评估方法的短期行为，有助于各级员工对组织目标和战略的沟通和理解，有助于整个组织绩效评价和战略目标实现。二是从四个维度确定业绩指标，平衡了多方面内部关系，有利于组织和员工的学习成长和核心能力的培养，有利于增强企业可持续发展的动力，提高组织整体管理水平，实现组织长远发展。

☑ 缺点：一是因其系统性强、涉及面广，需要专业人员的指导和企业全员的参与，需要长期持续地修正与完善，对信息系统、管理能力有较高的要求，实施门槛高。二是绘制战略地图、确定战略主题和业绩指标体系的专业技术要求高，工作量比较大，操作难度也较大，实施比较复杂。三是涉及大量指标数据的收集和计算，需要持续地沟通和反馈，需要投入大量的资源，从启动到全面实施通常需要一年或更长的时间，实施成本比较高。

☆ 绩效棱柱模型

绩效棱柱模型是由克兰菲尔德学院教授Andy Neely与安达信咨询公司于2000年联合开发的三维绩效框架模型，用棱柱的五个方面分别代表组织绩效存在内在因果关系的五个关键要素：利益相关者的满意、利益相关者的贡献、组织战略、业务流程和组织能力。

模型以现存的绩效测量框架和方法为基础，通过对它们进行创新和整合，进而提出一种更为全面的并且易于理解的绩效管理框架，来弥补上述方法的局限性，从而更好地为企业管理服务。

与平衡计分卡相比，绩效棱柱模型从只关注一个或两个利益相关主体的观念中转变过来，逐步关心所有重要的利益相关主体，在从利益相关主体那里得到贡献的同时，还关注利益相关主体的满意，并注意战略、流程、能力的匹配。该模型创新之处在于既强调了利益相关主体价值的取向，又测量了利益相关主体对组织所做的贡献。

从我国目前的情况看，大多数的企业绩效管理的效果并不好，这主要是因为目前运用的绩效管理体系存在着明显的缺陷。集中表现在绩效测量主要集中于事后，缺乏至关重要的事前规划和事中控制,更没有将绩效测量放在一个理论体系内去考察。另外还存在着员工甚至不知道企业对自己的期望是什么、绩效测量指标不合理、绩效测量客观性不够、反馈延迟等问题。因此,对企业的绩效管理改革势在必行。

管理会计学练习题

一、华达工艺制品有限公司宣布业绩考核报告后,二车间负责人李杰情绪低落。原来他任职以来积极开展降低成本活动,严格监控成本支出,考核却没有完成责任任务,严重挫伤了工作积极性。财务负责人了解情况后,立即召集有关成本核算人员,努力寻求原因,并将采取进一步行动,改进业绩考核标准和办法。

华达公司自成立以来,一直以"重质量、守信用"在业内享有较好的口碑,并取得了良好的经济效益。近期,公司决定实行全员责任制,寻求更佳的效益。企业根据3年来实际成本资料,制订了较详尽的费用控制方法。

材料消耗实行定额管理,产品耗用优质木材,单件定额6元,人工工资实行计件工资,计件单价3元,在制作过程中需用专用刻刀,每件工艺品限领1把,单价1.30元,劳保手套每产10件工艺品领用1副,单价1元。计划当月计提固定资产折旧费8 200元,摊销办公费800元、保险费500元、租赁仓库费500元。当期计划产量5 000件。

车间根据当月订单组织生产2 500件。车间负责人李杰充分调动生产人员的工作积极性,改善加工工艺,严把质量关,杜绝了废品,最终使材料消耗定额由每件6元降到每件4.5元,领用专用工具刻刀2 400把,价值3 120元,领用劳保手套250副。但是,在业绩考核中,公司却以2 500件实际成本32 120元高于2 500件定额成本31 000元为由,判定李杰没有完成任务。

请你根据所学知识,解释为何出现这样的结果,并给出解决方案。

二、张华下岗后在其所在社区开了一个饺子馆,享受一切税费减免。后来因故准备将饺子馆让服务员王奇代为经营,为此,张华聘请了经验丰富的老会计李精华进行了认真核算,该饺子馆每年销售约1.5万千克饺子,销售收入24万元,总成本18万元,利润6万元,即每千克饺子售价16元,平均单位成本为12元,利润为4元。在与李会计商讨后,张华与王奇约定:① 如果王奇在年销售1.5万千克饺子的基础上,每增加1%的销售,他除了可以获得和原来一样的工资外,还可获得增加部分利润的80%作为奖金,否则按相应比例扣罚;② 如果王奇采取措施降低成本,使利润的增长率大于销售量的增长率,则将非销售量增长引起的利润增长部分的80%奖励给王奇,否则按相应比例扣罚。

一年以后,经李会计核算,王奇使饺子的销售收入达到了26.4万元,总成本为19.5万元,利润总额为6.9万元。

请问王奇除获得原来的固定工资外,还可以获得上述两项约定的奖金多少万元?请列出算式。

三、小王经过调研后,准备投资50万元开一家营业面积在150平方米的小酒吧。基于小酒吧有以下特点:一是投资少,通常20万元至100万元不等;二是利润高,啤酒毛利在

50%以上,白酒毛利高达100%;三是回本快,小酒吧的投资回本普遍快于杂货店和餐馆;四是经营易操作,1至2人就可以打理好小酒吧的生意。但经营好小酒吧并不容易,既有许多成功的例子,也有许多失败的教训。请用本量利分析法的原理定量分析以下问题。

小王估计小酒吧一年(按360天计)的相关费用如下表所示。

酒吧相关费用预算表

单位:元

项 目	金 额	项 目	金 额
员工薪酬及福利薪金	240 000	垃圾处理	5 400
餐巾纸、吸管、牙签等易耗品	18 000	鲜花及装饰	12 000
器具消耗	12 000	音乐、娱乐、表演	72 000
水、电、气能源	24 000	广告推销	24 000
房租	360 000	保险	36 000
设备折旧	36 000	其他支出	12 600
酒单制作	12 000	合 计	864 000

假设员工薪酬按月计酬下月上旬支付、器具购置2万元、房租首付一个季度外加一个月租金的押金、空调设备等购置10万元、广告推销是开业时一次性支付50%。

请你根据假设条件及上述预算资料计算小王开业时初始50万元投资本金是否足够?

假设每天接待客人50人以下时,表中各项费用按一天的最低开支标准计算;达50人以上时,表中变动成本将增加300元,请你指出上表中哪些是变动成本?

假设每位客人的平均消费为100元,平均毛利率为60%,综合税率为6.6%,则该酒吧每天达到多少客人时才能保本?如果想获得100 000元的利润需要吸引多少客人消费?

四、蜀乐香辣酱厂是一家生产瓶装香辣酱的企业,2010年度,在湖南、湖北、重庆和四川的几大主要香辣酱厂普遍盈利的情况下,蜀乐香辣酱厂仅获微利。厂领导班子分析讨论后认为,本厂的瓶装香辣酱就销量、价格与另两大品牌香辣酱相比,并无太大差异,造成有价无利情况的原因应该是在成本管理方面存在问题。因此,厂领导班子召开会议决定推进管理会计在本厂的应用,在征得全厂职工意见的基础上决定成立几个责任中心,制定相应的人力资源管理制度和薪酬激励制度,强化成本核算与管理,并结合市场需求正确预测来年的目标利润。

首先,成立采购中心。往年本厂采购业务是采购人员到一些收购站联系采购,再由收购站往厂里发送辣椒,进厂辣椒价格为1.5元/千克。划分责任中心后,厂领导班子决定把粉碎车间、装瓶车间、发酵车间裁员下来的95人充实到采购队伍中去,预计该部分人员每人每年的工资支出加出差补助比原各自岗位工资多4 500元,而原有的50名采购人员工资每人每年大概上浮2 000元左右。由于采购人员亲自到田间地头跟农民洽谈,节约了中间环节成本,财务部门在考虑了汽车运输油料和驾驶人员工资后,预计5 000吨的辣椒采购的到货价格为1.45元/千克,比市场价格低0.15元/千克。

其次,成立销售中心,对该中心50名销售人员由人均月工资900元的固定工资改为底薪工资加提成。底薪800元,条件是每人每月销售1 000箱,总收入达30 000元。提成办法:超出1 000箱的部分,每多销售一箱提取0.6元,超出30 000元的部分,每超过1元提取10%的奖励。保守估计今年的销售价格为30.5元/箱,每人每月能销售1 500箱。

最后,成立一个生产中心,负责三个车间的成本核算,估计能将各生产车间人员工资平均水平维持在2010年的1 000元/月水平上。此外,经过精心的技术论证和挖潜改造,可以将一套价值180万元、使用年限为12年的设备出租,每年能收取10万元租金,每年可节约6万元水电费。

已知蜀乐香辣酱厂2010年度利润总额1 472 600元。

请根据上述资料预测该厂2011年的利润。并联系该厂实际,谈谈你对预测分析的认识,说明预测与决策以及预测与计划(预算)之间的关系。

五、旺角牛排是市中心一家以其独特的牛排饭出名的餐馆,该餐馆只供应牛排套餐,并有各种不同的样式,以适应不同的口味。旺角牛排初始投资为40 000元,据市场调查及行业经验预计每天销售量水平为4 000份。旺角牛排饭每天最大的生产能力是4 500份。

据计算,正常每份牛排饭:直接材料费6元、直接人工费4元、变动制造费用3元、固定制造费用3元、变动管理费用2元、固定管理费用2元。

餐馆老板要求投资报酬率为15%。

老板接到一份订单,要求每天提供1 000份,每份16元的牛排饭,必须全部送到,否则拒绝订货。

请计算并回答:(1)如果采用完全成本加成法定价,牛排的价格是多少?(2)如果采用变动成本加成法定价,牛排价格与采用完全成本加成法所定价格是否相等?(3)旺角牛排是否应该接受这份订单?(4)若接受这份订单应具备什么条件?

管理会计学练习题参考答案

一、

该公司在考核二车间业绩时采用了完全成本法,计算过程如下:
该车间当月定额单位成本
$=6+3+1.3+1\div10+(8\ 200+800+500+500)\div5\ 000=12.4(元)$
按定额单位成本计算当月实际产量2 500件定额总成本
$=12.4\times2\ 500=31\ 000(元)$
该车间当月生产2 500件实际总成本
$=(4.5+3)\times2\ 500+3\ 120+2\ 500\times1\div10+(8\ 200+800+500+500)=32\ 120(元)$
计算结果表明实际总成本大于定额总成本,因此,公司认为二车间没有完成定额成本任务。

由于该公司在设计业绩考核指标时没有对变动成本和固定成本进行划分,导致得出上述结论。而二车间所消耗的材料都随着生产量的变动而变动,是变动成本;当月承担的固定资产折旧费、摊销办公费、保险费、租赁仓库费都不随着生产量的变动而变动,是固定成本。

车间无法控制固定成本,只能对可控的变动成本负责。

如按变动成本法计算,情况则相反。

二车间定额单位变动成本=6+3+1.3+0.1=10.4(元)

2 500 件定额变动成本=10.4×2 500=26 000(元)

2 500 件实际变动成本=(4.5+3)×2 500+3 120+250=22 120(元)

2 500 件实际单位变动成本=22 120÷2 500=8.85(元)

结果表明,二车间实际变动成本 22 120 元小于定额变动成本 26 000 元,说明二车间不仅完成了定额成本任务,还降低了 3 880 元(=26 000-22 120)。主要是材料消耗每件降低 1.5 元,总降低 3 750 元(=1.5×2 500),专用刻刀节省 130 元。

改进方案是重新划分认定责任成本中心,将不可控固定成本列入利润中心的业绩考核内容,将可控的单件定额成本及当期产量计划作为成本中心的考核内容,同时实行计件工作制。

二、

王奇可以获得两项约定奖金。

由销售收入 26.4 万元=16×1.5×(1+销售增长率),解得:销售增长率=10%

每千克销售成本=总成本÷销售量=19.5÷[1.5×(1+10%)]=11.82(元)

平均每千克饺子成本降低额=12-11.82=0.18(元)

利润增长额=6.9 万元-上年利润额 6 万元=0.9(万元)

利润增长率=0.9÷6=15%

销售量增长贡献利润额=1.5×10%×4=0.6(万元)

单位成本节约贡献利润额=1.5×(1+10%)×0.18=0.3(万元)

销售量增长使利润增长率提高 10%(=0.6÷6),单位成本节约使利润增长率提高 5%(=0.3÷6),以上两项共同使利润增长率提高 15%[=(6.9-6)÷6]。

因此,王奇可获得销售奖金 0.48 万元(=0.6×80%)、降低成本奖金 0.24 万元(=0.3×80%),合计获得奖金 0.72 万元。

三、

小王开业时初始投资 50 万元足够。开业前的支出项目主要有:器具购置 2 万元、房租 12 万元(=360 000÷12×4)、空调设备等购置 10 万元、广告推销 12 000 元、易耗品及装饰等支出 2 500 元[=(18 000+12 000)÷12]、酒单制作及其他支出 2 050 元[=(12 000+12 600)÷12]。以上合计 25.655 万元,小于 50 万元。

该酒吧变动成本是:餐巾纸、吸管、牙签等易耗品;水、电、气能源;垃圾处理;音乐、娱乐、表演;其他支出等。

假设该酒吧保本的每天客人数为 x,且未达到 50 人,则:

税后销售收入-每天销售成本=0

即 $100x×(1-6.6\%)-(864\,000÷12÷30)=0$

$x=2\,400÷93.4≈26(人)$。

即酒吧保本客人数为每天 26 人。

获得 10 万元利润时需要的客人数,可按下式计算,目标利润=销售收入×60%×(1-6.6%),即 $100\,000=$客人数$×100×60\%×(1-6.6\%)$,客人数=$100\,000÷56.04≈1\,785(人)$。

四、

1. 根据资料预测蜀乐香辣厂 2011 年的利润如下:

(1) 建立采购中心引起成本的变化。

增加的成本 = 4 500×95+2 000×50 = 527 500(元)

降低的成本 = (1.6−1.45)×5 000×1 000 = 750 000(元)

(2) 建立销售中心引起成本的增加。

[(800−900)×12+(30.5×1 500−30 000)×10%×12+0.6×(1 500−1 000)×12]×50 = 1 065 000(元)

(3) 建立生产中心引起收入、成本的变化。

增加的租金收入 = 100 000(元)

节省的水电成本 = 60 000(元)

(4) 预计 2011 年的利润。

2011 年利润 = 1 472 600−527 500+750 000−1 065 000+100 000+60 000 = 790 100(元)

2. 预测是决策的基础,只有进行科学的预测,才能得出良好的决策。在预测分析中,利润预测起着承上启下的作用,企业一般先进行销售预测,根据营销状况确定目标利润,再结合自身情况进行成本预测,最后进行资金需求量预测。对目标利润进行预测,坚持目标利润倒推目标成本,体现的是市场成本理念,使目标成本、目标销量建立在积极可靠的基础上。要在充分调查市场信息的基础上,确定计划期间企业期望实现的利润水平,在此基础上进一步分析企业计划期间的实际生产能力、生产技术条件、市场需求等因素,对影响利润的成本、销量等各因素确定奋斗目标。这种以"市场为导向"确定目标利润的理念和程序能够有效地降低企业经营管理风险。

五、

(1) 采用完全成本加成法定价。

单位制造成本 = 6+4+3+3 = 16(元)

单位非制造成本 = 2+2 = 4(元)

成本毛利率 = (40 000×15%+4 000×4)÷(4 000×16) = 34.38%

产品售价 = 16×(1+34.38%) = 21.5(元)

(2) 如果采用变动成本加成法定价,所定价格应该与完全成本加成法定价结果一致,因为补偿的成本和利润相同。计算如下:

单位变动成本 = 6+4+3+2 = 15(元)

固定成本 = 4 000×(3+2) = 20 000(元)

成本边际贡献率 = (20 000+40 000×15%)÷(4 000×15) = 43.33%

产品售价 = 15×(1+43.33%) = 21.5(元)

(3) 如果接受 1 000 份订单,会减少正常销售量 500 份。

减少的业务量形成的损失 = 500×(21.5−15) = 3 250(元)

而 1 000 份订单产生的边际贡献 = 1 000×(16−15) = 1 000(元)

由于接受 1 000 份特殊订单产生的边际贡献 1 000 元小于因减少正常销售量所产生的机会成本 3 250 元,所以不能接受该特殊订单,否则企业将损失 2 250 元(= 3 250−1 000)。

(4) 如果要接受此订单,则订单单价不得低于 18.25 元(= 3 250÷1 000+15),这样,订单的边际贡献才能够弥补缩减正常销量的损失。

会计学应用案例

案例一：租赁临街门面，开办蔬菜超市

小张同学与其女友经过一番调研后，决定在南京市城郊两个住宅小区中间的马路边，紧靠小区主入口的南面，租赁第五家原开饭店现准备转让的门面，开办一家蔬菜超市。

上述决定基于实地踏看结果，一是周边居民消费能力。两小区共60幢6层或7层住宅，皆未安装电梯，约2 160户数，按每户3人计，居民预计6 000人左右，按600户家庭每天从开办的超市购买10元蔬菜，预计一天销售金额可以达到6 000元。二是周边环境适宜开办蔬菜超市。马路自南向北，南接快速通道，北通乡村，主入口以南，路东半边有十多间门面，但无蔬菜超市，主入口北面有地摊早市和2 500平方米菜场，但菜场距离主入口150米，价格高、环境差、服务态度生硬。

小张与其女友决定开蔬菜超市的想法也得到了双方父母的支持，小张父母同意拿出8万元用于超市开办资金。

经与转让门面的老板商谈，当即签订门面转租协议。协议规定合约一年一定，租金按季支付，押金为1个月租金，转让方同意免对方一个月装修期租金。双方未尽事宜友好协商解决，一方需解除合约，应提前一个月通知对方，通知当月租金不退。

小张在签订合约后一个月内办理好开业一切手续。购买一辆小型家用货车12 045元，保险费1 241元/年，一台冷柜4 000元，两组蔬菜货架2 000元，桌椅570元。另支付开办费等1 494元，门面上下两层(共60平方米)装修、安装摄像头等费用4 550元，门面租金10 800元/月(6元/天/平方米)，一次性付清3个月租金和1个月押金共43 200元。预计开业后水电杂费300元/月，货车油费300元/月，固定税额300元/月。余下10 000元作为进货流动资金。

小张计划每天与其父亲凌晨3点开车出门到距离10千米的大型批发菜场进货，女友负责称重收款，母亲协助理货照看店面。营业初期每天蔬菜品种保持在60种以上，市场行情全部熟悉后增加到100种以上。坚持一天一进货，每样蔬菜定价至少低于北面菜场0.1元以上，每一购物者只要需要都免费赠送5颗香葱。

假设小型货车、冷柜、货架、桌椅使用年限皆为5年，报废时皆无残值。假设小张同学计划每天进货2 800元，货物耗损率保持在10%以下，进销差价率保持最低30%，每天营业额4 000元。

请你回答或计算：
(1) 开此超市，小张和女友需具备哪些品质？
(2) 该门面的优势有哪些？劣势有哪些？
(3) 该门面还能增加哪些品种？请举例？
(4) 该门面能否经营鱼类肉类产品，为什么？

(5) 该门面每天的固定成本是多少元？

(6) 该门面每天现金流出量是多少元？流入量是多少元？

(7) 该门面开业总投资是多少元？小张需要经营多少天才能收回全部投资？

(8) 假定其他条件不变，小张目标利润1 200元/天，每天营业额要达到多少元？每天变动成本是多少元？

(9) 小张在经营蔬菜超市过程中，有无涉及基础会计学、成本会计学、管理会计学相关知识？如有，请从所给材料中列举说明。

（注：本案例源自笔者调研，该蔬菜超市已运营一年有余，每天形成早晚高峰排队买菜现象。）

案例二：回乡种植苗木，发展旅游经济

2016年年末，总部在南京的工装公司邱老板响应镇政府振兴家乡号召，联合5位投资人回苏北老家打造观赏植物带，发展乡村旅游，带动村民致富。计划用三到五年时间，投资400万元，将镇政府同意转租的河堤两岸，栽种上各类观赏树木，打造成两条彩色长廊，形成集赏花、摄影、购物、餐饮一条龙产业链，实现植物景观与休闲观光的有机结合。

投资地点位于苏北某镇一条自西向东的河堤上，河堤宽40米，与路面齐平，与周边耕地高差1米左右，河宽70多米，河两岸不足百米有四个村庄，河上有两座桥梁，一座桥是双车道，一座桥是四车道，四车道桥是贯通苏北两个较大集镇的重要通道。沿河向西5千米进入安徽境内。

租赁协议核心内容是：镇政府转租东西长5千米、两边河堤宽40米的林地，用于栽种观赏树种，转租期30年，租金每亩360元，每年租金21.62万元，一年一缴。政府负责迁坟、拆房、拆猪圈等事宜，据了解，每座坟迁移费2 000元，共上百座坟。承租人负责栽种经销树苗，适时收取门票。如遇河道整治，双方协商解决。

投资协议核心内容是：五位投资人共出资160万元，各占8%，邱老板个人出资240万元，占60%。收益按投资比例分配。

2017年春，投资人在县工商局注册成立大有公司，注册资本400万元。经营项目：出售苗木；提供植物观赏服务。邱老板因工作重心在施工工地，鞭长莫及，所以基本上采用遥控指挥办法管理大有公司的一切事务。在当地，任命村支书为大有公司总经理，聘用村部会计为出纳员，聘用两位村民分别担任生产队长、总账会计，聘用镇政府一名财政专员担任记账员。总经理兼管仓库，负责报销票据签字，出纳员兼任计工员，负责用工制单造表。购苗、购物等支出由邱老板在股东群中通报后再由总经理签批做账，用工支出由总经理通报邱老板获准后列支。另安排装修公司总账会计远程监管大有公司账务。

在林木育种栽培专家指导下主要栽种以下几个树种：乌桕、鸡爪槭、海棠、樱花、枫香、豆梨等。后又在双车道桥一侧承租村民300亩土地，租金900元/亩，栽种芍药，计划于四年后出售芍药根。

2017年，公司支出项目有：租地费用48.62万元；租用废弃的村小学4间教室计160平方米，作为管理办公和堆放农机具用房，全年支付租金1.92万元；购置4万株树苗52万元；专家1人，每月5 000元咨询费，全年6万元；总经理工资8 000元/月，全年9.6万元；总账会

计、出纳员、生产队长、代账会计各1人,全年工资24万元;季节性用工少则30人,多则上百人,工作内容:苗木栽培、浇水、施肥、除草、治虫、道路硬化等,每小时80元,全年工资开支118万元;6台抽水泵购置费0.72万元;林间道路硬化支出28万元;2.2米高铁丝网及水泥柱26万元;肥料18万元;农药、农具及水电支出等5.14万元。全年累计支出338万元。2017年没有收入。

2018年支付租金50.54万元,专家费6万元,总经理工资9.6万元,4名工作人员工资24万元,季节性用工58万元,补植苗木12万元,铁丝网3万元,肥料、农药、农具及水电支出等11万元,村里修路捐款10万元,村里修广场捐款6.5万元。全年累计支出190.64万元。2018年没有收入。当年邱老板与其合伙人追加投资300万元,各自股权比例不变。

2019年支出土地及房屋租金50.54万元、专家费6万元、总经理工资9.6万元、4名工作人员工资24万元、季节性用工28万元、其他支出7.18万元。全年累计支出125.32万元。2019年仅有19.6万元苗木收入。邱老板下半年感到三年后收回成本无望,就咨询专家,决定将乌桕锯短让其丛生,长成后以出售枝条收回部分成本。另外,邱老板为节省开支,三年中往返汽油费、过路费、招待费等都未计入大有公司账内。

2020年春,特别是疫情后第一个"五一"节,300亩芍药绽放,5千米长彩色树林站立两排,迎接本省以及安徽、山东、河南等地的游客。因观光地没有收费,大数据显示,仅"五一"长假期间,超过35万人光顾了此地。仅一位烤肉串的老板透露,7天内,每天营业额都在10万元上下。政府喜了,其他投资人欢了,十里八村乐了。政府要投资修路、修停车场,投资人要完善收费设施、村民要开饭店。

但邱老板在创业过程中也遇到许多棘手问题。

2018年,迁走的坟头又在清明节前冒出几十个;离河堤不足100米的乌龟养殖场,利用灌溉沟渠向河道排放污水,周围空气弥漫着刺鼻的味道,影响晨练的或赏花的村民;6台抽水泵,24人8个小时不间断工作,来回浇灌一遍要7至8天,前浇后旱,烦恼不已;水利部门开出处罚单,名义是损坏河堤,影响灌溉和防汛;林业部门指出未经过规划不予政策性补贴。2019年,出售苗木,发现河堤是沙性土壤,包树根的土球不够大,成活率低;路口部分铁丝网损坏严重;原始凭证中出现较多"白条";总经理、出纳员、生产队长责任心不强,出工不出力,虽撤换两批,仍感到管理不善。

2020年秋,尚处在喜悦状态的邱老板,突然接到通知,植物景观带要搬迁,因河道要清淤整治。邱老板差一点崩溃。后在镇政府调解下,水利部门与大有公司双方同意延请评估公司,最后确定给予公司苗木补偿款1400万元。镇政府要求苗木补偿款只能用于清淤后的河堤苗木景观带再建设,同时也承诺投资500万元,修建基础设施,目标打造苏北植物景观旅游基地。邱老板与其合伙人答应再追加投资100万元,总额达到2000万元。新协议规定,政府与合伙投资人投资占比为1∶3,即25%∶75%。原有树木全部归政府所有,并由政府委托大有公司移植到指定的地方,移植费从政府免收三年河堤租金中抵消,不足部分由公司自行解决。公司重新计划于2021年春在新河堤栽种桃树和郁金香,建成外圈桃树、内圈郁金香,圈圈之间空出三辆轿车距离的格局,除圈种40个品种郁金香外,再种植10亩牡丹、10亩樱花。此外,扩大种植200亩芍药,建立100多种芍药种库园。芍药园周边挖出2~3米宽、1~2米深沟壑,放水养殖金鱼。芍药园旁,政府投资建设400辆汽车的停车场及两个公共厕所。预计2021年将产生一定的社会效益和经济效益。

此项植物景观旅游业的投资，留给我们很多的启示，主要有：一是投资时间长；二是投资金额大；三是见效慢、风险大，但若成功了，社会效益、生态效益、经济效益会同时丰收；四是牵涉部门众多，需处理好多层关系；五是政策盲区多，需要求助他人的地方多。案例还启示我们，从事林业生产，应当了解土壤墒情、地理气候特征、雨水分布、树木栽培、养护、起树、装卸、运输、移植等知识，以及林业政策、水利政策、耕地政策等。

请你回答或计算：

（1）案例中，邱老板需要处理好哪几层社会关系？

（2）案例中，大有公司管理队伍存在哪些问题？

（3）案例中，大有公司财务管理存在哪些问题？

（4）案例中，大有公司原始凭证中的"白条"，你怎样看待这个问题？如果让你完善程序，请写出你的思路。

（5）案例中，大有公司的三年主营业务支出是多少元？其中，土地租金、苗木费、咨询费、职工工资、季节用工费各多少元？

（6）案例中，政府投资前和政府投资后，合伙人各自股权比例是怎样的？请列出算式。

（7）在不考虑其他收入的前提下，如按停车费5元/辆·天，每天5 000辆，门票10元/人次，一年仅10天收费，共有40万人入园，请计算2 000万元投资在不考虑货币时间价值情况下需要多少年才能回收？

（8）案例中，有无涉及基础会计学、成本会计学、管理会计学相关知识？如有，请从所给材料中列举说明。

案例三：优质校区改租，实现收益翻番

南京某高校A校区地理位置优越，周边集中了数十家知名院校和科研单位，具备了得天独厚的产业氛围与便捷交通的先决条件。2006年整体出租给一所社会培训学校，每年稳定获得500万元租金收入和100万元联合办学分成。两年后，学校综合分析认为A校区租给社会培训学校存在两大风险，一是每年600万元收益偏低，且不能获得因物价上涨因素带来的增值收益；二是现有电器老化、部分房屋年久失修，其中两栋为危楼，存在重大安全隐患和风险，亟待改造和维修。2009年下半年，学校研究决定，2011年年底合同期满后不再与培训学校续租。

为了充分发挥A校区地理位置上的优势，学校经过大量调研，结合政府发展规划，一致认为，如将A校区进行改造，建成大学科技园，不但符合学校长远发展战略，而且对于学校今后转型升级也至关重要。在此战略规划下，经过对众多潜在有意合作的企业进行了调查摸底，2011年上半年，最终确定B公司为学校首选的合作对象。

学校基于以下几点考虑，选定B公司作为合作对象。第一，B公司是国内知名度较高的企业，于2011年2月在中国香港成功上市；第二，经营能力较强，与其合作可提升学校形象，提升园区整体档次，获得一定的社会效益和经济效益；第三，契合政府发展规划，可赢得政府在税收、补贴方面的支持。

学校期望投资成立大学科技园，每年获得的收益高于目前的收益水平。

通过多次谈判接触，双方达成共识，并顺利签订合作协议。双方约定合作20年。学校

以 A 校区的现状资源作为合作条件,B 公司以 5 000 万元作为投资。双方在南京组建合资公司,学校和 B 公司各委派两名董事,政府派一名独立董事,共同经营合资公司。双方按照真诚合作、风险共担、收益共享的原则,用一年时间共同将 A 校区打造成专业突出、设施一流的大学科技园区,并同时申请省级、国家级大学科技园的资质认定和挂牌。获得收益不低于各自期望的收益水平。

园区建成后的收益分成比例,是投资双方重点考虑的问题。园区收入主要有让渡资产使用权收入和科技开发收入等。考虑到让渡资产使用权收入是科技园主要收入,且具有便于预测、利于计量的特点,因而,学校财务人员将其作为投资分析的主要对象。

经过认真测算比较,学校财务人员准备了三套收益分成方案,供学校领导谈判之用,并建议向对方抛出第三套方案。

第一套,阶梯模式收益分成方案。基于整租给社会培训学校所获收益考虑,可选用高保底、收益阶梯增长模式。即:1~5 年,550 万元/年;6~10 年,750 万元/年;11~15 年,1 100 万元/年;16~20 年,1 500 万元/年。不考虑货币时间价值,20 年总收入 19 500 万元,年均 975 万元。

第二套,组合模式收益分成方案。基于物价上涨因素考虑,收益由两部分构成,递增租金和浮动收益。递增租金是年固定收益部分,是以整租收入为基数,第一个 5 年 500 万元/年不变,以后每 5 年上调 100 万元,最后 5 年达到每年固定收益 800 万元;浮动收益是根据每平方米租金市价推算出来的应获收益部分。即以第二个 5 年每天 2.5 元/平方米为起点计算,以后每 5 年提高 0.5 元/平方米,最后 5 年达到每天 3.5 元/平方米,所有增收部分收益按 50% 比例分成。

此套方案建立在园区收益合理测算的基础上。园区建成后可用面积 35 000 平方米,按南京市二类地区写字楼每天 2 元/平方米租金标准推算年度总收益。预计第一年园区企业入驻率 60%,第二年 90%。

则第一年总收益=35 000×2×365×60%=1 533(万元)

第二年总收益=35 000×2×365×90%=2 299.50(万元)

如按 50% 比例计算,双方自第二年开始以后每年各获收益将达到 1 000 万元以上。

园区运营成熟后,预计租金将逐年增长。如初始租金为每天 2 元/平方米,以后每 5 年提高 0.5 元/平方米,且按企业入驻率 85% 计算,则每年租金增收在 540 万元。

不考虑货币时间价值,20 年总收益=500×5+[(500+100)+540×50%]×5+[(600+100)+1 080×50%]×5+[(700+100)+1 620×50%]×5=21 100 万元,年均收益 1 055 万元。

第三套,固定比例收益分成方案。

从双方的初始投资分析,B 公司的初始投资为 5 000 万元;A 校区的初始投资为校园现状(改造前)下的 20 年年收益的折现,即原整租给社会培训学校总收益 600 万元/年。以当时的银行贷款利率 7%(同期银行存款利率 5%)为内含报酬率,查年金现值系数表,$(P/A, 7\%, 20) = 10.6$。

A 校区初始投资=年金×年金现值系数=600×10.6=6 360(万元)

则双方的初始投资比例为 6 360∶5 000,即 56∶44(A 校区∶B 公司)。

该方案若按第一年企业入驻率 60% 的总收益计算,学校按 56% 的比例分成,可得 858

万元,尽管起始年度的收益相对较低,但随着园区入驻企业的增多,租金收入将不断增加,学校获得总收益的份额也将逐年提高,若按第二年企业入驻率90%的总收益计算,学校可得1 287万元,该方案明显优于方案一、方案二。

上述三套方案的经济收益均高于600万元/年的水平。此外,还有两方面收益,一是学校利用了B公司5 000万元投资对校区尤其是两栋危楼进行了改造、维修,降低了运管风险,提高了资产品质;二是得到了区政府的支持,获得了税费减免、科技园补贴等政策性收入。

上述收益分成方案哪一个会得到合作方的同意呢?

经与B公司谈判,对方主张学校与公司分成比例为50∶50,理由是公司投入的是现金,投资风险大,财务费用高;而A校区原来的年收益仅为500~600万元,且校园状况不佳,建筑陈旧,可用于写字楼的面积偏少,需要改造的范围很大。

学校主张分成比例为60∶40(学校∶公司),理由是园区的所有权归属学校,民意压力、主管部门压力都很大,必须获得收益的大部分。谈判底线为55∶45。

在考虑园区税费、人工成本、维护成本、管理成本等情况下,学校做出可以忍受的让步,双方最终同意执行54∶46的分成比例。第三套分成方案也获得教职工代表大会通过。

A校区大学科技园自2012年成立以来,从第三年(第一年为建设期,第二年园区入驻率50%左右)起学校即获得1 000万元以上收益,以后各年直至2019年,每年收益均稳定在1 500~2 000万元之间,双方合作融洽,园区运行良好,周边商业环境品质也得到区政府的充分肯定。学校长期投资决策正确,长期发展战略得以实现。

请回答:

(1) 校区改租的理由是什么?改租后将面临哪些问题?改租成功后获得哪些收益?

(2) 长期投资决策分析时要运用到哪些知识?本案例运用了哪些知识?

(3) B公司认为A校区最具投资价值的地方是哪些?

(4) B公司投入5 000万元,为什么愿意接受固定比例收益分成方案?

(5) B公司初始投资的财务费用是多少?校区每平方米改造成本是多少?

案例题参考答案:

案例一参考答案:(1)~(4)略。

(5) 货车每天折旧费=12 045÷5÷365=6.6(元/天)

每天车辆险摊销=1 241÷365=3.4(元/天)

冷柜货架桌椅每天折旧费=(4 000+2 000+570)÷5÷365=3.6(元/天)

租金每天摊销额=10 800÷30=360(元/天)

以上各项合计即为每天固定成本373.60元。

(6) 每天现金流出量=2 800+300÷30+300÷30+300÷30=2 830(元/天)

每天现金流入量为每天营业额4 000元。

(7) 总投资额=12 045+1 241+4 000+2 000+570+1 494+4 550=25 900(元)

回收投资需要天数=25 900÷(4 000-2 830)=22.14(天)

(8) 目标利润=目标营业额-变动成本-固定成本,即

1 200=目标营业额-每天现金流出量-固定成本,

目标营业额＝1 200＋2 830＋373.60＝4 403.60(元/天)

每天变动成本即每天现金流出量 2 830 元。

(9) 略

案例二参考答案：(1)～(4)略。

(5) 第一年主营业务支出＝21.62＋27＋1.92＋52＋6＋9.6＋24＋118＋0.72＋28＋26＋18＋5.14＝338(万元)；当年土地租金 50.54 万元、苗木费 52 万元、咨询费 6 万元、职工工资 33.6 万元、季节用工费 118 万元。

第二年主营业务支出＝21.62＋27＋1.92＋12＋6＋9.6＋24＋58＋3＋11＝174.14(万元)；当年土地租金 50.54 万元、苗木费 12 万元、咨询费 6 万元、职工工资 33.6 万元、季节用工费 58 万元。

第三年主营业务支出＝50.54＋6＋9.6＋24＋28＋7.18＝125.32(万元)；当年土地租金 50.54 万元、咨询费 6 万元、职工工资 33.6 万元、季节用工费 28 万元。

(6) 政府投资前,邱老板与其余 5 人股权比例在初始投资时分别为邱老板占 60％(＝240÷400)、其余 5 人(各投资 32 万元)各占 8％(＝160÷400÷5)；追加投资后仍为原比例,邱老板投资 420 万元,占 60％[＝(240＋300×60％)÷(400＋300)],其他人各投资 56 万元,占 8％[＝(160＋300×40％)÷5÷(400＋300)]。政府投资后,合伙人总占比 75％(＝1 500÷2 000),其中邱老板所占比例为 45％(＝1 500×60％÷2 000)；其他投资人各占比例为 6％(＝1 500×40％÷2 000÷5)。

(7) 在不考虑其他收入和货币时间价值情况下,回收总投资需要年数为 4.71 年[＝2 000÷(5 000×5×10＋40×10)]。

(8) 略

案例三参考答案：(1)～(4)略。

(5) B 公司提出的初始投资财务费用很高的观点,有两种假设,一种是将 5 000 万元现金存放于银行,会产生机会成本,按同期存款利率 5％计算,则一年的存款利息＝5 000×5％＝250(万元)；另一种将 5 000 万元视为借款,会产生资金成本,按当时银行贷款利率 7％计算,则一年的借款利息＝5 000×7％＝350(万元)。所以 B 公司认为改造期财务费用很高。

自有资金下校区每平方米改造成本＝(5 000＋250)÷35 000＝1 500(元/平方米)

借款方式下校区每平方米改造成本＝(5 000＋350)÷35 000≈1 528.57(元/平方米)

附录一

组织提高计时工作制绩效之工具

　　一个组织的计酬方式,大致可归为:计件工作制和计时工作制。在计件工作制下,员工的劳动报酬与生产和销售的产品件数挂钩,尤其是采用订单式生产方式的企业,员工的报酬与产品产量和销量挂钩的匹配度更高。而计时工作制下的员工,其报酬与工作绩效,往往未能实现真正的挂钩。

　　创新的思维是结合 MBO、KPI、BSC 等绩效管理方法,对计时工作制下的员工,实行"清单式"工作管理模式。即要求每一位员工在年初采用列出清单的方式,将全年的岗位工作职责、任务、内容按月按规定格式罗列出来(见下表计时工作人员年度任务清单),层层审核汇总,汇聚为部门工作任务一览表,最后汇总为单位计时工作人员年度任务总表,单位高层领导会同管理会计师认真审核各部门各员工清单,剔除无价值的条目,将产生价值的清单下发,要求清单编制人对照清单完成规定动作(主要是岗位职责内容),力争完成自选动作(主要是创新工作内容)。实现人尽其才,物尽其用,财尽其润的目标。如此,反复实行两至三年,不断地"调整、巩固、充实、提高",即可建立起月度职责、月度任务相对清晰的"清单式"工作制度,为继任者立即熟悉岗位全部工作流程和工作内容准备了指引,为高层管理者合理配置人力资源提供了依据。单位不会因熟练员工的突然离岗而使工作绩效降低,也不会因关键岗位关键人员离岗而使继任者付出较大"成本"。

计时工作人员年度任务清单
××年度

编制人所在单位:　　　　　　　　　　　　所在岗位:

月　份	规定动作	重要工作排序	审核人意见	自选动作	补登遗漏或追加工作
1					
2					

编制人:　　　　　　　　部门审核人:　　　　　　　　部门汇总人:

上述创新思维源于绩效管理工具和实务管理经验。可通俗地表述为：目标指标化、指标部门化、部门措施化、措施制度化、制度流程化、流程岗位化、岗位职责化、职责表单化、表单信息化。在网络化时代，应当采用信息化手段，将目标转化为具体指标，具体指标落实到具体部门，具体部门应明白年度工作任务及完成任务的措施，针对性的措施应转化为可执行的制度，可执行的制度应转化为工作流程图（非工作步骤），工作流程图应与岗位、职责、表单以及订单挂钩，串连在一起，以实现企业年度总体目标。

附录二

会计学案例启示:创办你的企业必须同时满足的3个条件

第一个条件:必须具有认真的品质。

认真是创业的首要条件。因为认真,可以不出差错;因为认真,可以解决问题;因为认真,可以精准避险。还因为认真,能够付诸计划,能够付诸行动,能够做好细节。

第二个条件:必须具备一定的资源。

资源包括人力、资金、物资、信息、知识、技术、能力、专利、经历、经验、位置、关系等。

家庭是社会的最小组织。家庭成员的支持是创业的必备条件之一。有了家庭的支持,会让你解决难题时有信心。

资金、物资是创业的物质基础,必须有一定量的无须偿还的自有资金,才有可能减轻面临的各种风险。

同学、朋友是创业的重要资源。有了志同道合的同学、朋友,会让你拥有更多的社会资源,拓宽创业路径。

时间、经历、经验是金钱买不来的,有了学校里厚实的知识储备和必不可少的实习实践锻炼,会让你少走许多弯路。

知识和能力是成功创业的精神基础。不管是经营管理知识的学习,还是财务管理能力的培养,都至关重要。创业者不懂得人、财、物的经营管理,不懂得收入、成本、税费及利润的计算,即使是创办一人公司,也会失败。

第三个条件:必须具有可抓的机会。

机会是稍纵即逝的。没有迅即抓住机会,靠创造机会是维持不下去的,而且短暂的维持维护成本会很高。

机会是需要发现的。要具有灵敏的头脑,善于捕捉商机。同时,必须进行认真翔实的实地调研,在未获取第一手有价值的信息和资料前,不可轻易投资。

请你回答:会计学应用的三个案例中认真的东西各是什么?各有哪些资源?各是什么机会?

为了更好地理解创办你的企业的3个条件,建议你读一读人力资源和社会保障部职业能力建设司、中国就业培训技术指导中心组织编写的《创办你的企业(SYB)》教材。

通过环环相扣、逐渐深入、缺一不可的十个步骤循序渐进地学习,形成自己的商业逻辑、系统化的创业思维,并独立完成自己的创业计划书。

《创办你的企业(SYB)》教材介绍的十个步骤如下:

第一步:评价你是否适合创业。

告诉你什么是企业,创办企业将面临怎样的挑战,让你从多个角度判断自己是否适合创办企业。

第二步:建立一个好的企业构思。

告诉你企业的类型,成功创办一个小微企业的成功要素是什么。告诉你什么是企业构思,如何发现企业构思,怎样选出一个最适合你的企业构思。

第三步:评估你的市场。

告诉你如何根据自己的企业构思,评估你的企业开办后的市场状况,并通过调查和了解潜在的顾客和竞争对手来制订你的市场营销计划,并据此预测出企业产品的销售量。

第四步:企业的人员组织。

告诉你如何构建企业的组织机构,组建团队并做好企业的人员分工。

第五步:选择你的企业法律形态。

告诉你什么是企业法律形态,通过对各种小微企业常见法律形态特点的比较,选择一种适合你的企业法律形态。

第六步:企业的法律环境和责任。

告诉你企业必须要依法经营,企业需承担哪些法律责任,同时企业的合法权益也将得到法律保护,为降低企业意外风险,你还要选择合适的商业保险。

第七步:预测你的启动资金。

告诉你如何测算需要多少钱来启动你的企业。

第八步:制订你的利润计划。

告诉你经营企业必须盈利,这是企业成败的关键。要懂得什么是成本,怎么制定产品或服务的销售价格,维持良好的现金流对于企业的重要性。同时,你要能够制订出自己企业的销售与成本计划和现金流量计划,并了解获得资金支持的渠道。

第九步:判断你的企业能否生存。

告诉你如何将前面八步骤中对自己企业的各项考虑和练习的结果填入创业计划书中,形成自己的创业计划书。通过制订创业计划,衡量自己的企业能否创办下去。同时,根据自己的创业计划,制订创办你的企业所需的具体行动计划,如申请贷款、申领营业执照等。

第十步:开办你的企业。

告诉你在企业创办以后,还有很多的管理工作需要做。

综上,第一步至第二步,是创业意识培训,用来评估创业者是否适合创办企业,并衡量自己的创业想法是否现实可行。

第三步至第十步,是创业计划培训,为创业者提供创办一家小企业所需的知识和技能。

《创办你的企业(SYB)》教材还配套了《创业计划书》,用于在培训结束时编制自己企业的创业计划书,筹划自己的创业蓝图,并为下一步融资做好准备。

附录三

财政部关于印发《企业产品成本核算制度(试行)》的通知

财会〔2013〕17号

国务院有关部委、有关直属机构,各省、自治区、直辖市、计划单列市财政厅(局),新疆生产建设兵团财务局,有关中央管理企业:

为加强企业产品成本核算,保证产品成本信息真实、完整,促进企业和经济社会的可持续发展,根据《中华人民共和国会计法》、企业会计准则等国家有关规定,我部制定了《企业产品成本核算制度(试行)》,现予印发,自2014年1月1日起在除金融保险业以外的大中型企业范围内施行,鼓励其他企业执行。执行本制度的企业不再执行《国营工业企业成本核算办法》。

执行中有何问题,请及时反馈我部。

附件:企业产品成本核算制度(试行)

财政部

2013年8月16日

企业产品成本核算制度(试行)

第一章 总则

第一条 为了加强企业产品成本核算工作,保证产品成本信息真实、完整,促进企业和经济社会的可持续发展,根据《中华人民共和国会计法》、企业会计准则等国家有关规定制定本制度。

第二条 本制度适用于大中型企业,包括制造业、农业、批发零售业、建筑业、房地产业、采矿业、交通运输业、信息传输业、软件及信息技术服务业、文化业以及其他行业的企业。其他未明确规定的行业比照以上类似行业的规定执行。

本制度不适用于金融保险业的企业。

第三条 本制度所称的产品,是指企业日常生产经营活动中持有以备出售的产成品、商品、提供的劳务或服务。

本制度所称的产品成本,是指企业在生产产品过程中所发生的材料费用、职工薪酬等,以及不能直接计入而按一定标准分配计入的各种间接费用。

第四条 企业应当充分利用现代信息技术,编制、执行企业产品成本预算,对执行情况进行分析、考核,落实成本管理责任制,加强对产品生产事前、事中、事后的全过程控制,加强产品成本核算与管理各项基础工作。

第五条 企业应当根据所发生的有关费用能否归属于使产品达到目前场所和状态的原则,正确区分产品成本和期间费用。

第六条 企业应当根据产品生产过程的特点、生产经营组织的类型、产品种类的繁简和成本管理的要求,确定产品成本核算的对象、项目、范围,及时对有关费用进行归集、分配和结转。

企业产品成本核算采用的会计政策和估计一经确定,不得随意变更。

第七条 企业一般应当按月编制产品成本报表,全面反映企业生产成本、成本计划执行情况、产品成本及其变动情况等。

第二章 产品成本核算对象

第八条 企业应当根据生产经营特点和管理要求,确定成本核算对象,归集成本费用,计算产品的生产成本。

第九条 制造企业一般按照产品品种、批次订单或生产步骤等确定产品成本核算对象。

(一)大量大批单步骤生产产品或管理上不要求提供有关生产步骤成本信息的,一般按照产品品种确定成本核算对象。

(二)小批单件生产产品的,一般按照每批或每件产品确定成本核算对象。

(三)多步骤连续加工产品且管理上要求提供有关生产步骤成本信息的,一般按照每种(批)产品及各生产步骤确定成本核算对象。

产品规格繁多的,可以将产品结构、耗用原材料和工艺过程基本相同的产品,适当合并作为成本核算对象。

第十条 农业企业一般按照生物资产的品种、成长期、批别(群别、批次)、与农业生产相关的劳务作业等确定成本核算对象。

第十一条 批发零售企业一般按照商品的品种、批次、订单、类别等确定成本核算对象。

第十二条 建筑企业一般按照订立的单项合同确定成本核算对象。单项合同包括建造多项资产的,企业应当按照企业会计准则规定的合同分立原则,确定建造合同的成本核算对象。为建造一项或数项资产而签订一组合同的,按合同合并的原则,确定建造合同的成本核算对象。

第十三条 房地产企业一般按照开发项目、综合开发期数并兼顾产品类型等确定成本核算对象。

第十四条 采矿企业一般按照所采掘的产品确定成本核算对象。

第十五条 交通运输企业以运输工具从事货物、旅客运输的,一般按照航线、航次、单船(机)、基层站段等确定成本核算对象;从事货物等装卸业务的,可以按照货物、成本责任部门、作业场所等确定成本核算对象;从事仓储、堆存、港务管理业务的,一般按照码头、仓库、堆场、油罐、筒仓、货棚或主要货物的种类、成本责任部门等确定成本核算对象。

第十六条 信息传输企业一般按照基础电信业务、电信增值业务和其他信息传输业务等确定成本核算对象。

第十七条 软件及信息技术服务企业的科研设计与软件开发等人工成本比重较高的,一般按照科研课题、承接的单项合同项目、开发项目、技术服务客户等确定成本核算对象。

合同项目规模较大、开发期较长的,可以分段确定成本核算对象。

第十八条 文化企业一般按照制作产品的种类、批次、印次、刊次等确定成本核算对象。

第十九条 除本制度已明确规定的以外,其他行业企业应当比照以上类似行业的企业确定产品成本核算对象。

第二十条 企业应当按照第八条至第十九条规定确定产品成本核算对象,进行产品成本核算。企业内部管理有相关要求的,还可以按照现代企业多维度、多层次的管理需要,确定多元化的产品成本核算对象。

多维度,是指以产品的最小生产步骤或作业为基础,按照企业有关部门的生产流程及其相应的成本管理要求,利用现代信息技术,组合出产品维度、工序维度、车间班组维度、生产设备维度、客户订单维度、变动成本维度和固定成本维度等不同的成本核算对象。

多层次,是指根据企业成本管理需要,划分为企业管理部门、工厂、车间和班组等成本管控层次。

第三章 产品成本核算项目和范围

第二十一条 企业应当根据生产经营特点和管理要求,按照成本的经济用途和生产要素内容相结合的原则或者成本性态等设置成本项目。

第二十二条 制造企业一般设置直接材料、燃料和动力、直接人工和制造费用等成本项目。

直接材料,是指构成产品实体的原材料以及有助于产品形成的主要材料和辅助材料。

燃料和动力,是指直接用于产品生产的燃料和动力。

直接人工,是指直接从事产品生产的工人的职工薪酬。

制造费用,是指企业为生产产品和提供劳务而发生的各项间接费用,包括企业生产部门(如生产车间)发生的水电费、固定资产折旧、无形资产摊销、管理人员的职工薪酬、劳动保护费、国家规定的有关环保费用、季节性和修理期间的停工损失等。

第二十三条 农业企业一般设置直接材料、直接人工、机械作业费、其他直接费用、间接费用等成本项目。

直接材料,是指种植业生产中耗用的自产或外购的种子、种苗、饲料、肥料、农药、燃料和动力、修理用材料和零件、原材料以及其他材料等;养殖业生产中直接用于养殖生产的苗种、饲料、肥料、燃料、动力、畜禽医药费等。

直接人工,是指直接从事农业生产人员的职工薪酬。

机械作业费,是指种植业生产过程中农用机械进行耕耙、播种、施肥、除草、喷药、收割、脱粒等机械作业所发生的费用。

其他直接费用,是指除直接材料、直接人工和机械作业费以外的畜力作业费等直接费用。

间接费用,是指应摊销、分配计入成本核算对象的运输费、灌溉费、固定资产折旧、租赁费、保养费等费用。

第二十四条 批发零售企业一般设置进货成本、相关税费、采购费等成本项目。

进货成本,是指商品的采购价款。

相关税费,是指购买商品发生的进口关税、资源税和不能抵扣的增值税等。

采购费,是指运杂费、装卸费、保险费、仓储费、整理费、合理损耗以及其他可归属于商品采购成本的费用。采购费金额较小的,可以在发生时直接计入当期销售费用。

第二十五条 建筑企业一般设置直接人工、直接材料、机械使用费、其他直接费用和间接费用等成本项目。建筑企业将部分工程分包的,还可以设置分包成本项目。

直接人工,是指按照国家规定支付给施工过程中直接从事建筑安装工程施工的工人以及在施工现场直接为工程制作构件和运料、配料等工人的职工薪酬。

直接材料,是指在施工过程中所耗用的、构成工程实体的材料、结构件、机械配件和有助于工程形成的其他材料以及周转材料的租赁费和摊销等。

机械使用费,是指施工过程中使用自有施工机械所发生的机械使用费,使用外单位施工机械的租赁费,以及按照规定支付的施工机械进出场费等。

其他直接费用,是指施工过程中发生的材料搬运费、材料装卸保管费、燃料动力费、临时设施摊销、生产工具用具使用费、检验试验费、工程定位复测费、工程点交费、场地清理费,以及能够单独区分和可靠计量的为订立建造承包合同而发生的差旅费、投标费等费用。

间接费用,是指企业各施工单位为组织和管理工程施工所发生的费用。

分包成本,是指按照国家规定开展分包,支付给分包单位的工程价款。

第二十六条 房地产企业一般设置土地征用及拆迁补偿费、前期工程费、建筑安装工程费、基础设施建设费、公共配套设施费、开发间接费、借款费用等成本项目。

土地征用及拆迁补偿费,是指为取得土地开发使用权(或开发权)而发生的各项费用,包括土地买价或出让金、大市政配套费、契税、耕地占用税、土地使用费、土地闲置费、农作物补偿费、危房补偿费、土地变更用途和超面积补交的地价及相关税费、拆迁补偿费用、安置及动迁费用、回迁房建造费用等。

前期工程费,是指项目开发前期发生的政府许可规费、招标代理费、临时设施费以及水文地质勘查、测绘、规划、设计、可行性研究、咨询论证费、筹建、场地通平等前期费用。

建筑安装工程费,是指开发项目开发过程中发生的各项主体建筑的建筑工程费、安装工程费及精装修费等。

基础设施建设费,是指开发项目在开发过程中发生的道路、供水、供电、供气、供暖、排污、排洪、消防、通信、照明、有线电视、宽带网络、智能化等社区管网工程费和环境卫生、园林绿化等园林、景观环境工程费用等。

公共配套设施费,是指开发项目内发生的、独立的、非营利性的且产权属于全体业主的,或无偿赠予地方政府、政府公共事业单位的公共配套设施费用等。

开发间接费,指企业为直接组织和管理开发项目所发生的,且不能将其直接归属于成本核算对象的工程监理费、造价审核费、结算审核费、工程保险费等。为业主代扣代缴的公共维修基金等不得计入产品成本。

借款费用,是指符合资本化条件的借款费用。

房地产企业自行进行基础设施、建筑安装等工程建设的,可以比照建筑企业设置有关成本项目。

第二十七条 采矿企业一般设置直接材料、燃料和动力、直接人工、间接费用等成本项目。

直接材料,是指采掘生产过程中直接耗用的添加剂、催化剂、引发剂、助剂、触媒以及净化材料、包装物等。

燃料和动力,是指采掘生产过程中直接耗用的各种固体、液体、气体燃料,以及水、电、汽、风、氮气、氧气等动力。

直接人工,是指直接从事采矿生产人员的职工薪酬。

间接费用,是指为组织和管理厂(矿)采掘生产所发生的职工薪酬、劳动保护费、固定资产折旧、无形资产摊销、保险费、办公费、环保费用、化(检)验计量费、设计制图费、停工损失、洗车费、转输费、科研试验费、信息系统维护费等。

第二十八条 交通运输企业一般设置营运费用、运输工具固定费用与非营运期间的费用等成本项目。

营运费用,是指企业在货物或旅客运输、装卸、堆存过程中发生的营运费用,包括货物费、港口费、起降及停机费、中转费、过桥过路费、燃料和动力、航次租船费、安全救生费、护航费、装卸整理费、堆存费等。铁路运输企业的营运费用还包括线路等相关设施的维护费等。

运输工具固定费用,是指运输工具的固定费用和共同费用等,包括检验检疫费、车船使用税、劳动保护费、固定资产折旧、租赁费、备件配件、保险费、驾驶及相关操作人员薪酬及其伙食费等。

非营运期间费用,是指受不可抗力制约或行业惯例等原因暂停营运期间发生的有关费用等。

第二十九条 信息传输企业一般设置直接人工、固定资产折旧、无形资产摊销、低值易耗品摊销、业务费、电路及网元租赁费等成本项目。

直接人工,是指直接从事信息传输服务的人员的职工薪酬。

业务费,是指支付通信生产的各种业务费用,包括频率占用费,卫星测控费,安全保卫费,码号资源费,设备耗用的外购电力费,自有电源设备耗用的燃料和润料费等。

电路及网元租赁费,是指支付给其他信息传输企业的电路及网元等传输系统及设备的租赁费等。

第三十条 软件及信息技术服务企业一般设置直接人工、外购软件与服务费、场地租赁费、固定资产折旧、无形资产摊销、差旅费、培训费、转包成本、水电费、办公费等成本项目。

直接人工,是指直接从事软件及信息技术服务的人员的职工薪酬。

外购软件与服务费,是指企业为开发特定项目而必须从外部购进的辅助软件或服务所发生的费用。

场地租赁费,是指企业为开发软件或提供信息技术服务租赁场地支付的费用等。

转包成本,是指企业将有关项目部分分包给其他单位支付的费用。

第三十一条 文化企业一般设置开发成本和制作成本等成本项目。

开发成本,是指从选题策划开始到正式生产制作所经历的一系列过程,包括信息收集、策划、市场调研、选题论证、立项等阶段所发生的信息搜集费、调研交通费、通信费、组稿费、专题会议费、参与开发的职工薪酬等。

制作成本,是指产品内容制作成本和物质形态的制作成本,包括稿费、审稿费、校对费、录入费、编辑加工费、直接材料费、印刷费、固定资产折旧、参与制作的职工薪酬等。电影企业的制作成本,是指企业在影片制片、译制、洗印等生产过程所发生的各项费用,包括剧本费、演职员的薪酬、胶片及磁片磁带费、化妆费、道具费、布景费、场租费、剪接费、洗印费等。

第三十二条 除本制度已明确规定的以外,其他行业企业应当比照以上类似行业的企业确定成本项目。

第三十三条 企业应当按照第二十一条至第三十二条规定确定产品成本核算项目,进行产品成本核算。企业内部管理有相关要求的,还可以按照现代企业多维度、多层次的成本管理要求,利用现代信息技术对有关成本项目进行组合,输出有关成本信息。

第四章 产品成本归集、分配和结转

第三十四条 企业所发生的费用,能确定由某一成本核算对象负担的,应当按照所对应的产品成本项目类别,直接计入产品成本核算对象的生产成本;由几个成本核算对象共同负担的,应当选择合理的分配标准分配计入。

企业应当根据生产经营特点,以正常生产能力水平为基础,按照资源耗费方式确定合理的分配标准。

企业应当按照权责发生制的原则,根据产品的生产特点和管理要求结转成本。

第三十五条 制造企业发生的直接材料和直接人工,能够直接计入成本核算对象的,应当直接计入成本核算对象的生产成本,否则应当按照合理的分配标准分配计入。

制造企业外购燃料和动力的,应当根据实际耗用数量或者合理的分配标准对燃料和动力费用进行归集分配。生产部门直接用于生产的燃料和动力,直接计入生产成本;生产部门间接用于生产(如照明、取暖)的燃料和动力,计入制造费用。制造企业内部自行提供燃料和动力的,参照本条第三款进行处理。

制造企业辅助生产部门为生产部门提供劳务和产品而发生的费用,应当参照生产成本项目归集,并按照合理的分配标准分配计入各成本核算对象的生产成本。辅助生产部门之间互相提供的劳务、作业成本,应当采用合理的方法,进行交互分配。互相提供劳务、作业不多的,可以不进行交互分配,直接分配给辅助生产部门以外的受益单位。

第三十六条 制造企业发生的制造费用,应当按照合理的分配标准按月分配计入各成本核算对象的生产成本。企业可以采取的分配标准包括机器工时、人工工时、计划分配率等。

季节性生产企业在停工期间发生的制造费用,应当在开工期间进行合理分摊,连同开工期间发生的制造费用,一并计入产品的生产成本。

制造企业可以根据自身经营管理特点和条件,利用现代信息技术,采用作业成本法对不能直接归属于成本核算对象的成本进行归集和分配。

第三十七条 制造企业应当根据生产经营特点和联产品、副产品的工艺要求,选择系数分配法、实物量分配法、相对销售价格分配法等合理的方法分配联合生产成本。

第三十八条 制造企业发出的材料成本,可以根据实物流转方式、管理要求、实物性质等实际情况,采用先进先出法、加权平均法、个别计价法等方法计算。

第三十九条 制造企业应当根据产品的生产特点和管理要求,按成本计算期结转成本。制造企业可以选择原材料消耗量、约当产量法、定额比例法、原材料扣除法、完工百分比法等方法,恰当地确定完工产品和在产品的实际成本,并将完工入库产品的产品成本结转至库存产品科目;在产品数量、金额不重要或在产品期初期末数量变动不大的,可以不计算在产品成本。

制造企业产成品和在产品的成本核算,除季节性生产企业等以外,应当以月为成本计算期。

第四十条 农业企业应当比照制造企业对产品成本进行归集、分配和结转。

第四十一条　批发零售企业发生的进货成本、相关税金直接计入成本核算对象成本;发生的采购费,可以结合经营管理特点,按照合理的方法分配计入成本核算对象成本。采购费金额较小的,可以在发生时直接计入当期销售费用。

批发零售企业可以根据实物流转方式、管理要求、实物性质等实际情况,采用先进先出法、加权平均法、个别计价法、毛利率法等方法结转产品成本。

第四十二条　建筑企业发生的有关费用,由某一成本核算对象负担的,应当直接计入成本核算对象成本;由几个成本核算对象共同负担的,应当选择直接费用比例、定额比例和职工薪酬比例等合理的分配标准,分配计入成本核算对象成本。

建筑企业应当按照《企业会计准则第15号——建造合同》的规定结转产品成本。合同结果能够可靠估计的,应当采用完工百分比法确定和结转当期提供服务的成本;合同结果不能可靠估计的,应当直接结转已经发生的成本。

第四十三条　房地产企业发生的有关费用,由某一成本核算对象负担的,应当直接计入成本核算对象成本;由几个成本核算对象共同负担的,应当选择占地面积比例、预算造价比例、建筑面积比例等合理的分配标准,分配计入成本核算对象成本。

第四十四条　采矿企业应当比照制造企业对产品成本进行归集、分配和结转。

第四十五条　交通运输企业发生的营运费用,应当按照成本核算对象归集。

交通运输企业发生的运输工具固定费用,能确定由某一成本核算对象负担的,应当直接计入成本核算对象的成本;由多个成本核算对象共同负担的,应当选择营运时间等符合经营特点的、科学合理的分配标准分配计入各成本核算对象的成本。

交通运输企业发生的非营运期间费用,比照制造业季节性生产企业处理。

第四十六条　信息传输、软件及信息技术服务等企业,可以根据经营特点和条件,利用现代信息技术,采用作业成本法等对产品成本进行归集和分配。

第四十七条　文化企业发生的有关成本项目费用,由某一成本核算对象负担的,应当直接计入成本核算对象成本;由几个成本核算对象共同负担的,应当选择人员比例、工时比例、材料耗用比例等合理的分配标准分配计入成本核算对象成本。

第四十八条　企业不得以计划成本、标准成本、定额成本等代替实际成本。企业采用计划成本、标准成本、定额成本等类似成本进行直接材料日常核算的,期末应当将耗用直接材料的计划成本或定额成本等类似成本调整为实际成本。

第四十九条　除本制度已明确规定的以外,其他行业企业应当比照以上类似行业的企业对产品成本进行归集、分配和结转。

第五十条　企业应当按照第三十四条至第四十九条规定对产品成本进行归集、分配和结转。企业内部管理有相关要求的,还可以利用现代信息技术,在确定多维度、多层次成本核算对象的基础上,对有关费用进行归集、分配和结转。

第五章　附则

第五十一条　小企业参照执行本制度。

第五十二条　本制度自2014年1月1日起施行。

第五十三条　执行本制度的企业不再执行《国营工业企业成本核算办法》。

参考文献

[1] 陈国辉,迟旭升.基础会计[M].3 版.大连:东北财经大学出版社,2012.
[2] 江苏省会计从业资格考试专家组.会计基础[M].南京:江苏人民出版社,2013.
[3] 徐泓.基础会计学[M].北京:中国人民大学出版社,2014.
[4] 邱强.基础会计[M].南京:东南大学出版社,2015.
[5] 李爱红.会计学基础——基于企业全局视角[M].北京:机械工业出版社,2018.
[6] 王前锋.基础会计[M].北京:化学工业出版社,2018.
[7] 财政部会计资格评价中心.初级会计实务[M].北京:经济科学出版社,2019.
[8] 宋胜菊.新编成本会计[M].3 版.上海:立信会计出版社,2002.
[9] 乐艳芬.成本管理会计[M].2 版.上海:复旦大学出版社,2010.
[10] 贾宗武,刘总理.成本会计[M].上海:立信会计出版社,2015.
[11] 吴育湘,张亮.成本会计实务[M].北京:北京理工大学出版社,2015.
[12] 万寿义,任月君.成本会计[M].大连:东北财经大学出版社,2016.
[13] 陈云.成本会计学案例分析[M].上海:立信会计出版社,2015.
[14] 李相志.成本会计[M].北京:对外经济贸易大学出版社,2017.
[15] 张林,王佳.成本会计[M].北京:科学出版社,2018.
[16] 田高良,张原.管理会计[M].北京:高等教育出版社,2017.
[17] 吴大军,牛彦秀.管理会计[M].4 版.大连:东北财经大学出版社,2018.
[18] 杨志慧,刘宏欣.管理会计[M].北京:机械工业出版社,2018.
[19] 杜炜,张庆平.管理会计[M].南京:南京大学出版社,2018.
[20] 李天民.现代管理会计学[M].上海:立信会计出版社,2018.
[21] 孔祥玲.管理会计[M].北京:清华大学出版社,2019.
[22] 朱琦,南玮玮.成本管理会计[M].北京:北京理工大学出版社,2019.
[23] 人力资源和社会保障部职业能力建设司,中国就业培训技术指导中心组织编写.创办你的企业(SYB)[M].北京:中国劳动社会保障出版社,2017.